제 5 판

BUSINESS LAW 미국 상법

미국 공인회계사 수험서

공 영 찬

미국상법을 발간하며 …

본서는 미국 공인회계사를 준비하는 분들이 미국 상법의 내용을 체계적으로 정리하는데 도움을 드리고자 만들어진 교재 입니다.

공인회계사를 준비하는 분들에게 회계학이 아닌 법학 과목은 너무 생소하고 기본적인 접근체계를 달리하는 것이라 체계적으로 정리하는데 많은 어려움을 겪는 것이 현실입니다. 특히 법률 용어는 법학의 기본개념을 이해하지 않았을 경우 막연하게 암기하여야 하는 부담이 커지게 됩니다.

공인회계사의 입장에서 법학을 전공한 경험을 이 교재에 최대한 반영하여, 법학을 처음 접하는 분들에게도 법학을 체계적으로 이해할 수 있도록 교재를 만들었습니다. 또한 의미를 명확히 전달하기 위하여 원래의 영문 표현을 최대한 이해하기 쉽도록 우리나라의 법률용어로 하나하나 번역하고자 노력하였습니다.

본서를 작성하면서 가장 중점을 둔 것은 수험생 여러분들이 별도의 교재를 참조하지 않더라도 시험에 충분히 대비가 될 수 있도록 하는 것이었습니다. 물론 방대한 미국 상법의 내용을 한 권으로 요약하는 것은 한계가 있겠지만, 과거 기출문제들을 분석하여 시험의 출제비중이 높은 파트를 모두 포함하였기에 본서의 내용만으로도 충분히 시험에 대비하실 수 있으리라 확신합니다. 또한 미국 상법의 경우에는 문제를 중심으로 준비하시는 것보다 본서를 여러 번 반복하여 정독하는 것이 가장 효과적인 시험준비가 될 수 있습니다.

본서를 통해 미국공인회계사 시험을 준비하시는 모든 분들이 미국 상법에 대한 이해를 높이고 시험에 있어서도 좋은 성과를 꼭 거두시기를 기원합니다.

저자 드림

Contents

Chapter 01

Contracts

Overview

1. Formation of Contracts

계약이 성립되기 위해서는 계약 당사자 사이에 합의(Agreement)와 대가교환(Consideration)이 존재하여야 한다. 또한 계약이 성립되었더라도 의사합치 과정에 문제가 존재하거나 법적으로 허용할 수 없는 경우라면 계약은 유효하다고 할 수 없다.

계약의 효력이 인정되기 위해서 필요한 계약의 성립요건과 유효요건을 이해해야만, 해당 계약이 유효, 취소, 또는 무효인지 여부를 결정할 수 있게 된다.

계약이 유효인 경우에 한해서 계약 상대방에게 합의한 내용을 강제할 수 있으며, 상대방이 계약을 위반할 경우에 구제수단의 사용이 가능해 진다.

2. Operation of Contracts

계약이 성립된 이후에 계약 양도를 통해 계약 당사자의 변경이 발생할 수 있다. 계약 양도에는 원칙적으로 상대방의 동의가 필요 없지만, 양도 사실에 대한 통지가 필요하다.

권리 양도의 경우에는 이전 채권자의 권리가 소멸하지만, 의무 이전에서는 이전 채무자의 의무가 소멸하지는 않는 것이 원칙이다.

계약 관계에 제3자가 관련되는 경우에는 계약 양도 이외에 제3수혜자 거래가 있다.

3. Termination of Contracts

계약으로 인한 권리와 의무는 계약의 이행, 계약해제, 소멸시효 등을 통해서 소멸되게 된다.

계약 위반의 경우에 적용될 수 있는 구제수단에는 손해배상, 특정이행 등이 있다.

Introduction of Contracts

1. 계약의 정의

An express or implied **legally binding agreement** between two or more persons to perform or not to perform some specific act or undertaking (계약이란 법적 구속력이 인종되는 합의를 의미한다)

2. 계약의 적용법규 – Common Law vs. Uniform Commercial Code (UCC)

계약의 유형에 따라 적용법규가 달라진다. 적용법규에 따라 계약성립요건과 법적효과에 차이가 발생하므로 적용법규의 구분이 매우 중요하다.

1) Common Law

부동산 매매 및 서비스 제공 등과 같은 대부분의 계약은 판결 또는 관습에 의해서 형성된 Common Low가 적용된다.

① Common law is a body of law developed from judicial decisions or custom

② Common law contract rules apply to contracts that are **not** a **sale of goods**

③ Examples of contracts governed by the common law are real estate, insurance, services, and employment

2) Uniform Commercial Code (UCC)

상품 매매의 경우에는 반복성과 정형성을 고려하면 거래의 안전이 일반계약보다 중요하므로 특별규정에 해당하는 UCC가 적용된다.

① UCC is as series of uniform laws governing commercial transactions that has been widely adopted by legislative bodies throughout the United States

② UCC contract rules (Article 2) governs transactions involving the **sale of goods**

③ Examples of contracts applied by the UCC are tangible personal property (movable things)

3. 계약의 유형

1) 계약의 명시성 여부

① Express contract (명시적 계약)

Terms are stated orally or in writing

② Implied contract (묵시적 계약)

Terms are inferred from conduct or circumstance

2) 계약의 체결방법

① Unilateral contract (일방계약)

One party gives promise for completion of requested act (⇨ This contract is not formed until performance is completed)

② Bilateral contract (쌍방계약)

Each party exchanges promises

3) 계약의 이행 여부

① Executory contract

Duties under the contract remain to be performed

② Executed contract

All of the duties under the contract have been performed

4) 계약의 유효성 여부

① Valid contract (유효)

This contract is enforceable

② Voidable contract (취소)

This contract is enforceable unless the party that has the right to disaffirm, rescind or cancel the contract pulls out of the contract

③ Void contract (무효)

This contract is a contract having no legal or binding effect

Formation of Contracts

1. General – Elements of a contract (계약의 구성요소)

1) 계약의 성립요건

① Agreement (합의) = Offer (청약) + Acceptance (승낙)

② Consideration (약인 ⇨ 대가교환)

2) 계약의 성립에 대한 항변사유 (Defenses) ⇨ 계약의 유효요건

① Legal capacity (법적 행위능력의 존재 여부)

② Legality (적법성의 여부)

③ Reality of assent (진정한 합의의 존재 여부 ⇨ 의사표시의 하자 여부)

④ Statute of frauds (사기방지법의 적용 여부 ⇨ 서면성의 요구 여부)

2. Offer (청약)

1) 청약의 정의

① It is an invitation to form a contract

청약이란 계약을 체결하고자 하는 의사표시를 의미한다.

② Offers must be **seriously intended, communicated,** and **definite and certain** in essential terms

⇨ Subjective intent is not considered (청약의 의사표시는 주관적인 의도는 고려하지 않고 객관적으로 해석을 해야 한다)

2) 청약의 성립 (청약의 요건)

① Offers must be **seriously intended**

a. Courts use **objective test** to determine intent

⇨ For a reasonable person to assume that the offer was a serious offer to contract (청약은 합리적인 사람을 기준으로 계약을 체결하고자 하는 의사를 판단한다)

b. 청약으로 인정되지 않는 경우

Apparent jest, **invitation (price tag, advertisement, or auction)**, statement of opinion, or preliminary negotiation is not an offer

(명백한 농담, 청약의 유인, 의견표시, 또는 사전협상은 청약이 아니다)

Invitation to offer (청약의 유인)

청약의 유인이란 타인으로 하여금 청약을 하도록 유도하는 행위로서, 청약의 유인으로 타인이 의사표시를 하더라도 계약이 성립되는 것은 아니다.

계약이 성립되기 위해서는 청약과 승낙을 통해 합의가 이루어져야 하는데, 청약의 유인은 청약이 아니므로, 청약의 유인을 통한 타인의 의사표시는 승낙이 아닌 청약에 해당할 뿐이다. 따라서 청약의 유인을 했던 자가 타인의 청약에 대하여 승낙의 의사표시를 해야만 계약이 성립된다.

Advertisement (광고)

① It is merely invitations for interest parties to make an offer

광고를 청약으로 인정하게 되면 광고를 보고 의사표시를 한 모든 사람들과 계약이 성립되는 문제가 발생하므로, 광고는 단지 청약의 유인으로 본다.

② Exception ⇨ Offer O

ⓐ Rewards (Public offers)

범인을 체포하거나 분실물을 찾아주는 경우에 현상금이나 사례금을 지급하겠다는 광고는 청약으로 인정된다.

ⓑ Specifying offeree

선착순 몇 명에게 할인을 제공하겠다는 광고와 같이 상대방이 특정 가능한 광고는 청약으로 인정된다.

Auction (경매)

① 의의

경매는 Auctioneer(경매인)이 Audience(경매참가인)의 Bid(가격제시)에 대하여 유보할 수 있는 권리를 가지고 있는지 여부로 With reserve or Without reserve 로 구분된다. 일반적으로 다른 정함이 없으면 경매는 With reserve 로 본다.

② Auction with reserve

경매인에게 Bid 수락 여부에 대한 유보 권한이 있으므로, 경매인의 경매 공고는 청약의 유인에 해당하고 경매참가인의 가격제시가 청약에 해당한다. 경매인이 경매참가인의 가격제시에 대하여 수락해야 계약이 성립한다.

③ Auction without reserve

경매인에게 Bid 수락 여부에 대한 유보 권한이 없으므로, 경매인의 경매 공고는 청약에 해당하고 경매참가인이 가격을 제시하면 승낙에 해당한다. 즉, 경매참가인이 가격을 제시하면 바로 계약이 성립한다.

② Offers must be **communicated**

a. The offeree must have knowledge of the offer

청약의 효력이 인정되기 위해서는 청약의 상대방이 해당 내용을 알 수 있어야 한다.

b. Offers may be written, oral, or by actions (⇨ Need not be solely by words)

c. Offers are effective when it is received by the offeree

청약의 효력발생시기는 도달주의가 적용된다.

③ Offers must be **definite and certain** in essential terms

a. Offers must include parties, price, time of performance, subject matter, quantity, etc. under common law

일반적으로 청약이 확정적이고 명확하기 위해서는 계약의 당사자, 가격, 이행시기, 계약의 목적물, 수량 등이 청약의 내용에 포함되어 있어야 한다.

b. Offers need only include **quantity** terms under UCC

UCC가 적용되는 경우에는, 즉 상품의 매매에 있어서는, 수량만 정해져 있어도 청약의 효력이 인정된다.

3) 청약의 소멸

① 의의

a. Offers must be accepted before it is terminated

청약이 소멸된 이후에는 승낙이 있어도 계약이 성립되지 않는다.

b. Offers can be terminated in several ways

a) Acts of party ⇨ Revocation (By offeror) / Rejection or counteroffer (By offeree)

b) Operation of law ⇨ Death or insanity of a party, etc.

② 구체적인 소멸사유

a. **Revocation** (철회)

a) 원칙 ⇨ 상대방에게 철회의 의사표시가 전달되면 언제든지 청약은 철회가 가능

ⓐ Offeror can usually revoke **anytime** before acceptance, **even if** he says offer will be held open for a definite time

ⓑ Revocation is effective only when received by offeree

ⓒ The revocation may be direct or indirect

- Direct ⇨ Offeror revokes the offer by a phone call to the offeree
- Indirect ⇨ Offeree leans by reliable means the offeror has already revoked

ⓓ Rewards (Public offers) must be revoked by same methods and amount of publicity used in making offers

b) 예외 ⇨ 철회할 수 없는 청약

ⓐ **Option contracts** under common law (**with consideration**)

Option is a separate contract supported by consideration to keep offer open and cannot be revoked before stated time

Offeror가 일정기간 동안 청약을 철회하지 않기로 약속을 하였고 Offeree는 이러한 약속에 대해 Consideration을 준 경우, Offeror는 해당 기간 동안에는 청약을 철회할 수 없다.

ⓑ **Firm offers** under UCC (**without consideration**)

Written offers concerning sale of goods **by merchant**, giving assurance that it will be held open for specific periods (not to exceed 3 months), is irrevocable for the time stated

Offeror가 상인이고 상품매매와 관련하여 일정기간 청약이 유효하다고 서명된 문서로 청약을 표시한 경우, 해당 기간 동안에는 청약을 철회할 수 없다.

b. **Rejection** (거절)

a) Rejection must be communicated to offeror

b) Rejection is effective when received by offeror

c. **Counteroffer** (수정청약)

a) Counteroffer = Rejection + New offer

수정청약은 기존 청약에 대한 거절과 새로운 청약의 결합으로 본다. 따라서 Offeror에 의한 청약은 소멸하고 Offeree의 수정청약이 새로운 청약으로 남게 된다.

b) Mere inquiry or request for additional terms is not a counteroffer

단순한 질문이나 추가적인 문의는 수정청약으로 보지 않는다. 따라서 기존 청약이 그대로 효력을 유지하게 된다.

Counteroffer 해당 여부의 판단

Offeree 의사표시를 합리적으로 해석하여 청약에 대해 Rejection 할 의사를 가지고 있었다면 Counteroffer로 보고, 청약에 대하여 Rejection 할 의사가 없었다면 Counteroffer가 아니라 단순한 질문이나 추가적인 문의로 본다.

[Example] An offer is made to sell a car for $50,000

⇨ A counteroffer is "I will give you $40,000"

⇨ A mere inquiry is "Will you sell for $40,000?"

⇨ A request for additional terms is "Will you sell for $30,000 now, and $20,000 plus 10% interest one year from now?"

d. **End of stated time** (시간의 경과)

The offeree must accept the offer within stated time or if no time period is specified, within a reasonable time

청약은 정해진 기간 동안 Offeree의 승낙이 없으면 시간의 경과로 소멸되고, 만약 청약에 정해진 기간의 정함이 없다면 합리적인 기간의 경과로 소멸하게 된다.

e. **Death or insanity** (당사자의 사망 또는 무능력)

If either offeror or offeree dies or becomes insane prior to acceptance, the offer is terminated immediately and automatically ⇨ it is not necessary that the death or insanity be communicated to the other party

청약에 대한 승낙이 있기 전에 당사자 중에 일방이 사망하거나 무능력 상태가 되면, 별도의 의사표시 없이 청약은 자동적으로 소멸된다.

f. **Changed circumstances** (사정변경)

If destruction of subject matter, illegality, or bankruptcy of either offeror or offeree before acceptance the offer is terminated immediately and automatically

청약에 대한 승낙이 있기 전에 목적물의 멸실, 계약이 불법적인 것으로 변경, 당사자 중에 일방이 파산한 경우에는 별도의 의사표시 없이 청약은 자동적으로 소멸된다.

여기에서 목적물의 멸실이란 화재 등으로 목적물이 파괴된 경우를 말하며, 계약이 불법적인 것으로 변경이란 법률의 개정으로 합법적인 사항이 불법적인 것으로 바뀐 상황을 의미한다.

3. Acceptance (승낙)

1) 승낙의 정의

It is an offeree's assent to enter into a contract

승낙이란 계약을 성립시키기 위해서 Offeree가 청약에 대해 동의하는 의사표시를 의미한다.

2) 승낙의 성립

① Acceptance must be communicated and may be **written, oral**, or by **actions**

a. Promise of offeree is required under bilateral contract

쌍방계약에서는 Offeree의 약속에 의하여 승낙이 표시되어야 한다.

b. Performance of offeree is required under unilateral contract

일방계약에서는 Offeree의 이행에 의하여 승낙이 표시된다.

② Offer may be accepted **only by offeree**

승낙은 청약의 상대방인 Offeree에 의해서만 가능하다.

a. Offeree must have knowledge of offer in order to accept

b. Intent to accept is required

c. Acceptance must be in form specified by offer

③ Acceptance must be **unconditional** ⇨ **Mirror Image Rule**

a. An acceptance that attempts to change terms of offer is not a valid acceptance, but rather is a counteroffer under common law

승낙이 유효하기 위해서는 청약을 그대로 받아 들여야 하며, 청약의 조건을 변경하여 승낙할 경우에는 승낙이 아닌 수정청약이 되게 된다.

b. An acceptance will be effective even if it states new or different terms under the UCC

UCC 경우에는 'Mirror Image Rule'이 엄격하게 적용되지는 않는다.

④ **Silence** is not an acceptance

a. Offeree is under no duty to reply

청약에 대하여 Offeree가 응답할 의무는 없으므로, 청약에 대하여 아무런 의사표시를 하지 않은 Silence는 승낙으로 인정되지 않는다.

b. Exceptions ⇨ Silence is an acceptance

a) Offeree has taken benefit of services or goods and exercised control over them when he had opportunity to reject them
Offeree가 거절할 기회가 있었지만 Offeror가 제공한 서비스나 상품으로부터 효익을 얻은 경우에는 청약에 대하여 응답하지 않았어도 승낙으로 인정된다.

b) If offeror and offeree normally treat silence as acceptance in their usual course of dealing, silence could be an acceptance
계약 당사자 사이에 정상적인 거래 과정에서 Silence를 승낙으로 보기로 하였다면, Silence는 승낙으로 인정된다.

3) 승낙의 시기

① **Mailbox Rule** ⇨ 발송시점

a. An acceptance is generally effective when it is **sent (dispatched)**

a) If acceptance is made by method specified in offer or by same method used by offeror, acceptance is effective when sent (↔ offer, revocation, rejection, and counteroffer are valid when received)
청약에서 지정된 방법 또는 지정이 되지 않은 경우에는 청약과 동일한 방법으로 승낙을 발송하게 되면, 승낙은 발송시점에 효력이 발생한다. (청약, 철회, 거절, 수정청약은 도달시점에 효력이 발생한다.)

b) Other methods of acceptance are considered effective when received by offeror
지정된 방법이나 동일한 방법이 아닌 다른 방법으로 승낙의 의사표시를 한 경우에는 도달시점에 효력이 발생한다.

b. If acceptance is valid (properly addressed) when sent, a lost or delayed acceptance does not destroy validity ⇨ The offeror's risk of loss or delay
유효한 승낙이 발송된 경우에는 분실이나 지연의 위험을 Offeror가 부담한다. 즉, 승낙의 의사표시가 Offeror에게 도달되지 않거나 지연하여 도달되어도 승낙은 효력이 있고 계약의 성립이 인정된다.

② Exceptions of mailbox rule ⇨ 도달시점

a. Other methods of acceptance are considered effective when received by offeror

b. Offeror can change mailbox rule by stating other rule in the offer
Offeror는 청약을 할 때 별도의 언급을 통해 Mailbox rule 적용을 배제하고 도달시점을 적용하도록 하는 것이 가능하다.

c. If offeree sends rejection and then acceptance, first received is effective
Offeree가 거절을 발송한 후에 승낙을 발송한 경우에는 거절과 승낙 중에서 먼저 도달한 것이 유효하다.

③ UCC 적용되는 경우

a. An acceptance is effective when sent if reasonable method used

b. Above rule does not apply if other rule is stated in the offer

④ **Late acceptance** is a **counteroffer**

청약에서 정해진 기간 또는 합리적인 기간 내에 발송 (또는 도달) 되지 않은 승낙의 경우에는 승낙의 효력이 인정되지 않지만, 새로운 수정청약으로 효력을 가질 수는 있다.
따라서 기존 청약은 소멸하고 지연된 승낙이 수정청약이 되어서 기존의 Offeror가 다시 승낙을 하면 계약이 성립한다.

4. Consideration (약인 ⇨ 대가교환)

1) Consideration 정의

It is the price of contracting
⇨ Both parties of contract must be supported by legally sufficient consideration
⇨ Something must be given in exchange for a promise to be enforceable
⇨ An act, promise, or forbearance that is offered by one party and accepted by another as inducement to enter into agreement

미국 계약법에 있어서 가장 큰 특징은 대가교환을 요구하는 것이다. 청약과 승낙을 통해 의사표시가 합치되더라도, 그러한 의사표시를 강제할 수 있는 법적인 대가교환이 없다면 계약은 성립하지 않는다. 대가교환은 계약의 양 당사자 모두에게 요구되며, 그 유형은 금전적인 것 이외에 특정 행위 등 다양한 형태로 가능하다.

2) Consideration 성립요건

① Consideration must be something of **legal value** given by each party

a. Legal value

a) It constitutes either a detriment to the promisor or a benefit to the promisee
대가관계란 약속을 하는 자가 입는 손실 (Detriment) 또는 약속을 받는 자가 받는 이익 (Benefit)을 의미한다.

b) Legal detriment includes promises to pay money, promises to perform acts or to refrain from performing, and promises to give property, etc.

b. 반드시 금전적인 가치를 요구하지 않는다.

a) Legal detriment does not have monetary value or to be economic
금연 약속과 같이 비경제적인 손실이라도 Consideration 요소인 손실로 볼 수 있다.

b) Legal detriment is giving up of a legal right or doing of something that is not legally obligated to do
원래 가지고 있던 법적 권리를 포기하거나 법적으로 의무가 없던 일을 해야 하는 경우 법적으로 손실이 인정된다.

c. 대가의 공정성은 요구되지 않는다.

a) Courts are not usually concerned with the adequacy of consideration, just that is present for both parties
대가관계를 판단할 경우에는 대가관계의 공정성은 고려되지 않고, 단지 대가관계가 존재했는지를 고려하는 것으로 충분하다.

b) The only requirement is that the consideration be legally sufficient

② Consideration must be a **bargained-for-exchange**
대가관계가 인정되기 위해서는 일방적이 아니라 양 당사자 서로가 손실과 이익을 주고 받는 관계가 형성되어야 하며, 이는 Consideration 성립의 가장 본질적 요소이다.

3) Consideration 성립에 대한 구체적 판단

① Preexisting legal duties (기존 의무의 원칙)

a. It is not sufficient as consideration
이미 법적으로 또는 계약으로 의무가 존재하는 일을 하거나 할 것을 약속하는 경우에, 새로운 Legal detriment가 없기 때문에 Consideration으로 인정되지 않는다.

a) Promise to pay someone for refraining from doing something he has no right to do is unenforceable

b) Promise to pay someone to do something he is already obligated to do is unenforceable

ⓐ Agreement to pay **police officer** $100 to recover stolen goods is unenforceable

ⓑ Agreement to pay more to finish a job is unenforceable unless unforeseen difficulties are encountered

b. Agreement to accept from debtor a lesser sum than owed (기존 채무 감액의 경우)

a) It is unenforceable if the debt is a **liquidated (undisputed)** debt

확정채무의 경우 (채무금액에 관한 다툼이 없는 경우)에는 채무자가 일부를 이행을 조건으로 나머지 채무를 면제하기로 약속하여도, 기존 채무의 이행에 불과하여 Consideration이 인정될 수 없으므로, 채무 감액에 대한 합의는 구속력이 없다.

b) Exceptions ⇨ Enforceable

ⓐ **Unliquidated (disputed)** debt

미확정채무의 경우 (채무금액에 관한 다툼이 있는 경우)에는 채무자가 일부의 이행을 조건으로 나머지 채무를 면제하기로 약속하면, 이러한 채무 감액에 대한 합의는 구속력이 있다.

ⓑ New or different consideration

확정채무의 경우에도 채무자가 기존의 채무 감액의 약속을 받으면서, 부가적인 의무를 부담하게 되는 경우에는 채무 감액에 대한 합의는 구속력이 있다.

② Past consideration (과거의 대가관계)

과거의 대가관계는 거래적 요소가 없기 때문에 Consideration으로 인정되지 않는다.

a. Promise to pay someone to do something he is already to do is not enforceable

b. Past consideration is not sufficient for new contract because it does not satisfy the bargain requirement

③ Moral obligation (도덕적 의무)

a. It is not consideration because it is not bargained for

도덕적 의무에 근거하여 지급 등을 약속하는 경우에는 상대방에게 Consideration이 존재하지 않으므로, 도덕적 의무에 근거한 합의는 법적 구속력이 인정되지 않는다.

b. Exceptions ⇨ Enforceable

a) Promise to pay debt barred by statute of limitations

제소기간이 경과된 채무의 변제 약속

b) Promise to pay debt barred by bankruptcy

파산에 의해서 면제된 채무의 변제 약속

④ Modification of contract (계약의 변경)

a. It needs **new consideration** on both parties to be legally binding **under common law**

Common law에 따를 경우, 이미 체결된 계약을 수정하기 위해서는 양 당사자 모두에게 새로운 Consideration이 필요하다.

b. A contract for sale of goods may be modified orally or in writing **without consideration** if in good faith **under UCC**

UCC에 따를 경우, 새로운 Consideration이 없더라도 이미 체결된 계약을 수정하는 것이 가능하다.

⑤ Requirement contract & Out-put contract

a. **Requirement contract** (필요수량 전량 매수계약)

If one party agrees to supply what other party requires, agreement is supported by consideration

매수인이 일정한 기간 동안 필요한 수량을 매도인으로부터 전량 매수하기로 약속하는 것으로, 매수인은 계약기간 동안 해당 물품을 조금이라도 매수한다면 매도인에게만 매수하여야 하는 의무를 부담하고 매도인은 해당 물품을 전부 매수인에게 매도해야 할 의무를 부담하기 때문에, Consideration이 인정되고 해당 계약은 구속력을 갖는다.

b. **Out-put contract** (생산수량 전량 매도계약)

If one party agrees to sell all his output to another, agreement is supported by consideration

매도인이 일정한 기간 동안 생산한 수량을 매수인에게 전량 매도하기로 약속하는 것으로, 매도인은 계약기간 동안 해당 물품을 조금이라도 생산한다면 매수인에게만 매도하여야 의무를 부담하고 매수인은 해당 물품을 전부 매도인에게 구매해야 할 의무를 부담하기 때문에, Consideration이 인정되고 해당 계약은 구속력을 갖는다.

⑥ Gift (증여)

a. Promise to make a gift is not enforceable because of lack of consideration

증여는 일반적으로 Consideration이 없기 때문에 구속력이 없다.

b. Exceptions ⇨ Enforceable

a) Promise to donate to charity is enforceable based on public policy reasons

자선단체에 대한 기부약속은 공익의 목적에서 구속력을 가지게 된다.

b) **Promissory estoppel** (금반언의 원칙)

ⓐ The doctrine of promissory estoppel acts as substitute for consideration and renders promise enforceable

금반언의 원칙이 적용되는 경우에는 Consideration이 없더라도, 해당 약속은 구속력이 인정된다.

ⓑ 금반언의 원칙이 적용되기 위한 요건

The promise must be reasonably relied upon and the party relying on the promise was substantially harmed

약속을 신뢰 하였고, 해당 신뢰가 합리적이었으며, 해당 신뢰에 기초하여 행동하였고, 그로 인해 손해를 입은 경우라면, 해당 원칙이 적용된다.

계약의 성립요건

1. Agreement (합의) = Offer (청약) + Acceptance (승낙)
2. Consideration (약인 ⇨ 대가교환)

Defenses to the formation of contracts (계약의 성립에 대한 항변사유 ⇨ 계약의 유효요건)

1. Legal capacity (법적 행위능력의 존재 여부)
2. Legality (적법성의 여부)
3. Reality of assent (진정한 합의의 존재 여부 ⇨ 의사표시의 하자 여부)
4. Statute of frauds (사기방지법의 적용 여부 ⇨ 서면성의 요구 여부)

5. Legal capacity (법적 행위능력의 존재여부)

1) 의의

① An agreement between parties in which one or both lack the capacity to contract is **void or voidable** (계약 당사자 중에 일방 또는 쌍방이 법적 행위능력이 결여된 경우에 해당 계약은 무효 또는 취소가 된다)

② 법적 행위능력이 결여된 경우

a. Minors (미성년자)

b. Incompetent persons or insanities (무능력자)

c. Intoxicated persons (술 또는 약물 중독자)

2) Minors

① 의의

a. A minor is a person under age 18 or 21

State 마다 성년이 되는 나이가 다르지만, 대개 18세 또는 21세 미만이면 미성년자이다.

b. A minor may contract, but the agreement is **voidable by the minor**

미성년자도 계약을 체결할 수 있지만, 해당 계약은 미성년자에 의해 취소가 가능하다.

② **Disaffirm** (계약의 취소)

a. The minor may disaffirm the contract at any time **until a reasonable time after reaching age of majority**
미성년자는, 성년이 된 이후 합리적인 기간이 경과되기 전이라면, 언제든지 계약을 취소할 수 있다.

b. Exception ⇨ Contract for **necessities** (including food, clothing, etc.)
하지만 생필품과 관련된 계약의 경우에는 미성년자라도 계약을 취소할 수 없다.

c. The minor must return whatever he possesses when he disaffirms
계약을 취소한 경우, 미성년자는 취소할 당시에 남아 있는 것을 반환해야 한다.
(참고 : 상대방은 계약 당시에 받은 모든 것을 반환해야 한다)

③ **Ratification** (계약의 추인)

a. The minor may choose to ratify within a reasonable time after reaching age of majority
미성년자는 성년이 된 이후에 합리적인 기간 내에서는 추인 여부를 선택할 수 있다.

a) The ratification prior to majority is not effective

b) Failure to disaffirm within a reasonable time after reaching age of majority acts as ratification

b. The contract may be ratified by words, either orally or in writing, or by action
계약의 추인은 명시적 또는 묵시적으로 이루질 수 있다. (묵시적 추인이란 미성년자가 성년이 된 후에 계약을 이행하거나 계약의 이행을 받음으로 이루어진다)

c. The ratification is all or nothing ⇨ Ratifying the entire contract
계약의 추인은 계약 전체에 대해서 이루어져야 하며, 일부분만을 추인할 수는 없다.

3) Incompetent persons (Insanities)

① 의의

a. An incompetent person is not capable of understanding the nature and significance of the contract

b. A contract made by an incompetent person can be disaffirmed ⇨ The contract is voidable
법원에 의해 무능력자로 판결된 사람이 판결 이전에 체결한 계약은 취소할 수 있다.

c. A contract made by a party after he is adjudicated mentally incompetent is **void**
법원에 의해 무능력자로 판결된 사람이 판결 이후에 체결한 계약은 무효이다.

② Insane persons need not return consideration

무능력자의 경우에는 미성년자의 경우와 달리 받은 대가를 돌려줄 필요가 없다.

4) Intoxicated persons

① Legal capacity of one intoxicated is determined by his ability to understand and by degree of intoxication

② Contracts are enforceable, in general, unless extent of intoxication at time contract made was so great that intoxicated party did not understand terms or nature of the contract

⇨ The contract is voidable at option of one intoxicated if he returns items

a. 술 또는 약물의 중독 상태에서 체결된 계약은 일반적으로 구속력이 있다. ⇨ **Valid**

b. 중독 정도가 심하여 의사결정능력 또는 판단력을 상실한 상태에서 계약이 체결되었다면, 해당 계약은 취소될 수 있다. ⇨ **Voidable**

6. Legality (적법성의 여부)

1) 의의

The contract is generally **void** if it is illegal or violates public policy
위법한 계약은 법적으로 강제할 수 없으므로 무효이다.

2) 위법한 계약의 유형

① Agreements to commit a crime or tort
청부살인과 같은 범죄 및 불법 행위는 정당한 계약관계라 하더라도 위법한 계약이다.

② Agreements not to press criminal charges for consideration
대가를 받고 형사상 고소 또는 고발하지 않기로 하는 계약은 위법한 계약이다.

③ Services rendered without a required license
법에 의하여 면허가 있어야 제공하는 서비스를 무면허업자와 계약한 것은 위법하다.

a. Regulatory licensing statute ⇨ To protect public ⇨ Void

a) 공익을 보호하기 위한 면허로 의사, 부동산중개인 등의 면허가 이에 해당한다.
b) The contract is unenforceable by either party
c) Even if the unlicensed party performs the work, other party need not pay

b. Revenue-seeking statute ⇨ To raise revenue ⇨ Valid

a) 정부의 수익을 목적으로 하는 면허로 Liquor license 등이 이에 해당한다.
b) The contract is enforceable

④ Usurious contracts (⇨ contracts for greater than legal interest rate)
법에서 정한 이자율을 초과하여 이자를 받기로 한 고리대금 계약은 위법한 계약이다.

Promises not to compete (경업금지계약)

① In general, promises not to compete are illegal because of violation of Antitrust law
일반적으로 경업금지 계약은 헌법상 경쟁의 자유를 근거로 위법한 계약이다.

② In **employment contract** and in the **sale of a business**, promises not to compete are enforceable if they are reasonable in duration, geographic scope, etc.
하지만 고용계약이나 영업양도의 경우, 기간이나 지역의 제한이 합리적이라면 경업금지 계약은 구속력을 갖는다.

Exculpatory clauses (책임면제조항)

① One party tries to relieve self of liability for own negligence, gross negligence, reckless, or intentional tort is illegal (일반적으로 책임면제조항은 위법하다)

② Limit liability for negligent damage to property may be enforceable if reasonable and conspicuously
인적 손해가 아닌 물적 손해의 경우에 경과실에 한해서 책임면제가 아닌 책임제한을 하였다면, 그 제한이 합리적이고 명시적으로 표시된 경우에 구속력을 갖는다.

7. Reality of assent (진정한 합의의 존재 여부 ⇨ 의사표시의 하자 여부)

1) 의의

① Absence of reality of assent can make a contract unenforceable

② 진정한 합의가 존재하지 않게 되는 사유에는 Fraud (사기), Mistake (착오), Duress (강박), Undue influence (부당압력) 등이 있다.

2) Fraud (사기)

① 사기의 성립요건 ⇨ 원고에게 입증책임이 존재

a. **Misrepresentation of material fact** (중요한 사실에 대한 허위표시)

a) It can be falsehood or concealment of physical defect
중요한 사실이란 물리적 결함과 같이 계약체결에 본질적 요소이어야 한다.

b) Silence is not misrepresentation unless there is duty to speak

상대방에게 고지할 의무가 없다면, Silence는 상대방에게 표시한 것이 없기 때문에 Misrepresentation에 해당하지 않는다.

c) It must be statement of past or present fact

사실이란 과거 또는 현재에 대한 사실의 진술이어야 한다.

ⓐ Opinion is not fact, but expert's opinion does constitute fraud

단순한 의견은 사실이 될 수 없지만, 전문가의 의견은 사실로 인정될 수 있다.

ⓑ Prediction, puffing, or sales talk is not fact

예측, 가격이나 상품을 다소 과장하는 것은 사기에 해당하지 않는다.

b. **Intent to mislead** (기망의 의도) ⇨ Scienter (고의)

a) It needs knowledge of falsity with intent to mislead

고의성이 인정되기 위해서는 허위표시라는 것을 알면서 하는 것이 필요하다.

b) Reckless disregard for truth can be substituted

조금만 주의했다면 알 수 있었지만 조그마한 주의도 하지 않은 경우에는 고의와 동일하게 취급한다. ⇨ Constructive fraud (추정적 사기) or Gross negligence (중과실)

c) Innocent (negligent) misrepresentation ⇨ No scienter ⇨ Negligence (경과실)

일반적인 주의를 하지 않아서 부실표시 한 경우로 사기에는 해당하지 않는다.

c. **Reasonable reliance** by injured party (상대방의 합리적인 신뢰)

d. Resulting in **injury (damage)** to others (손해의 발생)

② 사기의 유형

a. **Fraud in the inducement**

a) The misrepresentation occurs during contract negotiations

계약의 협상과정에서 발생한 사기로서, 계약 내용에 대하여 기망을 당하여 계약을 체결한 경우를 의미한다.

b) It creates a **voidable** contract at option of the defrauded party

b. **Fraud in the execution**

a) The misrepresentation occurs in actual form of the agreement

계약의 체결과정에서 발생한 사기로서, 계약 체결 사실을 모르고 계약서에 서명한 경우이거나 계약 체결 사실은 알지만 전혀 다른 계약서에 서명한 경우를 의미한다.

b) It creates a **void** contract

③ 사기(Fraud in the inducement)에 대한 구제수단

a. The defrauded party may affirm the contract and sue for damages
계약을 취소하지는 않고 손해배상만을 청구할 수 있다.

b. The defrauded party may rescind the contact and sue for damages
계약을 취소하고 손해배상을 동시에 청구할 수 있다.
(참고 : 계약을 취소하면 자신이 상대방으로부터 받은 것도 반환하여야 한다)

c. Punitive damages are available for fraud, which is a tort cause of action (But punitive damages generally are not available for breach of contract).
사기의 경우에 불법행위로 책임을 주장하면 징벌적 손해배상이 인정된다.

Types	Remedies
Fraud in the inducement	Disaffirm or (and) Sue for damages
Constructive fraud or Gross negligence	Same as fraud
Innocent (negligent) misrepresentation	Disaffirm only (Sue for damages X)

3) Mistake (착오)

① **Mutual mistake** (쌍방 착오)

a. If both parties are mistaken as to a material fact (existence, identity, or important characteristics of subject matter) ⇨ **Voidable** by either party
상호간에 중요한 사항에 대한 착오가 있는 경우에는 양자가 계약의 취소가 가능하다.

b. Mistake about value of subject matter is not a important characteristic for voiding the contract
목적물의 가치에 대한 착오는 중요한 사항에 대한 착오가 아니며 취소 사유가 아니다.

Nonexistence of subject matter ⇨ Void

목적물 대상에 대한 착오가 있을 때에는 취소 사유가 되지만, 목적물 자체가 존재하지 않을 때에는 쌍방이 이런 사실을 모르고 계약한 경우 무효 사유가 된다.

② **Unilateral mistake** (일방 착오)

a. Generally, a unilateral mistake does not allow the mistaken party to void the contract
일반적으로 일방 착오를 이유로는 계약을 취소할 수 없다.

b. Exception ⇨ Voidable by the mistaken party

A unilateral mistake makes the contract voidable by the mistaken party only if the non-mistaken party knew or should have known

착오가 없는 상대방이 착오를 알았거나 알 수 있었던 경우에만 계약을 취소할 수 있다.

4) Duress (강박)

① 의의

a. Duress arises when a party's free will to contract is overcome by an unlawful use of force or threat to imminently use force

물리적인 힘의 사용이나 사용의 위협을 통해 계약을 강제한 경우가 강박에 해당한다.

b. Duress generally cannot arise from a party's poor financial condition

상대방의 절실한 경제적 필요 등을 이용하여 유리한 계약을 이끌어 낸 경우에는 강박에 해당하지 않는다.

② 강박에 대한 구제수단

a. **Ordinary duress** creates a **voidable** contract

일반적으로 강박에 의해 체결된 계약은 취소가 가능하다.

b. **Extreme duress** creates a **void** contract

신체에 대한 협박과 같이 정도가 심한 경우에는 체결된 계약이 무효이다.

5) Undue influence (부당압력)

① 의의

Undue influence arises when a party's free will to contract is overcome by an abuse of a position or fiduciary relationship

지위나 신의관계를 이용하여 부당하게 정신적 강박을 가한 경우가 부당압력에 해당한다.

② It normally causes the contract to be **voidable**

부당압력의 경우에는 일반적으로 취소 사유에 해당한다.

8. Statute of frauds (사기방지법의 적용 여부 ⇨ 서면성의 요구 여부)

1) 의의

① Statute of frauds (사기방지법)

대부분의 계약은 구두로 체결되어도 유효하지만, 특정한 계약들은 서면으로 작성하고 당사자가 서명하지 않으면 해당 계약을 집행할 수 없도록 법에서 규정하는데, 이를 사기방지법이라고 한다.

② Contracts required to be in writing and **signed by the party to be charged** these are said to be within Statute of frauds

사기방지법에 적용을 받는 계약은 문서로 작성되어야 하며 당사자의 서명이 요구된다.

a. Contracts need **not** be a **single writing** and the terms may be state in more than one document

b. **Any written form** (letter, telegram, receipt, etc.) will do

c. Contracts need **not** be made at **the same time** as contract

③ **Noncompliance** with Statute of frauds will make contract **unenforceable**

사기방지법이 적용될 경우, 서명을 하지 않은 상대방에게 계약을 이행하라고 할 수 없다.

2) 서면성이 요구되는 경우

① Contracts for the sale of interest in land

a. Land includes building, easement, real estate, etc.

부동산에는 토지 이외에 건물과 지역권 등 부동산의 물적 권리가 포함된다.

b. Exception ⇨ **Part performance doctrine** (일부 이행의 법리)

구두로 토지 매매계약을 체결하였더라도, 매수인(Vendee)이 계약의 일부를 이행하여 계약의 체결되었음에 대한 다음과 같은 확실한 증거가 제시되었다면, 매수인은 서명하지 않은 매도인(Vendor)에게 계약의 이행을 요구할 수 있다.

a) Possession of the land (매수인에 의한 점유)

b) Either part payment or making of improvement (매매대금의 일부 지급 또는 개량)

② Contracts that are not capable or being performance with one year

a. It only has to be in writing if it was **impossible** to perform within one year

계약시점으로부터 일 년 이내에 완료할 가능성이 없다면 서면성이 요구된다.

⇨ 일 년 이내에 완료될 가능성이 조금이라도 있다면 해당하지 않는다. (고용계약 등)

b. It is **irrelevant** whether or not the contract is **actually** performed within one year

가능성을 기준으로 판단하며, 실제로 일 년 이내에 완료되었는지 여부는 관련이 없다.

c. Exception ⇨ Full performance

③ Suretyship contracts

a. A contract where a person guarantees the debt of another must be in writing

보증계약의 경우에는 서면성이 요구된다.

b. Exception ⇨ Promise for benefit of promisor may be oral (Main purpose rule)

보증계약의 주된 목적이 보증인(Promisor) 자신의 이익을 위한 것이라면 사기방지법이 적용되지 않는다.

④ Contracts for the sale of goods (UCC) for $500 or more

a. When a writing is required under UCC, it needs only have a quantity term and a signature

UCC 경우에 서면성이 요구되면, 서명 이외에 수량에 대해서만 표시되면 유효하다.

b. Exceptions ⇨ 확실한 증거가 존재하는 경우에는 서면성이 요구되지 않는다.

a) Specially manufactured goods 특수 제작된 상품의 경우

b) Written confirmation (Merchant memo)

When both parties are merchants, one party may send signed written confirmation stating terms of oral agreement to other party within reasonable time, then the non-signing party must object within 10 days or the contract is enforceable against him

양 당사자가 상인인 경우에 $500이 넘는 계약을 구두로 체결하였더라도, 일방 당사자가 계약을 확인하는 서면에 서명을 하여 상대방에게 보내고 상대방이 확인서를 받은 후에 10일 이내에 반대의 의사표시를 하지 않은 경우에는, 서명을 하지 않은 상대방도 계약을 취소할 수 없다.

c) Admission in court 법원에서 당사자가 계약의 유효성을 인정한 경우

d) Performed (Goods that have been paid or goods which buyer has accepted)

이미 상품을 수령하였거나 상품의 대금이 지급되어 계약이 이행된 경우

⑤ Contracts relating to marriage 혼인과 관련하여 체결한 계약

⑥ Contracts by executors or similar representatives to pay estate debts out of personal funds

유언집행인이 체결한 계약

3) 서면성과 관련된 기타사항

① **Electronic documents** ⇨ E-mail 같은 전자문서도 서면성이 인정

a. When individuals make contracts over the Internet, basic rules of contract law still apply

b. Federal law (E-Sign Act) that makes electronic signatures valid like written ones, also electronic documents as valid as ones on paper

② **Parol evidence rule**

a. 의의

It provides that any written agreement intended by parties to be final and complete contract (integration) may not be contradicted by previous (written or oral) or contemporaneous (oral) evidence
당사자들이 최종적이고 완전한 의도를 가진 서면계약을 체결하였다면, 법원은 그 서면 계약 이전에 체결된 구두 또는 서면 계약이나 최종 서면계약과 동시에 체결된 구두계약은 계약조건을 다투기 위한 증거로는 받아들이지 않는다는 증거원칙이다.

b. Exceptions ⇨ 증거로 받아들여지는 경우

a) To explain ambiguous terms
서면계약의 애매한 문구를 설명하기 위한 경우

b) To show invalidity of contract (fraud, mistake, duress, etc.)
사기, 착오, 강박과 같은 사유로 계약이 유효하지 않음을 증명하기 위한 경우

c) To show condition precedent
계약과 관련하여 정지조건이 존재함을 증명하기 위한 경우

d) Subsequent modification
최종계약이라도 수정이 가능하며, 수정된 계약서는 증거로 사용이 가능

Previous contract	Contemporaneous contract	Subsequent contract
Oral agreement	Oral agreement	Oral agreement
Written agreement	Written agreement (Part of Integration)	Written agreement

Admissible agreements (법원에서 증거능력이 인정되는 계약)

(참고 : 증거능력이 있는가의 문제와 계약이 유효한가는 별개의 문제이다)

Operation of Contracts

1. Assignment of rights and Delegation of duties

1) 의의

① Parties to a contract can involve third parties by assigning the contract after the contract is formed (계약 성립 이후에 Assignment of contract이 발생하면 제3자가 계약 당사자에 포함될 수 있다)

② An assignment of contract is generally taken to mean both an assignment of rights and a delegation of duties (일반적으로 Assignment of contact이란 계약상의 권리와 의무를 함께 제3자에게 이전하는 것을 말한다)

a. An assignment is the transfer of a right and a delegation is the transfer of a duty
Assignment (권리의 양도)란 제3자에게 권리를 이전하는 것이고, Delegation (의무의 이전)이란 제3자에게 의무를 이전하는 것이다.

b. Rights may be assigned without delegating duties, or duties may be delegated without assigning rights
권리의 양도와 의무의 이전이 함께 이전되지 않고 별개로 이전되는 것도 가능하다.

2) 요건

① 원칙

a. Generally, a party's rights are assignable and duties are delegable **without consent of the other party**
일반적으로 계약상의 권리와 의무는 상대방의 동의 없이도 제3자에게 이전 가능하다.

b. No consideration is needed for a valid assignment
권리를 이전하기 위해서 대가관계가 요구되지는 않는다.
(참고 : 대가관계가 없으면 해당 권리양도(권리증여)는 철회할 수 있다)

② 예외 ⇨ **With consent of the other party** (상대방의 동의 필요)

a. An assignment will materially change the obligor's risk
이전으로 채무자의 위험이 현저히 증가하는 경우 (예시 : 보험계약)

b. Delegated duty or assigned right involves specialized personal services

계약의 특성상 특정한 사람의 기술을 요하는 경우

c. Prohibition in the contract or statute

계약이나 법률에 의해 이전이 금지되어 있는 경우

⇨ A right to receive money is assignable even if the contract prohibits assignment

(참고 : 금전채권의 경우에는 양도금지조항이 있어도 상대방의 승낙 없이 양도 가능)

3) 효과

An assignment extinguishes any rights of the assignor but a delegation does not relieve duties of the delegator

권리를 양도한 경우에는 Assignor의 권리는 소멸하지만, 의무를 이전한 경우에는 Delegator의 의무는 소멸하지 않는다.

① Assignment of rights 경우

a. The **assignee** has **exclusive rights** to performance

Assignor 권리가 소멸하므로 Assignee 만이 배타적인 권리를 가지게 된다.

a) If the obligor has a **notice** of the assignment, he must pay the assignee, not assignor

채무자(obligor)에게 이전 통지가 이루어지면, 채무자는 Assignee에게 이행해야 한다.

b) If **no notice**, he may pay the assignor and the assignee can recover from the assignor

이전 통지가 없었다면, 채무자가 Assignor에게 이행할 수 있으며 Assignee는 채무자가 아니 Assignor에게 손해를 배상 받게 된다.

b. The party taking an assignment generally **steps into shoes of the assignor**

Assignee가 이전 받는 권리는 Assignor가 가졌던 권리를 넘어설 수 없다.

a) The assignee gets no better rights than the assignor had

b) The assignee is subject to any defenses that the obligor could assert against the assignor

c) If the assignee releases the obligor, then the assignor is also released

② Delegation of duties 경우

a. Unless there is a novation, both the **delegator** and **delegatee** are **liable** to perform under the contract (Novation이 없다면, delegator도 여전히 의무를 부담하게 된다)

b. The **novation** occurs when one (delegator) of original parties to contact is released and new party (delegatee) is substituted in his place and requires consent of all three parties (delegator, delegatee, and obligee)
Novation은 delegator를 의무에서 벗어나게 하고 delegatee 만이 의무를 부담하게 하는 것으로서, 세 당사자 모두의 동의가 있어야 이루어진다.

2. Third-party beneficiary contracts

1) 의의

① The purpose of this contract is to be benefit a third party
제3자를 위한 계약이란 계약으로 인해 발생하는 권리를 계약 당사자가 아닌 제3자가 취득하도록 하는 계약을 말한다.

② Parties of this contract

a. The promisee is the one bargaining for the performance

b. The promisor is the person owning the duty under this contract

c. The third-party beneficiary is a donee beneficiary or a creditor beneficiary

2) 제3수혜자의 구분

① Intended beneficiary (의도된 수익자)

a. Creditor beneficiary

A debtor contracts with a second party to pay the debt owed to the creditor
채무자가 채권자에 대한 채무를 변제하기 위한 목적으로, 채무자가 받을 수 있는 대가를 채권자가 지급 받을 수 있도록 하여 채권자가 제3수혜자가 되는 경우이다.

b. Donee beneficiary

A promisee's intent is to confer a gift upon the third party
Promisor가 제3자에게 재화서 서비스를 제공하기로 약속하고 그 대가는 Promisee가 지급하기로 하는 계약을 하여, 제3자가 Promisor로부터 재화나 서비스를 받을 권리를 가지게 되는 경우이다.

② Incidental beneficiary (우연적 수익자)

A third party who receives an unintended benefit from the contract and he has no rights under the contract

계약에서 의도되지 않고 우연히 사실상의 이익을 얻게 되는 자를 말하며, 계약상 어떠한 권리도 취득하는 것이 아니다.

3) 효과 ⇨ 제3수혜자는 누구를 상대로 권리를 주장할 수 있는가?

① **Only** the **intended beneficiary** can sue contracting parties if the promisor fails to perform

a. The creditor beneficiary can sue the promisor or promisee

b. The donee beneficiary can sue the promisor only

② The promisor can assert any defenses that would be available against the promisee

Termination of Contracts

1. Performance of contracts (계약의 이행)

1) Duties to perform may depend upon conditions

계약의 이행 여부가 조건의 성취 여부에 영향을 받을 수 있다.

① Condition precedent

조건이 성취 되어야 계약상의 권리와 의무가 발생하는 조건 (정지조건)

② Condition concurrent

동시이행의 조건 (예시 : 인질석방 등)

③ Condition subsequent

조건이 성취 되면 계약상의 권리와 의무가 소멸하는 조건 (해제조건)

2) Doctrine of substantial performance (실질적 이행의 원칙) under common law

① Under this doctrine, the performance is satisfied if

a. There has been substantial performance ⇨ Deviations are minor

b. There has been good faith effort to comply with the contract

계약의 당사자가 중요하지 않은 사항에 대하여 계약을 위반하였다면, UCC의 경우 Perfect tender rule (완전이행의 원칙)이 적용되어 계약의 이행으로 인정될 수 없다.
하지만 Common law 경우에는 신의성실하게 계약의 중요하고 본질적인 부분을 이행하였고 상대방이 계약의 본래의 목적을 달성하였다면, 계약은 이행된 것으로 인정되고 상대방에게도 대금지급 등을 요구할 수 있다.

② 기타사항

a. This doctrine is often used in relation to construction contracts

b. The damages for deviations are deducted from the price

2. Discharge of contracts

1) By agreement

① Mutual rescission (합의해제)

Both parties may mutually agree to rescind the contract

② Novation (3자 합의에 의한 계약 당사자의 변경)

An agreement by three parties whereby a previous agreement is discharged by creation of a new agreement

③ Accord and satisfaction

The settlement of dispute or the satisfaction of a claim through the creation of a new contract

2) By impossibility

① **Objective** impossibility ⇨ **객관적으로** 불가능해야 해제가 가능

a. A change of law has rendered performance illegal

b. A party to the contract dies

c. An essential item has been destroyed

② But a mere fact of performance becoming **costly** does **not** make performance impossible

단지 계약 이행에 비용이 많이 든다는 사유는 객관적 불가능 사유가 아니다.

3) Breach of contract

① 의의

a. A material breach discharges the other party from any obligation to perform under the contract (계약 당사자 중에 일방이 의무를 이행하지 아니하여 중요한 위반을 한 경우에 상대방은 계약상의 의무를 면하게 되고 계약 해제사유가 된다)

b. The non-breaching party entitles to seek damages or other appropriate relief as a remedy for the material breach

② 계약 위반에 포함되는 경우

a. Prevention of performance

b. Non-acceptance of tender of performance

4) Anticipatory breach (Repudiation)

① 의의

Anticipatory repudiation occurs when the promisor unequivocally indicates to the promisee that he will not perform when the time comes

계약 당사자 중에 일방이 계약의 이행기가 되기 전에 미리 계약을 이행하지 않을 것임(Renunciation)을 명백하게 표시한 경우를 기한 전 이행거부라고 한다.

② 구제수단

Once the repudiation occurs, the non-repudiating party has the following options

a. Cancel the contract

b. Treat the repudiation as an immediate breach, and sue for damages immediately

c. Ignore the repudiation, urge the repudiator to perform, await the time specified for performance, and sue if the repudiator has not performed

③ The repudiator has a right to withdraw the repudiation until the other party relies

이행을 거절한 자는 상대방이 소송 제기와 같은 구제조치를 취하기 전이라면, 거절 의사표시를 취소하고 원래대로 계약을 이행할 수 있다.

3. Statute of limitation (소멸시효 ⇨ 제소기간의 경과)

1) 의의

Statute of limitations bars a lawsuit if no brought within the statutory period

소멸시효란 법정기간 내에 소송을 제기하지 않으면 그 이후로는 **소송을 제기할 수 없는 상태**가 되는 것이며, 소멸시효로 인해 **권리 자체가 소멸하는 것은 아니다**.

① A legal action must be commenced within a specified period of time

② If the statute of limitations period expired, the contract is unenforceable

⇨ It does not make a void contract, but merely bars legal actions

2) 소멸시효 기간계산

① Statute of limitations begins to run from the time the cause of action occurs

계약위반시점과 같이 소송의 원인이 발생한 시점부터 소멸시효는 기산된다.

② Although the statutory period vary for different types of cases, 4 to 6 years is typical

소멸시효 기간은 계약의 유형 등에 따라 다양하다.

4. Remedies (구제수단)

1) 의의

① 계약위반으로 인해 손해를 입은 당사자가 취할 수 있는 구제수단 검토가 계약법의 마지막 주제이다.

② 대표적인 구제수단에는 손해배상청구, 특정이행청구 등이 있다.

2) Monetary damages (손해배상)

① 의의 ⇨ Determination of monetary damages

a. 손해배상액 산정의 원칙

The purpose is to place injured party in as good a position as he would have occupied if the contract had been performed

b. 손해배상액 산정의 기준

a) **Compensatory** damage

It is enough money to obtain substitute performance at the contract price

b) **Incidental** damage

It is **closely related** expenses for the breach

c) **Consequential** damage

It is **reasonably foreseeable** as a result of the breach

② Punitive damages (징벌적 손해배상)

Punitive damages are generally **not** allowed in contract law

징벌적 손해배상은 고의에 의한 불법행위에 경우에만 인정되고, 계약위반으로 인한 손해배상에는 일반적으로 인정되지 않는다.

③ Liquidated damages (손해배상액의 예정)

a. 의의

A liquidated damages clause is a provision agreed to in a contract to set the amount of damages in advance if a breach occurs.

It is used instead of awarding actual compensatory damages

계약의 당사자가 계약을 위반하는 것에 대비하여, 이로 인한 손해배상액을 당사자들의 합의에 의하여 계약을 체결하면서 미리 정하여 놓은 것을 말한다.

b. Not enforceable if punitive ⇨ Amount set in advance must be reasonably based on what actual damages are expected to be

손해배상액의 예정은 합리적인 경우에 한하여 유효한 것으로 인정되므로, 징벌적인 성격을 갖는 것은 효력이 없다.

④ Duty to mitigate (손실경감의무)

The party injured by the breach must use reasonable care to minimize loss because he cannot recover costs that could have been avoided

3) Specific performance (특정이행)

① 의의

a. To compel performance promised when monetary damages will not suffice
통상적인 금전손해배상이 채권자의 손해에 불충분할 경우에 법원이 채무자로 하여금 계약에 정한 본래의 내용대로 이행하도록 명령하는 제도이다.

b. The injured party can received either specific performance or compensatory damages
손해를 본 당사자는 본인의 선택에 따라서 특정이행이 아닌 손해배상을 청구할 수 있다.

② 특정이행이 인정되는 경우 ⇨ **예외적 허용**

a. Used only when subject matter is **land** or **unique items**
특정이행은 모든 계약에 인정되는 것이 아니라, 계약의 목적물이 Unique or Rare 항목이나 토지매매 계약의 경우에만 적용된다.

b. Not available to compel personal services

인적 용역은 강제이행의 대상이 아니다.

4) Other remedies

① Injunction (유지명령)

It restrains a specific performance
특정 행위를 강제할 수는 없지만 금지시킬 수 있는 경우 사용한다.

② Waiver (포기)

It voluntarily gives up some right in the contract

③ Arbitration (중재)

Multiple Choice Questions

Q1 On May 10, Kim orally offered to sell a used lawn mower to Lee for $150. Kim specified that Lee had until May 15 to accept the offer. On May 12, Kim received an offer to purchase the lawn mower for $200 from Park, Lee's neighbor. Kim accepted Park's offer. On May 14, Lee saw Park using the lawn mower and was told the lawn mower had been sold to Park. Lee immediately wrote to Kim to accept the May 10 offer. Which of the following statements is correct?

① Kim was obligated to keep the May 10 offer open until May 15
② Kim's offer had been revoked and Lee's acceptance was ineffective
③ Lee's acceptance would be effective when mailed
④ Lee's acceptance would be effective when received by Kim

Q2 In determining whether the consideration requirement to form a contract has been satisfied, the consideration exchanged by the parties to the contract must be

① Fair and reasonable under the circumstances
② Exchanged simultaneously by the parties
③ Legally sufficient
④ Of approximately equal value

Q3 Which of the following promises is supported by legally sufficient consideration and will be enforceable?

① A person's promise to pay a real estate agent $500 in return for the agent's earlier act of not charging commission for selling the person's house
② A parent's promise to pay one child $5,000 because that child is not as wealthy as the child's sibling
③ A promise to pay the police $100 to catch a thief
④ A promise to pay a minor $500 to paint a garage

Q4 To prevail on the defense of fraud in the inducement, a victim must prove that

① The defrauder was an expert with regard to the misrepresentations
② The defrauder made the misrepresentations with knowledge of their falsity and with an intention to deceive
③ The misrepresentations were in writing
④ The defrauder was in a fiduciary relationship with the victim

Q5 Which of the following offers of proof are inadmissible under the parol evidence rule when a written contract is intended as the complete agreement of the parties?

A. Proof of the existence of a subsequent oral modification of the contract
B. Proof of the existence of a prior oral agreement that contradicts the written contract

① A only
② B only
③ Both A and B
④ Neither A nor B

Question Explanations

Q1: ②

Kim이 Lee에게 청약을 직접적으로 Revocation하지는 않았지만 Park을 통하여 간접적으로 Revocation의 표시가 전달된 상황이므로, May 10 청약은 소멸되었고 Lee의 승낙은 효력이 인정되지 않는다. 청약은 Open period가 존재하더라도 원칙적으로 언제든지 Revocation이 가능하기 때문에 Kim은 May 15까지 청약을 유지해야 할 의무가 없다. 이미 청약이 소멸된 상태이므로 승낙의 효력시점이 발송시점인지 도달시점인지는 고려할 필요가 없게 된다.

Q2: ③

Consideration 요건으로 필요한 Value개념은 공정성이 요구되거나 동등한 가치를 필요로 하지 않는다. 오로지 법적 관점에서 가치로 인정된다면 경제적 또는 화폐적 가치가 아니어도 충분하다. 또한 가치교환이 항상 동시에 이루어질 것을 요구하지 않는다.

Q3: ④

금전 지급과 서비스 제공이 서로 교환되는 약속이므로 대가교환이 존재하며 법적 구속력이 인정된다. 미성년자는 취소가 가능하기 때문에 계약의 유효 여부는 사후적으로 문제가 발생할 수 있지만, 계약의 성립 여부에는 영향이 없기 때문에 대가교환은 존재한다는 점에 주의가 필요하다. 미성년자가 취소하지 않고 약속이행을 요구하면 상대방에게 법적 구속력이 인정된다. ① 과거의 대가, ② 도덕적 의무 또는 기부, 그리고 ③ 기존의 의무는 대가교환으로 인정되지 않는다.

Q4: ②

사기 피해자가 입증해야 하는 사기의 성립요건에 대한 문제이다. 가장 중요한 요건에 해당하는 고의성은 속일 의도를 가지고 허위사실을 알면서 표시하는 것을 의미한다. ① 표시된 내용이 의견인 경우에는 전문가 여부가 고려될 수 있지만, 일반적인 허위표시는 전문가 여부가 증명할 요건에 해당하지 않는다. ③ 허위표시이면 구두이건 서면이건 상관이 없으며, ④ 피해자와 특수한 관계를 요구하지도 않는다.

Q5: ②

Parol evidence rule에 따르면 원칙적으로 최종 서면합의만이 재판에서 증거로 채택될 수 있으며, 최종 서면합의가 수정된 경우에는 사후적 서면합의뿐만 아니라 사후적 구두합의도 예외적으로 증거로 채택이 가능하다. 반면에 최종 합의 이전에 사전에 합의된 사항은 구두이건 서면이건 재판에서 증거로 채택될 수 없다. 주의할 사항은 사전합의 내용과 최종합의 내용에 모순이 있다는 사정만으로는 증거로 채택될 수 없고, 사전합의 사항이 보충자료로 활용될 필요가 있을 때에만 (애매한 표현의 설명, 최종합의 유효 여부 증명, 조건의 존재) 예외적으로 증거가 될 수 있는 점을 구분해야 한다. 해당 문제는 증거로 채택되지 않는 상황을 물어본 질문이지만 실제 시험에서는 증거로 채택되는 상황으로 출제될 수 있으므로 지문을 주의해서 확인해야 한다.

Chapter 02

Sales

Overview

1. Contracts for sale of goods

Article 2 of UCC 가 적용되는 상품매매 계약에 있어서는 계약 당사자들에게 In good faith(신의성실)이라는 계약 의무가 별도로 요구되기 때문에, Common law 상에서의 계약 규정이 변경되어 적용될 필요가 있다. 특히 계약 당사자들의 일방 또는 쌍방이 상인인 경우에는 더욱 수정된 규정이 적용되게 된다. 따라서 Article 2 of UCC and Common law의 주요 차이점을 정리하는 것이 중요하다. 주요 차이점은 계약의 Formation, Operation, and Termination 단계별로 나누어서 정리하도록 한다.

2. Special Topics

Article 2 of UCC에서는 Common law 에서는 존재하지 않는 특별한 규정들이 존재하면, 이는 상품매매 계약의 특성상 필요한 다음과 같은 내용을 다루고 있다.

상품이 인도되기 전에 계약 양 당사자 누구의 과실도 없이 상품이 멸실 된 경우, 이로 인한 손해를 누가 부담하는 것이 타당한지를 다루는 위험부담에 관한 특별규정을 가지고 있다. 또한 매도인이 불완전한 소유권을 매수인에게 넘겨준 경우에 매수인이 보호를 받을 수 있는 특별규정이 존재한다.

상품매매는 Perfect tender rule이 적용되는 관계로, 계약 조건에 부합하지 않는 상품을 매도인이 인도한 경우에 매수인을 보호하는 특별규정이 존재한다. 이와 관련된 규정이 담보책임 규정이며, 매도인의 과실 여부를 불문하고 매수인에게 책임을 지게 된다. 또한 담보책임과는 별도로 매도인의 과실이 존재할 경우에는 불법행위책임 규정을 고려할 수도 있다.

상품매매 계약의 이행을 보장하기 위하여 매도인과 매수인 양쪽 모두에게 다양한 구제수단들이 Article 2 of UCC에서 인정되고 있다.

Contracts for sale of goods

1. 상품매매의 적용법규

1) 의의

상품매매 계약에 있어서는 Uniform Commercial Code (UCC)의 Article 2가 적용된다.
Article 2 of UCC에서는 상품매매 계약과 관련하여 모든 사항을 규정하지는 않으며, 해당 규정이 없는 경우에는 Common law의 규정이 상품매매 계약에도 그대로 적용되게 된다.

2) Article 2 of UCC 특징

① **Goods** (상품)

Article 2 적용대상은 All tangible and movable things이다.

② **Merchants** (상인)

a. The Article 2 is not limited to merchants and some rules change if merchants are involved
Article 2는 계약 당사자가 상인의 경우에 적용되는 것이 아니라 상품매매 계약인 경우에 적용되는 것이다. 다만, 당사자가 상인인 경우에는 해당 규정이 일부 수정되어 적용된다.

b. A merchant is one who deals in the goods and has special knowledge regarding the goods
상인이란 해당 상품을 취급하거나 해당 상품에 대한 특별한 지식을 가지고 있기 때문에, Article 2 규정이 일부 수정되어 적용되는 것이다.

③ **In good faith** (신의성실)

The obligation of the parties to the contract must be performed in good faith

Article 2 에서 상품매매 계약과 관련해서는 신의성실 의무를 별도로 규정하고 있기 때문에, 계약의 성립 등에 있어 Common law 규정이 수정가능 한 것 이다. 예를 들면, 청약이 확정적이고 명확하지 않아도 계약의 성립은 인정된다.

2. Article 2 of UCC and Common law의 주요 차이점

	Article 2 of UCC	Common law
Offer 계약조건	It needs only to include a quantity term Exception: Requirement & Out-put contract	It must be Certain and definite
Offer 철회 X	Firm offers ⇨ Without consideration ① The offeror is a merchant ② It is written & signed by the offeror ③ Time is no longer than 3 months	Option contracts ⇨ With consideration
Mirror image rule	Additional terms ⇨ Valid acceptances (엄격하게 적용되지 않는다) ① Between merchants Additional terms accept unless the offerors object or the changes are material ② Between non-merchants Generally be ignored (mere proposal)	Additional terms ⇨ Counteroffers (엄격하게 적용된다)
Acceptance	Promises to ship or Prompt shipments (actions) are valid acceptances ① Shipments of non-conforming goods ⇨ Acceptances & Breaches of contracts ② Exception: Notices of accommodation ⇨ Counteroffers (Shipment 해석 참조)	Bilateral contracts ⇨ Offers are accepted by promises Unilateral contracts ⇨ Offers are accepted by actions
Mailbox rule	Specified or Reasonable methods ⇨ Acceptances are effective when sent	Specified or Same methods ⇨ Acceptances are effective when sent
Modification	It is enforceable without consideration if done in good faith	It is enforceable with new consideration on both sides
Statute of frauds	Goods for $500 or more ① The writing includes quantity & signature ② Exception: SWAP ③ If it is for $500 or more after modification, it must be in writing	MY LES The writing includes all essential terms & signature
Performance	Perfect tender rule	Doctrine of substantial performance
Statute of limitation	4 years It reduces to not less than 1 year, but may not extend to it	Case by case (4 to 6 years is typical)

Shipments (Actions) 해석

UCC에서 승낙이 유효하기 위해서는 쌍방계약에서는 Shipment의 약속이 필요하고 일방계약에서는 Shipment의 이행이 필요하다.

일방계약에서 Conforming goods를 Shipment하면 당연히 유효한 승낙이 되겠지만, Non-conforming goods를 Shipment 한 경우에 Shipment를 어떻게 해석할 것인가가 문제된다.

① Shipments of non-conforming goods is both acceptances and breaches of contracts under UCC
② If an offeree (seller) reasonably notifies an offeror (buyer) that non-conforming goods are shipped only as an accommodation to the offeror (buyer), the shipment is not an acceptance (the shipment is a counteroffer)

주의할 점은 일방계약의 경우에만 위의 내용이 적용된다는 것이다.
이미 계약 당사자 간에 Shipment의 약속을 한 쌍방계약에서는 Non-conforming goods 경우는 바로 계약위반으로 해석한다.

Types	Shipments by the offeree (seller)	해 석
Unilateral contract	Conforming goods	Acceptance & Performance
	Non-conforming goods with accommodation	Counteroffer
	Non-conforming goods without accommodation	Acceptance & Breach of contract
Bilateral contract	Conforming goods	Performance
	Non-conforming goods with accommodation	Breach of contract
	Non-conforming goods without accommodation	Breach of contract

Risk of loss and Title

1. Risk of loss (위험부담)

1) 의의

위험부담이란 매도인과 매수인 **양쪽 모두의 잘못 없이** 상품이 훼손되거나 파손된 경우에 누가 그 부담을 지는가 하는 문제이다. 계약이 체결되기 전이라면 매도인이 위험부담을 하지만, 계약이 체결된 이후에는 일정시점부터 매수인에게 위험부담이 이전된다.

① Parties may agree as to which party bears the risk of loss, otherwise UCC rules below apply
위험부담에 대한 이전 시기는 당사자의 합의에 따라 결정될 수 있지만, **당사자의 합의가 없을 경우**에는 UCC 규정에 의하여 아래와 같이 결정된다.

② Breach of contracts
물론 계약의 위반이 있는 경우에는 즉, 목적물 멸실과 관련하여 일방 당사자에게 과실이 있다면, 과실이 있는 자가 책임을 지는 것은 당연하다.

2) 위험부담의 결정기준

① **Non-carrier case** (운송업자 없이 상품이 전달되는 경우)

a. If a document of title exists
소유권을 표창하는 문서가 존재하면 해당 문서가 전달된 시점에 위험부담이 이전된다.

b. If no document of title exists

a) The seller is a merchant ⇨ Risk of loss passes on **actual delivery**
매도인이 상인이면, 매수인이 실제로 상품을 받은 시점에 위험부담이 이전된다.

b) The seller is not a merchant ⇨ Risk of loss passes on **tender of delivery**
매도인이 상인이 아니면, 매도인이 이행을 제공한 시점에 위험부담이 이전된다.

② **Carrier case** (운송업자를 통해 상품이 전달되는 경우) ⇨ Shipping terms에 따라 결정

a. Shipment contract ⇨ Risk of loss passes on **actual delivery to the carrier**
매도인이 운송업자에게 상품을 넘겨주는 시점에서 위험부담이 이전된다.

b. Destination contract ⇨ Risk of loss passes on **tender of delivery at the destination**
목적지에서 매수인에게 이행을 제공한 시점에 위험부담이 이전된다.

3) 특별한 매매계약의 경우

① Sale on approval

A **seller** retains title and risk of loss until the buyer accepts goods

매도인은 잠재적 매수인에게 상품을 보내어서 이를 사용해 보고 (Trial use), 상품이 마음에 들지 않으면 반환할 수 있도록 한 계약이다.

⇨ 잠재적 매수인이 승낙하기 전까지는 **매도인**에게 소유권과 위험부담이 존재한다.

② Sale or return

A **buyer** retains title and risk according to the shipping term

매수인이 판매(Resale)를 목적으로 상품을 구입하고 이를 팔지 못할 경우에, 매도인에게 반환할 수 있도록 한 계약이다.

⇨ 반품되기 전까지는 **매수인**에게 소유권과 위험부담이 존재한다.

Shipping terms (계약조건)

① FOB (Free on Board) ⇔ FAS (Free Along Side)

A seller must deliver the goods at the location named and has risk of loss until the goods reached the location named

a. FOB Shipping point (Shipment contract)

b. FOB Destination point (Destination contract)

② CIF (Cost, Insurance, and Freight)

a. A contract price includes the cost of the goods, insurance, and freight

b. A seller obtains insurance in the buyer's name

c. Risk of loss passes when the seller delivers the goods to the carrier

③ **COD** (Cash on Delivery)

a. A buyer must pay **prior to** inspecting goods

위험부담과는 상관없이 매도인이 상품을 운송인에게 인도하면서 대금회수를 함께 위임하고, 매수인이 대금을 지급하지 않으면 상품을 매도인에게 다시 가져오도록 한 계약이다. 따라서 매수인은 대금을 지급해야만 상품을 인도받아 검사를 할 수 있고, 상품을 검사를 하지 못했다는 이유로 대금의 지급을 거절하면 계약 위반이 된다.

b. The buyer has the right to reject non-conforming goods

매수인은 검사 후에 상품에 문제가 있으면, 당연히 계약을 거절할 권리가 있다.

Insurable interest (피보험이익)

UCC provides the buyer with an insurable interest in goods as soon as the seller identifies the goods. Of course, the seller has an insurable interest as long as he owns the goods. Both parties can have an insurable interest in the same goods.

보험은 피보험이익이 있어야 가입이 가능하도록 되어 있으므로, 상품매매에 있어서 상품에 대한 소유권(Title)이 있거나 위험부담(Risk of loss)을 하고 있어야 보험가입이 가능하다.

매수인이 실제 물건을 인도 받기 전이라도 상품의 멸실과 관련된 위험을 부담하고 있다면 보험배상을 받을 권리를 가질 수 있는데, 그 시점은 매도인이 계약상의 해당 물건을 **Identification** (Segregation, indication, mark, etc.) 한 이후에 인정된다.

상품의 소유권이 이전되기 전이라도 매수인에게 위험부담이 이전되었다면, 피보험이익은 양 당사자가 동시에 갖는 경우도 존재할 수 있다.

United Nation Convention for the International Sale of Goods

In international sales shipment contract under the United Nation Convention for the International Sale of Goods, risk of loss passes to the buyer on **delivery to first carrier** for transmission to the buyer

국제 상품매매에 관한 유엔협약에 따르면, 매도인은 운송을 위해서 첫 번째 운송업자에게 상품을 인도하였을 때에 매수인에게 위험부담이 이전된다.

2. Title (소유권)

1) Passage of title (소유권의 이전)

① Passages of title cannot take place until goods exist and have been identified
매매의 목적물이 아직 존재하지 않거나 존재하더라도 특정되지 않으면 소유권의 이전이 이루어 질 수 없다.

② The parties may agree as to when title will pass
소유권의 이전 시기는 당사자의 합의로 자유롭게 정할 수 있다.

③ If there is no agreement as to when title will pass, title passes when the seller completes the delivery requirement
이전시기에 대한 당사자의 합의가 없다면, 계약에서 정해진 인도조건을 충족한 시점에 소유권이 이전되게 된다.

④ A justified rejection by the buyer reverts title to the seller

상품이 전달되었어도 매수인의 거절이 정당하다면, 소유권은 매도인에게 다시 이전된다.

⇨ If non-conforming goods are shipped, risk of loss remains with the seller despite the buyer's title

매도인이 잘못된 물건을 보낸 경우에는 Shipping terms와는 관계없이, 매수인이 해당 물건의 수령을 인정한 경우를 제외하고는 Risk of loss는 매도인에게 계속 남게 된다. 다만, 소유권은 인도조건을 충족한 시점에 매수인에게 이전되었다가 매수인이 정당한 거절을 할 경우에 매도인에게로 소유권이 다시 이전된다. 위험부담과 소유권은 함께 이전되는 것이 원칙이지만 잘못된 물건이 보내진 경우에는 예외가 발생한다.

2) 소유권의 이전과 관련된 예외사항

① 매수인에게 이전되는 소유권

일반적으로 소유권을 이전 받는 Transferee(매수인)은 Transferor(매도인)보다 Better Title을 가질 수는 없다. 그러나 UCC에서는 다음과 같은 예외사항을 규정하고 있다.

② **Bona Fide Purchaser** (BFP) ⇨ Good faith purchaser (선의의 매수자)

a. 의의

BFP란 상품의 구입과 관련해서 선의를 가지고 행동했지만, 매도인에게 유효한 소유권이 없다는 것을 알지 못하고 그 물건의 대가를 지급하여 취득한 자를 의미한다.

⇨ Act in good faith, No notice of voidable title, and Pay the value

b. Examples of voidable title

a) Goods paid for with a check subsequently dishonored

b) Goods obtained by fraud, mistake, duress, or undue influence

c) Goods obtained from minors

c. If a party having voidable title transfers goods to a BFP for value, the BFP obtains **good title**

선의의 매수자는 취소될 수 있는 소유권(Voidable title)을 취득한 경우에도 유효한 소유권(Good title)을 취득하게 되므로, 원래의 소유자가 계약을 취소하더라도 원래 소유자에게 상품을 돌려줄 필요가 없다.

③ Entrustment

a. If an owner entrusts possession of goods to a merchant who deals in them, a BFP obtains title to goods, unless the BFP knew that the merchant did not own goods
특정 상품을 취급하는 상인에게 원래 소유자가 물건을 위탁(Entrustment)한 것인데, 해당 상인이 정상적인 거래를 통하여 해당 물건을 판매한 경우에 선의의 매수자는 유효하게 소유권을 취득하게 된다. (Void title ⇨ Valid title)

b. The owner can recover monetary damages from the merchant
원래의 소유자는 상인으로부터 금전적인 배상만을 받을 수 있게 된다.

Warranty liability and Tort liability

1. Warranty liabilities (담보책임)

1) 의의

① Perfect tender

a. The seller's tender must be perfect without any defects
매도인은 매수인에게 완전한 상품을 이전해야 하므로, 상품에 하자가 존재할 경우에는 매수인에 대하여 담보책임을 부담한다.

b. The buyer does not have to prove the seller's negligence
이러한 담보책임은 매도인의 과실 여부와는 무관하게 부담하는 계약책임이다.

② Warranty liabilities are **not limited** by the **privity of contract**

담보책임은 계약책임이므로, 계약 당사자 간에만 주장할 수 있는 것이 원칙이다. 하지만 이를 엄격하게 적용하면, 상품의 결함으로 피해를 입은 사람이 매수인이 아닐 경우에 매도인에게 책임을 물을 수 있는 방법에 제한이 생기는 문제점이 존재한다.
UCC에서는 담보책임을 계약관계가 아닌 사람에게도, 매도인이 담보책임을 지도록 규정하여 이러한 문제점을 보완하고 있다.

a. It extends to those who are members of the **buyer's family**

b. It also extends to those expected to use or be affected by the goods, such as **guests**

③ Warranty 유형

a. Express warranties (명시적 담보책임)

b. Implied warranties (묵시적 담보책임)

a) Warranties of title (소유권에 대한 담보책임)

b) Warranties of merchantability (일반적인 상품성에 대한 담보책임)

c) Warranties of fitness for a particular purpose (특수한 상품성에 대한 담보책임)

④ Warranty 관련 주요사항

a. 발생원인 ⇨ How the warrant is made
b. 책임부담자 ⇨ Who makes the warranty
c. 부인가능성 ⇨ How the warranty can be disclaimed

2) Express warranty (명시적 담보책임)

① 발생원인

a. It will arise from any **affirmation or promise** made by the seller, or any **sample or model** shown by the seller
명시적 담보책임은 매도인에 의한 확언 또는 약속에 의하거나 매도인에 의해서 제시 된 샘플이나 모델에 의해서 발생하게 된다.

a) The affirmation or promise may be oral or written

b) The seller's **intent** to create a warranty and **reliance** of the buyer is **not necessary**
⇨ 표시 여부가 중요하고 당사자의 의도나 신뢰가 중요하지는 않다.

c) Statements of opinion, puffing, or sales talk do not create a warranty

b. The affirmation, or sample becomes a part of the basis of the bargain
또한 해당하는 확약 또는 샘플이 계약을 체결하는 기초의 일부가 되었어야 한다.

② 책임부담자

Any seller (merchant or non-merchant) can make an express warranty
명시적 담보책임을 부담하는 사람은 상인에 국한되지 않는다.

③ 부인가능성

It cannot be disclaimed
명시적 담보책임은 매도인이 나중에 부인할 수 없으며, 확약이나 샘플에 의해 표시된 상품의 요건을 매수인에게 그대로 이행해야 하는 책임을 지게 된다.

3) Implied warranties (묵시적 담보책임)

① **Implied warranty of title** (소유권에 대한 묵시적 담보책임)

a. 발생원인

a) In any sales contract, the warranty of title is made **automatically**
상품매매에 있어서 매도인은 소유권에 대한 담보책임을 당연히 부담한다.

b) This warranty is implied good title, rightful transfer, and no unstated liens
소유권에 대한 담보책임이란 소유권이 유효하다는 것, 소유권을 정당하게 이전할 수 있는 권한이 있다는 것, 매수인이 이미 알고 있는 것을 제외하고는 상품에 대한 담보권이 존재하지 않는다는 것을 담보하는 것이다.

c) If the seller is a **merchant**, this warranty is also implied **no infringement** on any patent or trademarks
매도인이 상인인 경우에는, 특허권이나 상표권에 대한 침해 행위가 없다는 것도 소유권에 대한 담보책임에 포함된다.

b. 책임부담자

It is made automatically by any seller (merchant or non-merchant)
소유권에 대한 담보책임을 부담하는 사람은 상인에 국한되지 않는다.

c. 부인가능성

a) It can be disclaimed **only** by **specific language** ("I do not warrant title") or by circumstances that indicate the seller does not warrant title
소유권에 대한 담보책임을 지지 않겠다는 명시적 표현이 있었거나 주위 정황이 존재했다면, 매도인은 해당 담보책임을 부인하는 것이 가능하다.

b) It cannot be disclaimed by a general disclaimer (such as a statement that the goods are sold "as is" or "with all faults")
"현 상태 그대로" 또는 "현재의 흠결 그대로" 판매하겠다는 일반적인 담보책임 부인 문구를 통해서는 소유권에 대한 담보책임이 면제될 수는 없다.

② **Implied warranty of merchantability** (일반적인 상품성에 대한 묵시적 담보책임)

a. 발생원인

a) In every sale contract by a merchant, there is a warranty that the goods are fit for ordinary purposes
상인에 의하여 판매가 되는 경우, 매도인인 상인은 해당 상품이 사용되는 일반적인 목적에 적합하다는 것을 담보하는 책임을 진다.

b) This warranty is implied (No oral or writing promise is required)
일반적인 상품성에 대한 담보책임은 별도의 협의가 없어도 당연히 발생한다.

b. 책임부담자

It is made only in sales of goods by **merchants** (but the buyer need not be a merchant)
상인에 한해서만 일반적인 상품성에 대한 담보책임을 부담한다.

c. 부인가능성

a) It can be disclaimed by a **general disclaimer** ("as is" or "with all faults")

b) If a general disclaimer is not used, it can be disclaimed by using the word "merchantability"
"as is" or "with all faults" 라는 표현을 사용하지 않았더라도. "merchantability" 의미하는 용어를 사용하였다면 일반적인 상품성 대한 담보책임은 부인될 수 있다.

c) It may be oral or writing ⇨ If it is written, it must be conspicuous
담보책임 부인은 구두 또는 서면으로 모두 가능하며, 서면일 경우에는 명확하게 표시되어 매수인이 쉽게 알아볼 수 있어야 한다.

③ **Implied warranty of fitness of particular purpose** (특수한 상품성에 대한 묵시적 담보책임)

a. 발생원인

It arises when the seller has reason to know of the particular purpose and that the buyer is relying on the seller's skill and judgment to select the goods suitable for the particular purpose
매수인이 해당 상품을 특별한 목적을 위해서 사용할 것이고 매수인이 특정한 목적에 적합한 상품을 선택하기 위해 매도인의 기술과 판단에 의존한다는 것을 매도인이 알았거나 알 수 있었을 경우에 인정되는 담보책임이다.

b. 책임부담자

Any seller (merchant or non-merchant) can make this warranty
해당 담보책임을 부담하는 사람은 상인에 국한되지 않는다.

c. 부인가능성

a) It can be disclaimed by a general language ("as is" or "with all faults")

b) The disclaimer must be in writing and conspicuous
해당 담보책임 반드시 서면으로만 부인이 가능하고, 상대방이 분명하게 인식 할 수 있도록 표시되어야 한다.

c) The written disclaimer need not mention fitness
일반적인 담보책임 부인이면 충분하고, 특정한 상품성을 구체적으로 언급할 필요까지는 없다.

Disclaimer 관련 참고사항

① It cannot be disclaimed after a sale contract
매매계약이 이루어진 이후에 표시된 담보책임 부인은 인정되지 않는다.

② 예외적 면책
If the buyer had ample opportunity to inspect the goods, there is no implied warranty as to any defects which ought reasonably to have been discovered
매수자에게 충분한 검사 기회가 부여된 후 상품이 전달되었거나 매수자가 검사권을 포기한 경우 등에는 합리적으로 발견 가능했던 하자에 대해서는 매도인의 묵시적 담보책임이 면책된다.

③ 면책이 인정되지 않는 경우
Limitations on consequential damages for personal injuries are presumed to be unconscious
상품으로 인하여 사람의 신체적 손해가 생긴 경우에, 해당 책임을 면책 또는 제한하기 위하여 작성된 담보책임을 부인하는 문구는 효력이 없다.

Summary of Warranty liabilities

유형	발생원인	책임부담자	부인가능성
Express warranty	By affirmations or samples No intent and no reliance	Any sellers	Cannot be disclaimed
Implied warranty of title	By sales of goods	Any sellers	By specific language or circumstances (General disclaimer X)
Implied warranty of merchantability	By sales of goods Regular sales by merchants	Merchants only	By general disclaimers or mentioning "merchantability" (oral or written)
Implied warranty of fitness for particular purpose	By sales of goods Sellers have reason to know and buyers' reliance	Any sellers	By general disclaimers (written only)

2. Tort liability (불법행위책임)

1) 의의

불법행위책임은 계약 위반과는 무관하게 상대방의 과실로 손해를 받은 자가 주장할 수 있는 별도의 구제 수단이다. 계약책임 보다는 원고의 **입증 부담**이 크다는 단점은 있지만, **추가적인 구제 수단**의 의미가 있으며 계약 당사자가 아닌 제3자의 경우에 의미가 크다.

계약과 관련하여 손해를 입는 제3자는 계약 당사자가 아니기 때문에 손해배상을 요구하는 것이 어렵게 된다. 제3자가 상품의 하자로 손해를 입은 경우에는 담보책임의 확대적용을 통해서 구제될 수도 있지만, 매도인의 과실이 존재하는 경우에는 별도로 매도인의 과실과 제3자의 손해 사이에 인과관계를 증명하여 불법행위책임을 매도인에게 추궁할 수 있다.

불법행위책임은 상대방의 **고의**가 존재하는 경우 이외에도 일반적으로 상대방의 **과실**이 존재하는 경우에 인정되며, 예외적으로 과실이 없어도 책임을 부담하는 **무과실책임**이 인정되기도 한다.

2) Negligence (과실책임)

① 의의

a. It is a failure to exercise due (reasonable) care in sales, manufactures, etc.
과실이란 판매 또는 제조 등에 있어서 요구되는 정당한 주의를 다하지 못한 것을 의미한다.

b. Those injured can sue negligent sellers
과실을 통해 손해를 입은 자는 상대방을 상대로 손해배상 소송을 청구할 수 있다.

c. The privity of contract is not needed because suits are not based on contracts
과실책임과 관련해서는 계약의 견련관계는 요구되지 않으므로, 계약 당사자가 아닌 제3자도 소송을 제기할 수 있다.

d. It is difficult for the plaintiff to prove negligence because elements of negligence are controlled by defendant
하지만 과실책임의 구성요건을 모두 입증해야 원고가 손해배상을 받을 수 있는데, 해당 요건이 피고의 통제하에 있기 때문에 원고의 입증이 어렵다.

② 과실책임의 구성요건 ⇨ 원고에게 입증책임 존재

a. Duty of care (주의의무)

The defendant owed a duty of due care to the plaintiff

피고는 원고에 대하여 정당한 주의의무를 기울여야 하는 의무를 부담한다.

b. Breach of duty (의무위반)

The defendant breached the duty of care (such as selling unsafe goods)

피고는 원고에 대한 정당한 주의의무를 위반하였어야 한다.

c. Damages (손해발생)

The plaintiff suffered a legally recognizable damage

피고의 주의의무 위반으로 원고에게 법적으로 손해가 발생했어야 한다.

d. Causation (인과관계)

The defendant's breach caused the plaintiff's damage

피고의 주의의무 위반과 원고의 손해 사이에 인과관계가 존재했어야 한다.

③ 피고의 항변사유 (Defenses)

a. Contributory negligence (기여과실)

원고에게 사용 등에 과실이 존재하여 손해가 발생한 경우에는, 피고(가해자)와 원고(피해자)의 과실 비율에 상관없이 피고가 아무런 책임을 부담하지 않게 된다.

a) The plaintiff helped cause accident

b) It is a complete bar to recovery

b. Comparative negligence (비교과실)

원고에게 사용 등에 과실이 존재하여 손해가 발생한 경우라도, 피고와 원고의 과실의 정도를 감안하여 비례적으로 책임을 분담하도록 한다.

a) The plaintiff helped cause accident

b) Damages are allocated between the plaintiff and the defendant based on relative faults

c. Assumption of risk (위험인수)

원고가 관련된 위험을 인지하였고 (Knowledge of risk) 자발적으로 위험한 상황에 참여한 경우 (Voluntarily choose to use), 그 위험한 상황으로부터 발생한 손해는 배상을 받을 수 없다.

3) Strict liability (무과실책임)

① 의의

a. This liability means the plaintiff need not prove any negligence

엄격책임의 경우 피해자는 피고의 과실을 증명하지 않아도 보호를 받기 때문에 무과실 책임이라고 불린다.

b. Common carriers' liability (운송업자의 책임) ⇨ **Product liability** (제조물책임)

최초에는 운송업자 등에게 고객의 물건에 대한 손해배상과 관련해서 예외적으로 인정되었는데, 최근에는 제조물책임 등으로 넓혀져서 적용되고 있다.

② 제조물책임의 구성요건

a. The seller was engaged in the business of selling the product

피고가 해당 상품을 거래하는 상인이었어야 한다.

b. The product was defective when sold

해당 제품에 판매할 당시에 결함이 존재했어야 한다.

c. The product reached the user without significant changes

해당 제품이 결함이 존재하는 상태로 해당 고객에게 전달되었어야 한다.

d. The defective was unreasonably dangerous to the plaintiff

해당 결함으로 원고에게 비정상적인 위험이 초래되었어야 한다.

e. The defective caused the injury to the plaintiff

해당 결함으로 원고에게 신체상 또는 재산상 손해가 발생했어야 한다.

③ 피고의 항변사유 (Defense)

a. The lack of privity is not a defense

무과실책임도 계약책임이 아닌 불법행위책임이므로 계약의 견련관계 즉, 계약의 당사자가 아니라 것은 항변사유가 될 수 없다.

b. Contributory or comparative negligence is not a defense

제조물책임은 무과실책임이므로 원고(피해자)의 과실이 존재하는지의 여부는 피고의 항변사유가 될 수 없다.

c. Assumption of risk or product misuse is a defense

위험인수나 제품의 목적과 다른 상용은 피고의 항변사유로 인정된다.

Performance and remedies

1. 의의

Article 2 of UCC에서는 상품의 매매계약과 관련하여 계약이 제대로 이행되지 않을 경우에, 매도인과 매수인이 취할 수 있는 다양한 구제수단을 인정하고 있다.

2. Seller's remedies (매도인의 구제수단)

1) Rights to demand assurances

매수인이 계약을 이행할지 여부가 합리적인 사유로 의심되는 상황이라면, 매도인은 계약 이행에 대한 보장(Assurance)을 매수인에게 요구할 수 있다. 만일 매수인이 이러한 요구에 대하여 응답하지 않으면 계약 위반으로 볼 수 있다.

2) Rights to cure non-conformity

After the buyer's rejection, the seller has a right to cure the defect if there is any time remaining under the contract

매도인은 자신이 이행한 것에 하자가 존재하여 매수인이 수령을 거절하였지만 아직 계약의 이행기간이 남아 있다면, 해당 하자를 치유하여 기간 내에 다시 이행을 제공할 수 있다.

3) Rights to stop delivery

If the seller discovers the buyer is insolvent, the seller may stop any delivery

⇨ If the buyer is in breach, the seller may withhold or discontinue performance of his duties

매도인은 매수인이 지급불능상태에 있는 것을 알게 되거나 매수인의 계약위반을 알게 되면, 상품의 인도 등 자신의 의무이행을 중지할 수 있다.

4) Rights to resell and sue for damages

If the buyer breaches before acceptance, the seller has the right to resell the goods and also sues the buyer for any damages (⇨ Difference between the contract price and the resale price, and plus incidental damages such as storage fees, the cost of resale, etc.)

매수인이 상품의 수령을 거절하거나 이행시기 전에 미리 수령을 거부하여 계약을 위반한 경우에, 매도인은 제3자에게 상품을 재판매 할 수 있다. 그리고 부수적 손해 (Incidental damages)와 함께 재판매가격과 계약가격과의 차액을 손해배상 받을 수 있다.

5) Rights to cancel and sue for damages

① If the buyer breaches the sale contract, the seller can **rescind** and sue for **damages**

매도인은 매수인이 계약을 위반할 경우에 계약을 해제하고 일반적인 손해배상을 청구할 수 있다. 일반적인 손해배상은 Common law에서 다룬 것처럼, 매도인이 이행을 제공한 시점의 시장가격과 원래의 계약가격의 차액을 청구하고 부수적 손해를 가산할 수 있다. 만약 계약해제로 매도인이 절감하는 비용이 있다면 손해배상금액에서 차감 되어야 한다. Consequential damages (간접적 손해)는 인정되기가 쉽지는 않지만, 계약 당사자 간에 예측이 가능하였다면 추가적으로 손해배상이 인정될 수 있다.

② The seller can recover the **full contract price** plus incidental damages

a. if the buyer beaches the contract and the seller is unable to resell the goods,

b. if the buyer has already accepted the goods and breaches the contract, or

c. if the conforming goods are destroyed after the risk of loss has been transferred to the buyer

ⓐ 매수인이 상품의 인도 이전에 계약을 위반하였는데, 해당 상품의 재판매가 불가능 하거나, ⓑ 이미 상품이 인도된 이후에 매수인이 계약을 위반하였거나, ⓒ 매수인에게 위험부담이 이전된 이후에 해당 상품이 멸실 된 경우에는, 매도인은 계약금액 전액에 부수적 손실을 가산하여 손해배상을 청구할 수 있다.

③ Liquidated damages

Even if the sale contract does not contain a liquidated damage clause, if the buyer has made a **down payment** and **breaches** the contract, the seller may keep as liquidated damages the lesser of $500 or 20% of the contract price

손해배상액의 예정과 관련된 Common law 규정과는 별도로 Article 2 of UCC에서는 손해배상액의 예정 문구가 계약서에 없더라도, 이미 매수인이 계약금을 지불한 후에 계약을 위반하였다면, 매도인은 $500과 계약금액의 20% 중에서 적은 금액을 합리적인 손해배상액의 예정으로 보아서 돌려주지 않을 수 있다.

3. Buyer's remedies (매수인의 구제수단)

1) Rights to demand assurances

매수인의 경우도, 매도인이 계약을 이행하지 여부에 대하여 합리적인 사유로 의심이 들면, 매도인에게 이행에 대한 보장을 요구할 수 있다.

2) Rights to reject non-conforming goods

① The buyer may reject non-conforming goods

Article 2 of UCC에서는 Perfect tender rule이 적용되므로, 매수인은 계약조건에 부합하지 않는 상품이 전달된 경우에 수령을 거절할 권리가 있다. 물론 매수인의 선택에 따라서 계약조건에 부합하지 않더라도 해당 상품의 일부나 전부를 수령할 수는 있다.

② The buyer has a right to inspect goods prior to payment (⇨ Exception: COD terms)

매수인은 계약조건에 부합하는 상품이 전달되었는지 확인하기 위해서 대금을 지급하기 전에 상품을 검사할 권리를 갖는다. (예외: COD 조건의 매매계약)

③ Rights to buy substitute goods and sue for damages

수령을 거절한 이후에 매수인은 다른 매도인으로부터 대체물을 구입할 수 있으며, 대체물의 구입가격과 계약금액의 차액에 부수적 손해를 합하여 매도인에게 손해배상을 청구할 수 있다.

④ Duty to mitigate

a. The buyer must care for goods until returned

매수인은 수령을 거절한 상품에 대하여 매도인에게 반환되기 전까지 해당 상품에 대한 합리적인 주의를 기울여서 손실을 경감시킬 의무를 부담한다.

b. If the buyer is a merchant, he must follow reasonable instructions of the seller

(⇨ A reasonable effort to sell the goods for the seller if the goods are perishable)

만일 매수인이 상인인 경우에는, 매도인의 합리적인 요구사항에 따라야 할 의무를 추가적으로 부담한다. 예를 들면 바로 처분하지 않으면 가치가 떨어지는 상품의 경우에 매도인은 매수인에게 해당 상품의 처분을 요청할 수 있다.

3) Rights to accept non-conforming goods and sue for damages

① The buyer may accept non-conforming goods

매수인은 계약조건에 부합하지 않은 상품이 전달된 경우라도 본인의 선택에 따라서 상품의 일부나 전부를 수령할 수는 있다.

② The buyer must pay at contract price but may still recover damages

상품을 수령하였다면 매수인은 해당하는 상품금액을 매도인에게 모두 지급하여야 하며, 상품을 수령했더라도 매도인에게 계약 위반으로 인한 손해배상을 별도로 청구할 수 있다.

4) Rights to revoke acceptances

① Generally the buyer cannot revoke the acceptance

매수인은 상품을 수령하였다면 원칙적으로 수령을 철회할 수는 없다.

② The buyer may **revoke** the acceptance in a reasonable time

a. if accepted expecting the non-conformity to be cured

b. if accepted because of difficulty of discovering the defect

c. if accepted because the seller assured the conformity

ⓐ 상품의 하자를 매도인이 치유해 줄 것이라는 합리적인 기대를 가지고 수령한 경우, ⓑ 하자를 발견하기가 어려워 하자의 존재를 모르고 수령한 경우, ⓒ 매도인이 하자가 없다는 점을 확언하여 이를 믿고 수령한 경우에는, 예외적으로 상품을 수령한 이후라도 매수인은 해당 하자를 이유로 수령을 철회할 수 있다.

5) Rights to replevin goods

① Replevin is the right to recover identified goods in the hands of a party who is wrongfully withholding the goods
매매계약의 목적물이 특정된 (identified) 이후에 매수인에게 인정되는 구제수단으로, 계약의 목적물을 불법적으로 압류 또는 취득한 자에게 매수인이 해당 목적물의 인도를 요구할 수 있는 권리가 인정된다.

② If the goods are unique or if the buyer cannot reasonably cover, **specific performance** (replevin) may be used in a sale contract
이러한 매수인의 권리는 해당 상품이 특별한 상품이거나 매수인이 대체물을 구매 (cover) 할 수 없는 경우에만 인정된다.

6) Rights to cancel and sue for damages

① If the seller breaches the sale contract, the buyer can rescind and sue for damages
매수인도 매도인이 계약을 위반할 경우에 계약을 해제하고 일반적인 손해배상을 청구할 수 있다.

② The buyer may recover damages measured by the difference between the contract price and the market price at time the buyer learns of the breach, plus incidental damages and consequential damages
손해배상 금액은 계약금액과 매수인이 계약위반 사실을 알게 된 시점의 시장가격과의 차액에 부수적 손해 및 간접적 손해를 합산하여 산정한다.

Multiple Choice Questions

Q1 Under the UCC Sales Article, which of the following statements is correct concerning a contract involving a merchant seller and a non-merchant buyer?

① Whether the UCC Sales Article is applicable does not depend on the price of the goods involved
② Only the seller is obligated to perform the contract in good faith
③ The contract will be either a sale or return or sale on approval contract
④ The contract may not involve the sale of personal property with a price of more than $500

Q2 A company offered to sell B Company 20,000 pounds of cookies at $1.00 per pound, subject to certain specified terms for delivery. B Company replied in writing as follows; "we accept your offer for 20,000 pounds of cookies at $1.00 per pound, weighing scale to have valid city certificate." Under the UCC, which of the following statements is correct?

① A contract was formed between the parties
② A contract will be formed only if A Company agrees to the weighing scale requirement
③ No contract was formed because B Company included the weighing scale requirement in its reply
④ No contract was formed because B Company's reply was a counteroffer

Q3 A Company orally agreed to sell B Company a computer for $20,000. B Company sent signed purchase order to A Company confirming the agreement. A Company received the purchase order and did not respond. A Company refused to deliver the computer to B Company, claiming that the purchase order did not satisfy the UCC Statute of Frauds because it was not signed by A Company. B Company sells computers to the general public and A Company is a computer wholesaler. Under the UCC, which of the following statements is correct?

① A Company's position is incorrect because it failed to object to B Company's purchase order

② A Company's position is incorrect because only the buyer in a sale transaction must sign the contract

③ A Company's position is correct because it was the party against whom enforcement of the contract is being sought

④ A Company's position is correct because the purchase price of the computer exceeded $500

Q4 On May 2, A Company sent B Company a signed purchase order that stated, in part, as follows; "Ship for May 8 delivery 300 Model X socket sets at current dealer price. Terms 2/10/net 30." B Company received A Company's purchase order on May 4. On May 5, B Company discovered that it had only 200 Model X socket sets and 100 Model Y socket sets in stock. B Company shipped the Model X and Model Y sets to A Company without any explanation concerning the shipment. The socket sets were received by A Company on May 8. Which of the following statements concerning the shipment is correct?

① B Company's shipment is an acceptance of A Company's offer

② B Company's shipment is a counteroffer

③ A Company's offer must be accepted by B Company in writing before B Company ships the socket sets

④ A Company's offer can only be accepted by B Company shipping conforming goods

Q5 Under the UCC Sales Article, which of the following statements is correct regarding the creation of express warranties?

① Express warranties must contain formal words such as warranty or guarantee

② Express warranties must be part of the basis of the bargain between buyer and seller

③ Express warranties are not enforceable if made orally

④ Express warranties cannot be based on statements made in the seller's promotional materials

Question Explanations

Q1: ①

UCC 적용여부는 계약당사자가 상인인지 여부가 아니라 계약내용이 상품매매인지 여부를 기준으로 결정한다. 또한 계약금액이 얼마인지 여부도 적용여부를 결정하는 기준이 아니다. 따라서 Seller 측이 상인이고 Buyer 측이 상인이 아니어도 계약금액과 관련 없이 계약내용이 상품매매이면 UCC 적용은 가능하다. ② UCC가 적용이 되면 상인에게만 신의성실 규정이 요구되는 것이 아니라 계약당사자 양자에게 모두 신의성실 규정이 적용된다. ③ 계약내용에 반품조건이 명시되지 않은 이상 상품매매는 원칙적으로 최종적 계약으로 본다. ④ 계약금액이 $500 이상이더라도 상품매매이면 당연히 UCC가 적용되는 Sale 이다. 다만, 서면성을 갖추어야 법적 구속력이 발생하는 Statute of Frauds 규정이 추가로 적용될 뿐이다.

Q2: ①

UCC가 적용되는 경우에는 승낙의 인정요건이 Common law가 적용되는 경우보다는 완화되어 적용된다. Mirror Image Rule이 엄격히 적용되지 않기 때문에 승낙에 New or different term이 추가되어도 Offer가 소멸되지 않고 유효할 수 있다. 따라서 A회사의 청약에는 포함되지 않았던 Weighing scale 내용이 승낙에 추가되었지만 기존 청약의 내용에 부합하는 내용이므로, 해당 승낙은 Counteroffer에 해당하지 않으며 계약은 성립이 된 것이다.

Q3: ①

상품매매가 $500 이상에 해당하므로 서면성이 요구되는 상황이다. A회사는 구두로 계약한 상태이기 때문에 Statute of Frauds 규정을 근거로 계약이행을 거절하고 있는 입장이다. 하지만 A회사와 B회사 모두가 상인이고 B회사가 A회사에게 보낸 Written confirmation (Merchant memo)에 거절의 답변을 하지 않은 상황이므로, 서명을 하지 않았던 A회사라 하더라도 계약을 이행을 거절할 수 없다. Statute of Frauds 예외사항에 해당하는 문제이다.

Q4: ①

A회사만이 청약한 상태에서 B회사가 이행을 한 경우이므로 Unilateral contract에 해당하는 문제이다. B회사가 Non-confirming goods로 이행을 하면서 Without accommodation (notice) 상태이기 때문에, B회사의 이행은 승낙으로 인정되는 동시에 계약위반으로 처리되어 B회사에 불이익이 발생한다. ② With accommodation 상태였다면 Counteroffer가 될 수 있으며, ③ 이행 이전에 미리 승낙을 표시해야 하는 경우는 Bilateral contract 이고, ④ Non-confirming goods 경우에도 B회사에게 불이익이 발생하는 승낙으로 인정될 수 있다.

Q5: ②

명시된 담보책임에 구속력이 인정되기 위해서는 계약당사자 사이에 존재하는 대가교환의 일부로 담보책임이 포함되어야 한다. ① 담보책임을 의미하는 내용으로 표시가 되는 것으로 충분하며 특정한 문구가 요구되지 않는다. ③ 표시방법도 구두 또는 서면 모두 가능하며, ④ 표시가 되었다면 최종계약이 아닌 홍보자료라 하더라도 담보책임이 인정된다.

Chapter 03

Negotiable Instruments

Overview

1. Formation : Formal requirement of negotiability

권리가 금전상의 권리인 경우에는 다른 권리에 비하여 양도가 용이한 특성을 가지게 된다. 특히 Article 3 of UCC 에서 요구하는 조건을 충족하는 경우에는, 양도인이 가지고 있는 항변사유가 양수인에게 영향을 미치지 않도록 하여, 해당 권리가 자유롭게 양도될 수 있는 유통증권이 인정된다. 이는 Common law 상의 권리양도에 대한 예외에 해당한다. 따라서 유통증권이 되기 위한 요구조건을 파악하는 것이 중요하다.

2. Operation

1) Negotiation ⇨ Holder in Due Course (HDC)

유통성을 갖추고 있더라도 정해진 유통방식에 따라 해당 증권이 이전되어야 양수인에게 Good title이 인정된다. 유통방식은 증권의 지급방식에 따라 정해지며, 지급방식은 발행 시에 정해지게 되지만 배서를 통해서 전환이 가능하다. 배서의 단절이 없이 유통증권이 최종소지인에게 이전 된 경우에는 해당 소지인은 정당소지인으로 인정되며 대부분의 항변사유에 관계없이 주채무자에게 지급을 청구할 수 있게 된다. 다만, 물적 항변 사유에는 대항을 받는다.

2) Liabilities of the parties

유통증권과 관련된 책임은 계약책임과 담보책임으로 구분되며, 계약책임은 1차적 지급책임을 부담하는 주채무자와 2차적 지급책임을 지는 소구의무자로 다시 구분된다.

3. Termination : Discharge of liabilities

책임이 소멸되는 사유에는 지급이행, 증권상 권리의 훼손, 은행의 지급보증 등을 있다.

Introduction of Negotiable instruments

1. 유통증권의 정의

Negotiable instruments (유통증권)이란 Fixed amount (일정한 금액)을 Interest or other charge (이자나 기타 비용)을 부담하거나 부담하지 않고 무조건적인 **Promise to pay** (지급약속)을 하거나 **Order to pay** (지급위탁)을 하는 증권이다.

지급방식은 **Order paper** (지시식) 또는 **Bearer paper** (소지인출급식)이며, 지급시기는 **Pay on demand** (일람출급) 또는 **Payable at a definite time** (확정일출급)으로 지급된다.

그리고 원칙적으로 금전지급 이외의 행위를 할 것을 증권 상에 기재하지 않는 증권이다.

2. 유통증권의 기능

1) It is used as a substitute for money ⇨ Check

수표의 경우에 현금을 대신한 **결제기능**을 제공한다.

2) It is used as extension of credit ⇨ Promissory note

약속어음의 경우에 추가적인 **신용기능**을 제공한다.

3. 유통증권의 유형

1) Types of Note ⇨ Two-party negotiable instruments (Maker and Payee)

① Promissory notes (약속어음)

The maker promises to pay a specific sum of money to the payee or to bearer

어음의 발행인(Maker)이 어음의 수취인(Payee)에게 일정한 금액의 지급을 약속하는 (Promise to pay) 유통증권이다. ⇨ 발행인이 주 채무자가 된다.

② Certificates of deposit (양도성 예금증서)

It is a special type of note in which a **financial institution** is the **maker**

특수한 약속어음의 일종으로, 예금주가 예금한 금액을 예금기관이 해당 금액을 지급하겠다고 약속한 유통증권이다. 즉, 은행이 발행한 약속어음이다.

2) Types of Draft ⇨ Three-party negotiable instruments (Drawer, Drawee, and Payee)

① Drafts or Bills of exchange (환어음)

The drawer orders the drawee to pay a specific sum of money to the payee or to bearer

어음의 발행인(Drawer)이 제3자인 지급인 (Drawee)으로 하여금 일정한 금액의 지급을 어음상의 권리자인 수취인(Payee)에게 지급하도록 위탁하는 (Order to pay) 유통증권이다. ⇨ 인수를 한 지급인이 주채무자가 된다.

② Checks (수표)

It is a special type of draft with two particular characteristics

⇨ It must be **payable on demand** and the drawee must be a **bank**

특수한 환어음의 일종으로, 언제든지 지급제시 있으면 지급되어야 한다는 점 (일람출급)과 지급인이 은행이라는 점에서 구별된다.

 **Postdated checks (선일자수표)**

실제로 수표를 발행한 날짜보다 뒤의 날짜로 발행일을 표시하는 것을 선일자수표라고 하며, 수표의 특징인 일람출급에 대한 예외로 인정된다.

다만, 발행인이 수표에 표시된 날짜 이전에는 수취인에게 지급을 하지 말라는 통지를 은행에 하지 않았다면, 은행이 수표에 기재된 날짜 이전에 수취인에게 지급하더라도 은행은 발행인에 대하여 책임을 지지 않는다.

 **Cashier's checks (자기앞수표)**

Checks in which the drawer and drawee are the same banks

발행인과 지급인이 동일한 은행이고 제3자가 수취인이 되는 수표이다.

③ Trade acceptances

It is a special type of draft that is drawn by the **seller (Drawer and Payee)** on the **buyer (Drawee)** and accepted by the buyer

상품매매에서 매도인이 매수인을 지급인으로 하고 자신이 수취인이 되도록 발행한 특수한 유형의 환어음으로, 매도인이 발행인인 동시에 수취인이 되게 된다.

 **Banker's acceptances**

Drafts in which the drawer and drawee are the same banks

발행인과 지급인이 동일한 은행이고 제3자가 수취인이 되는 환어음이다.

Samples of Negotiable instruments

① Promissory note

AIFA, Inc.	No. 001
100-1 Main Street	
Seoul, Korea	Date January 7, 2011
Promises to pay to the order of Y. C. Kong	$ 4,000.00
Four Thousand and 00/100	Dollars
On January 31, 2011 For payment of instructor fee	
	By AIFA, President

② Draft

To National Bank	No. 101
201 Central Street	
New York, NY	Date January 7, 2011
Pay to the order of Y. C. Kong	$ 4,000.00
Four Thousand and 00/100	Dollars
On January 31, 2011 For payment of instructor fee	
	By AIFA, President

Terminologies of Negotiable instruments

① Commercial papers ⇨ Negotiable instruments (Article 3)

유통증권의 대표적 유형이 Commercial papers 이므로, Commercial papers와 Negotiable instruments가 흔히 같은 의미로 사용되고 있다.

② Documents of title (Article 7)

소유권을 표창하는 문서로 Bill of Lading (선하증권)과 Warehouse receipts(창고증권) 등이 있으며, 유통이 가능하다는 측면에서 유통증권의 일종으로 언급된다.

③ Investment securities (Article 8)

Stocks(주식)이나 Bonds(회사채)가 대표적이며, 역시 유통성을 가지고 있다.

Formal requirements of Negotiability ⇨ Formation

1. 의의

1) Negotiability is determined by the terms on the **face** of the instrument

유통증권이 유통성을 갖추고 있는지는 증권 앞면에 기재된 사항으로 결정된다.

2) To be a negotiable instrument, the instrument must include all of the following requirements

① It is in writing and signed by the maker or the drawer

② It contains an unconditional promise or order to pay

③ It states a fixed amount in money

④ It is payable on demand or at a definite time

⑤ It is payable to order or to bearer, unless it is a check

2. In writing and signed by the maker or drawer (서면성과 발행인의 서명)

1) A writing may be printing, typing, or any other form

서면이면 충분하며 그 형태는 자유롭다.

2) A signature by a maker (of note) or a drawer (of draft)

① It may be made by the use of any **trade name**, **initial**, or **assumed name**
상호 등 발행인을 표시하는 명칭이기만 하면 진정한 본명이 아니어도 무방하다.

② It may be made by any mark (a **rubber stamp**, etc.) intended to be a signature
서명은 반드시 자필을 요하지 않고 타이핑이나 고무인 등의 방식도 인정된다.

3. Unconditional promise or order to pay (무조건적인 지급약속 또는 지급위탁)

1) If payment is subjected to (is governed by, or depends upon) another agreement or event, it destroys negotiability ⇨ Conditional

다른 계약이나 사건을 지급의 조건으로 하는 경우에는 유통성을 해치게 된다.

2) Permissible terms ⇨ Unconditional

조건으로 오인될 소지가 있지만, UCC에서 허용되는 표현은 다음과 같다.

① Stating the instrument's purpose
발행목적의 기재

② Reference of the transaction or contract out of which the instrument arose
발행의 근거가 되는 거래나 계약의 언급

③ Showing that the instrument is secured by collateral
담보물을 통해 지급이 보증되었다는 내용의 기재

④ Containing a promise to provide extra collateral
담보가 부족할 경우 추가적인 담보를 제공하겠다는 약속의 기재

⑤ Limiting payment out of a particular fund
특정한 자금을 통해서만 지급을 하겠다는 내용의 기재

3) An IOU (I owe you) is not a promise or order to pay

단순히 채무가 있다는 표시만으로는 지급약속이나 지급위탁으로 인정할 수 없다.

4. Fixed amount in money (금전으로 지급될 금액의 확정 가능성)

1) Fixed amount

① **Amount of principle** but not interest must be determinable from the face of the instrument without need to refer to other sources
증권의 앞면 기재사항을 통해서 원금의 확정이 가능하여야 한다. (지급시점에서 지급될 금액이 확정 가능하다면, 이자 등의 경우는 다른 내용을 통해 확정되더라도 인정된다.)

② The following terms is permissible as long as it is determinable

a. If it is 'with interest' but the rate is not stated, its rate is legal or judgment rate
단순히 '이자부'라고 기재만 되어 있고 이자율이 없으면, 법정이자율을 적용한다.

b. Variable interest rates are allowed
기준이자율 (Prime rate) 등과 연계하여 결정되므로 이자율이 변동되는 것이 허용된다.

c. Different interest rates before and after default or specified dates are also allowed
채무불이행 시점이나 특정일자의 전후로 이자율을 다르게 적용하는 것이 가능하다.

d. It is payable with discounts or additions
이자율의 할인이나 할증의 적용이 가능하다.

e. It is payable with attorney's fees or collection costs upon default
채무불이행 시점에 발생하는 변호사비용 또는 채권추심비용도 증권에 기재할 수 있다.

2) In money

① It must be payable only in money ⇨ Payment in property or service destroys negotiability
대금은 반드시 금전으로만 지급하여야 하며, 금전 이외의 물건이나 서비스로 지급하는 것은 증권의 유통성을 해치게 된다.

② Foreign currency is permissible even though the rate of exchange can fluctuate
환율이 변동되어도 지급시점에 확정이 가능하므로, 외화도 금전으로 허용된다.

5. On demand or at a definite time (일람출급 또는 확정일출급)

1) 의의

① To be negotiable, it must be payable on demand or at a definite time
증권이 유통성을 가지기 위해서는 만기가 수취인이 지불을 요구하는 경우에 바로 지급하겠다는 일람출급 또는 장래 특정한 일자에 지급하겠다는 확정일출급 이어야 한다.

② If it is payable upon events that are **not certain to happen** or are **certain to happen but uncertain as to time**, it is not negotiable
발생가능성이 불확실한 사건을 기준으로 하거나 발생할 가능성이 확실 할지라도 그 시점이 분명하지 않은 경우에는 유통성을 가질 수 없다.

2) On demand

It is payable "at sight", "on presentation", or most commonly no time for payment stated
일람출급이란 수취인이 증권을 제시하는 시점에 지급하겠다는 표현이 기재된 것을 말하며, 특히 지급일자에 대한 표시가 없으면 일람출급으로 본다.

3) At a definite time

① It is payable "on a certain date", "at a fixed period after sight or acceptance", "at a fixed period after a certain date", or "within a certain time"
확정일출급이란 특정한 일자에, 일람 또는 인수 후 일정기간 후에, 특정일자 후 일정기간 후에, 또는 특정기간 이내에 지급하는 방식이다.

② **Acceleration** or **extension** clauses (만기 단축 또는 연장 조항)

a. These clauses upon certain events or at a option of the maker or holder are permissible terms
특정사건의 발생이나 발행인 또는 소지인의 선택에 의하여 만기가 조정되는 조항은 허용된다.

b. In **extension** clauses, at the option of **holder** is permissible without other requirements but at the option of **maker** (or drawer) is permissible with limitation of time
만기 연장의 경우에는 소지인이 선택권을 가지면 추가적인 요건 없이 인정되지만, 발행인이 선택권을 가지면 연장할 수 있는 기간에 한정이 있어야 인정된다.

6. To order or to bearer (지시식 또는 소지인출급식)

1) To be negotiable, it must be payable to order or to bearer, unless it is a check

증권이 지시식 또는 소지인출급식으로 발행이 되어야 유통성이 인정된다. 특히 지시식 증권의 경우에는 Order (Magic word)가 포함되어야 유통성이 인정되지만, 수표의 경우에는 성격상 Order (Magic word)가 포함되지 않아도 유통성이 인정된다.

2) Order paper (지시식증권)

① It must state that it is payable to the order of A, or payable to A or order
지시식증권이란 특정인이 수취인이거나 특정인이 지시하는 자를 수취인으로 인정하는 증권이다.

② Negotiating order paper requires both endorsement and delivery of the instrument
지시식증권이 유통되기 위해서는 배서와 증권의 교부가 필요하다.

③ If it states "Pay to A" or "Pay to A, the bearer" without magic words, it will not be negotiable
단순히 특정인을 수취인으로만 기재한 증서는 유통증권이 아니라 기명증서에 해당할 뿐이며, 해당 증서는 양도는 가능해도 유통성을 가질 수는 없다.

④ A **check** is negotiable even if it simply states "Pay to A" **without magic words**
수표의 경우는 지시식으로 하지 않고 기명식으로 발행해도 유통성이 인정된다.

3) Bearer paper (소지인출급식증권)

① It is payable to anyone who has possession of the instrument
소지인출급식증권이란 무기명증권이라고도 하며, 수취인을 특정하지 않고 증권의 소지인을 수취인으로 인정하는 증권이다.

② It may be payable "to bearer", "to the order of bearer", "to A, or bearer", "to cash", "to the order of cash", or "to the order of _ _"

③ Negotiating bearer paper requires only delivery of the instrument
소지인출급식증권은 증권의 교부만으로 유통이 가능하다.

7. Other formation issues

1) Contradictory terms

① Words control over figures
증권상에 문자와 숫자가 다를 경우에는 문자가 우선한다.

② Handwritten terms control over typewritten and printed terms
증권상에 수기로 기록한 것과 타이핑 또는 인쇄된 것이 다를 경우에는 수기가 우선한다.

2) Omissions

① Omissions of date do not destroy negotiability unless the date is necessary to determine when payable
날짜가 누락이 되었더라도 그 날짜가 지급일자를 결정하는데 필수적이 아니라면, 증권의 유통성은 해쳐지지 않는다.

② Statements of where instruments are drawn or payable are not required
발행지나 지급지는 필수적인 기재사항이 아니다.

3) Postdated or antedated instruments are permissible

선일자 또는 후일자 증권이라도 유통성에는 문제가 없다.

4) Statements of "Non-negotiable" or "Not governed by Article of UCC"

일반적으로 유통성이 없다는 문구를 기재하면 해당 증권의 유통성을 해치게 되지만, 수표의 경우에는 유통성에 영향을 미치지 않는다.

Negotiation ⇨ Holder in Due Course (HDC)

1. 의의

1) Negotiable instruments were established to be transferred more easily

⇨ Freedom from many defenses that a maker or drawer has against payment

유통증권을 이용하면 권리를 양도하는 것이 더 용이하다.

⇨ common law 가 적용되면 양도인이 양수인에게 이전하는 권리는 양도인에게 존재하는 항변사유가 그대로 함께 이전되기 때문에 양수인의 권리행사에 방해가 생긴다. 하지만 UCC 가 적용되면 유통증권의 발행인 또는 지급인이 가지고 있는 항변사유를 정당한 증권소지인에게 주장할 수 없기 때문에 권리양도가 더 쉽게 이루어진다.

Assignment and Negotiation 주요 차이점

	Assignment	Negotiation
적용규정	Common law	Article 3 of UCC
적용요건	No requirements	Negotiability & Endorsement
양도권리	No better rights (with defenses)	Good rights (without defenses)

2) If a transfer of the instrument is by negotiation, the transferee is a holder in due course

유통증권이 정상적인 방식에 따라 유통이 된 경우에, 증권의 양수인은 정당소지인으로 인정되어 항변사유에 제한을 받지 않고 권리를 행사할 수 있게 된다.

3) Negotiation is determined by the terms on the **back** of the instrument

유통증권이 정상적인 방식으로 유통되었는지는 증권 뒷면에 기재된 사항으로 결정된다.

2. Methods of negotiation

What is required for proper negotiation depends on whether the instrument is order or bearer paper

1) **Order paper** requires **delivery** of the instruments and **endorsement**

지시식 증권은 유통되기 위해서 증권의 교부와 배서가 필요하다.

2) **Bearer paper** requires mere **delivery** of the instruments

소지인출급식 증권은 증권의 교부만으로 유통이 가능하다.

3. Types of endorsement

1) Special endorsement (기명식배서)

① It indicates a specific person as the endorsee
기명식배서란 배서인이 피배서인을 특정하고 자신의 서명을 하는 배서를 말한다.

② It makes the instrument **order paper** ⇨ Bearer paper is converted into order paper
기명식배서는 유통증권을 지시식 증권으로 만들기 때문에, 소지인출급식으로 발생되었던 증권이면 배서를 통해 지시식으로 전환되는 효과가 발생한다.

③ The magic word (order) is not needed for endorsements ⇨ "Pay to A" is effective
배서의 경우에는 발생시에 필요했던 Magic word (order) 없이 단순히 "pay to A"라고 기재한 후에 배서인 자신의 서명을 하면 유통이 가능하다.

2) Blank endorsement (백지식배서)

① It does not name a special endorsee
백지식배서란 배서인이 피배서인을 기재하지 않고 자신의 서명만을 남기는 배서이다.

② It makes the instrument **bearer paper** ⇨ Order paper is converted into bearer paper and is negotiated by delivery alone
백지식배서는 유통증권을 소지인출급식 증권으로 만들기 때문에, 지시식으로 발행되었던 증권이면 배서를 통해 소지인출급식으로 전환되는 효과가 발생하고 증권의 교부만으로도 유통이 가능해지게 된다.

③ If the last endorsement on the instrument is blank endorsement, any holder may convert the bearer paper into order paper by writing "Pay to A" above the blank endorsement
마지막 배서가 백지식배서인 경우에는 소지인이 해당 백지식배서 위에 "Pay to A"라고 기재하여 해당 증권을 지시식 증권으로 전환시킬 수 있으며, 그 이후에는 증권의 교부와 배서가 함께 있어야 유통이 가능해지게 된다.

Pay to Oh Kong
Y. C. Kong

( )

Oh Kong ⇨ This instrument becomes bearer paper and may be negotiated by mere delivery without further endorsement

3) Restrictive endorsement (제한적배서)

① It requires the endorsee to comply with certain conditions

a. For deposit only

증권이 더 이상 유통되지 않고 입금 목적으로만 사용되도록 제한하는 배서이다.

b. Pay to A only

증권이 더 이상 유통되지 않고 A에게만 대금이 지급되도록 하는 배서이다.

(참고사항: 배서금지배서가 있어도 A는 배서를 통해 증권을 유통시킬 수는 있지만, 배서인은 A에게만 책임을 지고 그 이후의 피배서인들에게는 책임을 지지 않는다)

c. Pay to A only if A does something

배서를 하면서 특정한 조건을 충족한 경우에만 대금이 지급되도록 하는 배서이다.

② It generally has no effect on negotiability

유통증권을 발행하면서 조건을 붙이는 것은 유통성을 해치지만, 배서를 하면서 제한적 문구를 통해 조건을 붙이는 것은 유통성에 영향을 주지 않는다.

4) Qualified endorsement (무담보배서)

① Generally, endorsers promise automatically to pay the holder in due course or any subsequent endorser amount of the instrument if it is later dishonored

일반적으로 배서인은 유통증권이 나중에 부도가 발생할 경우에, 증권의 정당소지인과 피배서인들에게 배서를 근거로 당연히 소구의무를 부담하게 된다.

② It adds the words "**without recourse**" and "without recourse" means a disclaimer of secondary liability (**No contract liability**)

배서인은 소구의무를 부담하지 않겠다는 문구를 기재함으로써 자신의 배서로 인해 져야 할 2차적 책임을 부담하지 않는 것이 가능하다.

③ The qualified endorser is still liable on warranty liability

무담보배서인은 계약책임만을 부인할 수 있고 담보책임은 여전히 부담하여야 한다.

> Pay to Oh Kong, without recourse, but only if Oh Kong completes the work by March 5, 2011
>
> *Y. C. Kong*
>
> ⇨ It is special, qualified, and restrictive endorsement (Combination of endorsement is effective)

4. Holder in Due Course (HDC)

1) 의의

HDC is entitled to payment on a negotiable instrument despite most defenses that maker or drawer of the instrument may have

증권의 정당소지인이란 유통증권의 주채무자가 가지고 있는 대부분의 항변사유에도 불구하고 지급을 받을 수 있는 권리를 가지고 있는 자를 말한다.

일반적으로 권리의 양수인은 양도인보다 더 큰 권리를 가질 수 없지만, Article 3 of UCC 에서는 유통성을 가진 증권을 유통의 방식으로 권리를 이전 받았을 때 예외를 인정한다.

2) 정당소지인의 인정요건

Elements of HDC ⇨ By negotiation, For value, In good faith, and **Without notice**

① A holder must obtain a negotiable instrument by proper **negotiation**
소지인은 유통성을 갖춘 증권을 요구되는 유통방식에 따라 취득하여야 한다.
지시식 증권의 경우에는 수취인으로 기재된 자로서 해당 증권을 소지하고 있어야 하고, 소지인출급식 증권의 경우에는 해당 증권을 소지하고 있어야 한다.

② A holder must give **value** for the instrument

a. What constitutes value is different from what constitutes consideration for a contract
유상취득(대가)라는 것이 계약에서의 대가관계와 같은 개념은 아니다.

b. 유상취득(대가)로 인정되는 경우

a) Performance of the agreed consideration ⇨ An executory promise is not value
협의 되었던 대가관계의 이행(금전지급 또는 의무이행)을 통해 증권을 취득한 경우
다만, 앞으로 무엇을 하겠다는 약속은 대가로 인정되지 않는다.

b) Taking the instrument as payment or security for an antecedent debt
과거의 채권에 대한 지급이나 담보로 증권을 취득한 경우

c) Giving a negotiable instrument for the instrument
다른 증권과의 교환으로 증권을 취득한 경우

c. Value does not have to be for full amount of the instrument
유상으로 지급한 가치가 증권상의 금액과 동등한 가치를 가져야 하는 것은 아니다.

③ A holder must take **in good faith**
소지인은 증권을 선의로 취득하였어야 한다.

④ A holder must take **without notice**
소지인은 일정한 사실을 알지 못하고 취득하였어야 한다.
(소지인이 해당 사실을 알지 못했는지는 합리적인 사람을 기준으로 하여 판단하게 된다)

a. 정당소지인에게 영향을 주는 사실

a) Overdue
원금의 전부 또는 일부가 지급기일이 경과된 사실

b) Dishonored (Rejection of acceptance or payment)
발행인의 지급거절 또는 인수인의 인수거절이 있었다는 사실

c) Valid defense or claim
발행인의 정당한 항변사유와 소지인의 권리보다 우선하는 권리가 존재한다는 사실

b. 정당소지인에게 영향을 주지 않는 사실

a) Postdated or antedated
증권의 발행일자가 선일자 또는 후일자라는 사실

b) Default in payment of interest
이자지급이 불이행 되고 있다는 사실

c. If the holder acquires notice after becoming a HDC, he may still be a HDC
정당소지인이 된 이후에 영향을 주는 사실을 알게 되었다면, 이는 정당소지인의 지위에 영향을 주지 않는다.

3) 정당소지인의 권리

① 의의

HDC is generally free of personal defenses but not real defenses

정당소지인이 일반적인 양수인보다 우월한 권리를 행사할 수 있다는 점에서 의미가 있다.
일반적인 양수인은 채무자가 주장할 수 있는 모든 항변사유에 종속되는 반면에, 정당소지인은 인적항변 사유에는 종속되지 않고 물적항변 사유에 의해서만 채무자로부터 대항을 받게 된다.

a. If a holder does not have the rights of HDC, the maker or drawer can any defense

b. If a holder has the rights of HDC, the make's or drawer's defenses to payment are limited to real defenses

② Personal defenses (인적항변)

a. Personal defenses cannot be asserted against HDC
인적항변 사유로는 정당소지인에게 지급을 거절할 수 없다.

b. Examples of personal defenses ⇨ All defenses other than real defenses

a) Unauthorized completion (부당보충)
발행인이 증권 앞면의 기재사항 중 일부를 공란으로 두고 수취인이 보충할 수 있는 권한을 부여한 경우에, 수취인이 자신에게 부여된 권한을 초과하여 기재한 경우를 가리킨다. 발행인은 정당소지인에게 부당하게 보충된 부분에 대해서도 책임을 져야 하기 때문에 인적항변 사유에 해당한다.

b) Lack or failure of consideration (대가관계의 결여)
유통증권 발행의 근거가 된 계약이 대가관계가 결여되었거나 상대방이 대가관계를 제공하지 않아 계약이 무효인 것은 정당소지인에게는 주장할 수 없다.

c) Breach of contract (계약위반)
유통증권 발행의 근거가 된 계약이 위반된 사실은 인적항변 사유이다.

d) Non-delivery of instrument (증권의 미교부)
소지인출급식 증권이 교부가 아니라 분실 또는 도난 등으로 유통된 경우에 정당 소지인에게 분실 또는 도난 등을 이유로 지급을 거절할 수 없다.

e) Prior payment (기지급)
이미 대금을 지급한 사실이 있더라도 해당 증권이 회수되거나 취소되지 않은 상태로 유통되었다면, 정당소지인에게 지급을 거절할 수 없다.

f) **Voidable cases** (⇨ fraud in the inducement, ordinary duress, undue influence, etc.)
일반적으로 계약의 취소사유는 인적항변 사유에 해당한다.
다만, 법적 행위능력이 결여된 경우에는 물적항변 사유로도 인정될 수 있다.

Lack of legal capacity (법적 행위능력의 결여)

Minor (infancy) ⇨ **Real defense**
미성년자, 특히 유아의 경우에는 행위무능력을 이유로 계약이 취소될 경우에는 물적항변 사유로 인정된다.

Insanity or intoxicated person ⇨ Real or personal defense
무능력자나 중독자의 경우에는 해당 State law에 따라서 각각 무효로 판단되면 물적항변 사유가 되고, 취소로 판단되면 인적항변 사유가 된다.

③ **Real defenses** (물적항변)

a. Real defenses may be asserted against both HDC and transferees
물적항변 사유는 일반적인 양수인 외에 정당소지인에게도 지급을 거절할 수 있다.

b. Examples of real defenses

a) Forgery (위조)
위조란 권한 없는 자가 타인의 서명을 위조하여 유통증권을 발행한 것을 의미한다. 서명을 위조당한 발행인은 정당소지인에 대해서도 책임을 지지 않는다. 다만, 서명을 위조한 자(forger)의 서명으로 보아 위조한 자에게는 책임을 물을 수 있다.

b) Material alteration of instrument (변조) ⇨ 위조 및 부당보충과 비교
변조란 권한 없는 자가 유통증권상의 기재내용을 변경하는 것을 의미한다.

ⓐ Material alteration
중요한 내용의 변경이란 금액, 날짜, 이자율 등을 변경하는 것을 의미하며, 발행인 주소나 실수로 잘못된 계산 등을 수정하는 것은 중요한 변경이 아니다.

ⓑ It is only partially a real defense
변조는 부분적 항변사유이므로, 정당소지인은 변조 이전의 사항에 따라 지급을 받을 수 있다. 다만, 정당소지인이 아니면 전혀 지급받지 못한다.

c) Discharge in bankruptcy of maker or drawer
주채무자가 파산으로 채무를 면제받은 사실은 정당소지인에게 주장할 수 있다.

d) **Void cases** (⇨ fraud in execution, extreme duress, illegality, etc.)
일반적으로 계약의 무효사유는 물적항변 사유에 해당한다.

4) The shelter rule

① 의의

A party who does not qualify as HDC but obtains the instrument from HDC can claim all rights of HDC
유통증권의 소지인이 정당소지인의 요건을 갖추지 못했더라도 만일 정당소지인으로부터 해당 증권을 양수 하였다면, 해당 소지인은 인적항변 사유로 권리가 제한되지 않는다.

② 예외사항

a. This rule protects only innocent parties ⇨ Fraud or illegality X
사기나 위법한 행위에 관여한 자는 정당소지인으로부터 양수해도 보호되지 않는다.

b. Reacquisition
해당 증권의 원래 소지인이 정당소지인에게 유통시킨 후에 다시 양수한 경우에는 원래의 소지인 지위를 가질 뿐이므로 보호되지 않는다.

Liabilities of the parties

1. 의의

1) Generally anyone whose **signature** appears on negotiable instruments has liabilities on the instrument ⇨ **Contractual liability**
일반적으로 유통증권에 서명을 한 사람은 증권상에 기재되어 있는 책임을 부담하게 되는데, 이를 계약상의 책임이라고 한다.

2) Any person who **transfers** the instrument for consideration can be liable for transfer warranties ⇨ **Warranty liability**
단순히 교부에 의하여 증권을 양도한 사람은 증권상에 서명을 하지 않았으므로 계약상의 책임을 부담하지는 않지만, 유통에는 관여하였으므로 담보책임은 부담하게 된다.

2. Contractual liability

1) 의의

계약상(어음상)의 책임은 어음금액의 지급에 대한 책임으로써 유통증권에 서명한 사람이 부담하는 책임을 말한다. 어음에 서명한 사람에는 발행인 (Maker or Drawer), 인수한 후의 지급인 ⇨ 인수인 (Drawee after acceptance ⇨ Acceptor), 그리고 배서인 (Endorser) 등이 있다.

소지인출급식 증권의 경우에는 단순히 증권의 교부로 유통이 되기 때문에 양도인은 증권상에 서명이 없으므로 계약상(어음상)의 책임을 부담하지 않는다.

계약상(어음상)의 책임은 서명의 성격에 따라서 1차적 지급책임과 2차적 지급책임으로 나누어진다.

2) Primary liability (1차적 지급책임 ⇨ 주채무자)

① The **maker** is primarily liable
Note 경우에는 발행인이 지급기일에 약속된 금액을 지급하겠다는 주채무를 부담한다.

② The drawee is primarily liable after acceptance (as **acceptor**)
Draft 경우에는 발행시점에는 주채무자가 없고, 지급인이 인수한 이후부터 인수인으로서 주채무를 부담하게 된다.

Acceptance (인수)

인수란 발행인(Drawer)의 지급위탁(Order to Pay)에 대해서 지급인(Drawee)이 어음에 표시된 대로 지급하겠다는 동의의 의사표시로써 환어음에 서명하는 것을 의미한다. 이는 환어음의 특유한 제도로서 지급인이 인수 의사를 밝혀야 약속어음의 발행인과 같은 주채무자가 된다.

3) Secondary liability (2차적 지급책임 ⇨ 소구의무자)

① The drawer is secondarily liable

환어음의 지급인이 인수를 거절할 경우에 어음의 소지인은 환어음의 발행인을 상대로 지급을 청구하는 소구권(Right of recourse)을 행사할 수 있다.

② The endorser is secondarily liable

1차적 지급책임을 부담하는 자가 지급을 거절하거나 부도가 발생한 경우에는 어음의 소지인은 증권상에 서명을 한 배서인들에게 지급을 청구하는 소구권을 행사할 수 있다.

Secondary liability 인정요건

① The holder must demand acceptance or payment in timely manner
증권소지인이 적절한 시기 이내에 인수 또는 지급을 요구하여야 한다.

② The holder must give the drawer or endorsers timely notice of dishonor
증권소지인이 인수 또는 지급 거절을 소구의무자들에게 적시에 통지해야 한다.

③ Endorsers can negate secondary liabilities by qualified endorsements
무담보배서를 한 배서인에게는 증권소지인이 2차적 지급책임을 물을 수 없다.

3. Warranty liability

1) 의의

담보책임은 유통증권을 타인에게 양도한 사람 (Transfer warranty) 또는 인수 및 지급제시를 한 사람 (Presentment warranty) 에게 묵시적으로 발생하는 책임이다.

증권상에 서명을 하였는지는 상관이 없으므로 **Qualified endorsement에 의해서도 면제될 수 없는 책임이다**.

2) Transfer warranty (양도인 담보책임)

① 의의

Transferors give warranties whenever negotiable instruments are transferred for consideration
유통증권을 대가관계를 받고 양도한 자는 양수인에게 담보책임을 당연히 부담하게 된다.

② 책임의 내용

Transferors make the following warranties

a. The transfer has good title (유효한 소유권)

b. All signatures are genuine or authorized (모든 서명의 진정성)

c. The instrument has not been materially altered (중요한 변조사실 없음)

d. No defense of any party is good against the transferor (유효한 항변사유 없음)

e. The transfer has no notice of insolvency of the maker, drawer, or acceptor (지급불능사유 없음)

③ 책임의 범위

a. If transferors endorse, the warranties go to all subsequent holders
양도인이 배서한 경우에는 이후의 모든 양수인에게 담보책임을 부담한다.

b. If transferors do not endorse, the warranties go only to the immediate transferee
양도인이 배서를 하지 않은 경우에는 직접 양도한 사람에게만 담보책임을 부담한다.

3) Presentment warranty (제시자 담보책임)

Any person who presents a negotiable instrument for acceptance or payment makes the following warranties
인수 또는 지급을 제시하는 사람은 다음과 같은 사항에 대해 당연히 담보책임을 부담한다.

① The presenter has good title to the instrument
제시자는 유효한 소유권이 가지고 있다.

② The presenter has no knowledge that the maker's or drawer's signature is unauthorized
제시자는 발행인의 서명이 위조된 사실을 모르고 있다.

③ The instrument has no material alteration
해당 증권에는 중요한 변조사실이 존재하지 않는다.

Liability with forged signatures (서명이 위조된 경우의 책임)

① 의의

서명이 위조된 경우에는 위조를 당한 사람이 추인(Ratification)하지 않는 한 그에게 책임을 물을 수는 없지만, 서명을 위조한 자(Forger)에게는 해당 서명을 위조자의 서명으로 보아 항상 책임을 물을 수 있다.

② Forgery of maker's or drawer's signature

a. The instrument can be still be negotiated and a holder acquires good title

발행인의 서명이 위조가 되었더라도 해당 증권은 유통이 가능하다.

b. Forgery is a real defense

발행인에게는 물적항변 사유이므로 정당소지인에게 지급을 거절할 수 있다.

(참고 : 위조된 증권을 인수 또는 배서한 사람은 정당소지인에게 책임을 부담한다)

③ Forgery of payee's name

a. A forged endorsement does not transfer title

배서가 위조된 경우는 배서의 연속성이 단절되므로 증권이 유효하게 이전될 수 없고, 해당 증권의 소지인은 정당소지인이 아니므로 지급을 청구할 수가 없다.

b. Exceptions

a) Imposter rule

발행인이 수취인으로 가장한 사기꾼(Imposter)에게 속아 유통증권을 발행한 경우에 사기꾼이 수취인의 서명을 위조하여 배서한 후에 유통을 시켰다면, 위조된 배서라도 유효하게 유통된 것으로 보아 정당소지인이 인정될 수 있으며 발행인까지 정당소지인에게 지급책임을 부담하여야 한다.

b) Fictitious payee rule

발행인이 가공의 수취인(Fictitious payee)의 이름으로 유통증권을 발행하고 자신이 가공의 수취인 서명을 위조하여 배서한 후에 유통을 시켰다면, 위조된 배서라도 유효하게 유통된 것으로 보아 정당소지인이 인정될 수 있으며 발행인까지 정당소지인에게 지급책임을 부담하여야 한다.

c) Negligence rule

서명이 위조되는데 있어 과실이 있는 사람은 위조의 물적항변을 할 수 없다는 원칙으로, 발행인 등의 서명이 위조된 경우뿐만 아니라 배서가 위조된 경우에도 Negligence rule 이 적용되어 유효한 배서로 인정된다. 따라서 정당소지인이 인정되고 과실이 있는 사람은 지급책임을 부담하여야 한다.

Bank's liabilities

① Wrongful dishonor of checks

고객의 계좌에 잔고가 있음에도 은행이 잘못하여 부도처리를 하면 은행이 책임을 진다.

② Payment of bad checks

a. Bad checks (위조 또는 변조된 수표)에 대하여 은행이 지급한 경우, 발행인에게 과실이 없다면 은행이 책임을 진다.

b. 발행인이 은행으로부터 Bank statement 수령 후 30일 이내에 위조 또는 변조 사실을 은행에 통지하지 않으면, 동일인에 의해서 동일한 방법으로 위조 또는 변조된 수표에 대하여 은행의 지급이 이루어지면 은행은 책임을 부담하지 않는다.

③ **Stop payment of order** (지급정지명령)

a. 의의

수표의 소지인은 분실 등의 사유가 발생하면 은행에 지급정지명령을 할 수 있고, 지급정지명령이 있었음에도 은행이 수표에 대하여 지급한 경우에 이로 인한 손해를 은행은 발행인에게 배상하여야 한다.

b. 지급정지의 유효기간

a) Oral stop order lapses after 14 days

구두로 된 지급정지명령은 14일간 효력이 있다

b) Written stop order lapses after 6 months unless renew

서면으로 된 지급정지명령은 6개월간 효력이 있고 갱신이 가능하다.

c. 입증책임

The bank is liable only when the drawer can prove that the bank's failure to obey the effective order, and if the drawer has no valid defense, the bank has no liability

⇨ The bank is **not automatically liable** to the drawer

발행인이 소지인에게 유효한 항변사유가 없는 경우에는 은행이 지급정지명령을 따르지 않더라도 책임이 발생하지 않는다.

Accommodation party

① 의의

An accommodation party is one who signs a negotiable instrument to lend his name to another party

유통증권에 대한 이해관계가 없지만 증권의 신용도를 높이기 위해서 타인에게 자신의 이름을 빌려주고 해당 증권에 서명한 자를 Accommodation party 라고 한다.

② 책임부담

a. 발행인을 위해 서명한 자는 Accommodation maker로서 발행인의 책임을 부담하고, 배서인을 위해 서명한 자는 Accommodation endorser로서 배서인의 책임을 부담한다.

b. 자신의 이름을 빌려준 자에 대해서는 어떠한 책임도 부담하지 않는 것은 당연하다.

Singing by authorized agents (대리권이 있는 대리인의 서명)

① Principal can authorize an agent to sign a negotiable instrument

유통증권상의 서명을 대리인을 통해서 할 수 있으며, 이는 위조와는 구분된다.

② The principal is liable and the agent is not liable on the instrument

대리인을 통한 서명은 본인만이 책임을 지며 대리인은 책임을 지지 않는다.

(참고 : 증권상에 본인의 서명이 분명히 나타나야 하며, 본인이 증권상에 나타나지 않은 경우에는 일반적으로 본인이 책임지지 않고 대리인이 책임을 부담한다)

Discharge of liabilities

1. Payment or Accord and satisfaction (지급이행)

Once the primary party pays, all endorsers are discharged from liabilities
주채무자에 의하여 지급 등이 이루어지면 모든 배서인의 책임은 소멸하게 된다.

2. Cancellation (배서의 말소)

Cancellation (striking out prior endorser's signatures) discharges the prior endorser from liabilities
증권의 소지인이 이전 사람의 배서를 삭제하면 배서가 삭제된 사람의 책임은 소멸한다.

3. Intentional destruction or Material alteration of the instrument (증권의 훼손 또는 변조)

This act by a holder discharges the prior parties on the instrument
소지인이 증권을 고의적으로 훼손하거나 중요한 부분을 변조한 경우에는 소지인은 이전 당사자들에게 책임을 물을 수 없다.

4. Reacquisition (혼동)

유통증권이 이전에 배서를 통해 양도했던 당사자에게 다시 해당 증권이 배서되어 양수되는 경우가 있다. 예를 들면, A ⇨ B ⇨ C ⇨ D ⇨ E 과정으로 유통이 된 이후에, 다시 E ⇨ B 에게 유통한 경우이다. 이 경우에는 C, D, E 의 책임이 소멸하게 된다.

5. Renunciation (권리의 포기)

Written renunciation by the party discharges other's liabilities (⇨ Oral renunciation is not effective)
특정 당사자가 권리를 문서로 포기하면 다른 당사자들의 책임이 소멸된다.

6. Impairment of collateral or right of recourse (담보 또는 소구권의 손상)

소지인이 기존의 담보가치 또는 소구권을 손상시키는 행위를 한 경우에는 이미 2차적 지급책임을 부담하고 있던 소구의무자들의 책임을 해당 소지인이 주장할 수 없다.

7. Certification of check (수표의 인증 ⇨ 은행의 지급보증)

Certification by the bank discharges the **drawer** and **all endorsers**

수표의 소지인이 은행(Drawee)에게 수표의 인증(Certification)을 요구할 때, 은행은 수표상에 표시된 거래가 진정한 것인가를 확인하여 인증을 하고 은행의 고객(Drawer)계좌에서 인증한 금액만큼 은행의 별도 계좌로 이체시키게 된다. 인증이 있으면, 발행인과 모든 배서인의 책임이 소멸하게 된다.

Certification (지급보증)

지급보증이란 수표의 지급인이 지급제시기간 내에 수표가 제시되면 수표에 기재된 내용에 따라서 지급할 것을 약속하는 것을 말한다. 이러한 지급보증은 수표의 특유한 제도이며, 지급인이 지급보증에 의하여 채무를 부담한다는 점에서는 환어음의 인수와 유사한 점이 있지만, 그 밖의 많은 점에서는 차이점이 존재하므로 구별되어야 한다.

Documents of Title

1. 의의

Documents of title (권원증서)란 특정한 상품의 소유권을 표시하는 증서로서 금전이 아닌 상품의 지급의무를 나타내는 증서이며, Article 7 of UCC 가 적용된다.

상품을 직접 인도하지 않더라도 Documents of title 통해서 상품의 소유권이 이전 가능하므로, 추가적인 물류비용 등의 부담 없이 운송중인 또는 보관중인 상품을 안전하게 양도할 수 있다.

2. 종류

1) Bill of lading (선하증권)

① It is a document of title issued by a carrier and given to a seller evidencing receipt of goods for shipment
선하증권이란 운송업자가 운송할 상품을 받았다는 것을 증명하기 위하여 매도인에게 발행하여 주는 증서이다.

② It must include the following

a. The goods being shipped and the destination of the goods

b. Consignor ⇨ Seller
It is a person from whom the goods have been received by the carrier

c. Consignee ⇨ Buyer
It is a person to whom, or to whose order, the goods will be delivered

2) Warehouse receipt (창고증권)

① It is a document of title issued by a warehouseman and given to a seller evidencing receipt of goods for storage
창고증권이란 창고업자가 보관할 상품을 받았다는 것을 증명하기 위하여 매도인에게 발행해 주는 증서이다.

② It must include the following

a. The goods being stored and the location of the goods

b. Number, date, signature of the receipt, delivery, rate of storage, etc.

3. Duty of care

1) A carrier or a warehouseman has duty of care that a reasonable person would exercise under like circumstances ⇨ It is liable for loss caused by the failure to exercise the care
합리적인 사람을 기준으로 주의의무 부담하고, 위반하면 과실책임 (Ordinary negligence) 인정

2) A carrier or a warehouseman may limit liabilities by inserting a provision limiting liabilities to a certain amount or within a certain time ⇨ **책임제한 문구 인정**

4. Negotiable instruments and Documents of title 주요 차이점

	Negotiable instruments	Documents of title
Negotiability 요건	① In writing and Signature ② Unconditional promise or order to pay ③ Fixed amount in money ④ On demand or At a definite time ⑤ To order or To bearer	To order or To bearer 증서 앞면에 Order or Bearer 기재가 있으면 유통성을 가진다.
Negotiation 방법	Order papers ⇨ Endorsement & Delivery Bearer papers ⇨ Only delivery	Same
정당소지인 명칭과 요건	Holder in Due Course (HDC) ⇨ By negotiation, For value, In good faith, and Without notice	Holder by Due Negotiation ⇨ Same but Value does not include payment for an antecedent debt (Value is present value)
Transfer Warranty 내용	① Good title ② Genuine signature ③ No material alteration ④ No defense ⑤ No notice of insolvency	① Document is genuine (문서는 진정성을 갖는다) ② No knowledge of fact that would impair its validity or worth (유효성이나 가치를 손상시키는 사유는 없다) ③ Negotiation or transfer is rightful and effective (유통 또는 양도 방식은 정당하고 유효하다)

Chapter 04

Secured Transactions

Overview

1. Formation of security interest

동산담보권이 성립되면 채무자뿐만 아니라 해당 동산에 이해관계를 가지는 제3자에게도 효력을 주장할 수 있어야, 해당 담보권이 의미가 있다고 할 수 있다.
따라서 담보권의 성립과정에서는 채무자만이 아니라 제3자에게도 대항할 수 있는 요건을 갖추는 것이 필요하고, 담보권의 성립은 두 단계를 거쳐서 이루어지게 된다.

Attachment (담보권의 설정)은 채권자와 채무자 사이에 효력을 발생시키는 절차이다. 설정이 이루어지기 위해서는 당사자의 협의, 담보권 대가의 지급, 그리고 채무자의 담보물에 대한 권리가 모두 충족되어야만 한다.
Perfection (담보권의 완성)은 채권자와 제3자 사이에 효력을 발생시키기 위한 절차이다. 완성이 이루어지면 제3자에 대해 채권자가 Constructive notification (추정적 통지)를 하는 효력이 발생하기 때문에, 채권자가 제3자에게 담보권 주장이 가능하게 된다.

2. Operation of security interest ⇨ Priorities

특정 담보물에 대해서 여러 명의 이해관계를 가지게 되는 경우에, 누구의 권리에 우선순위를 주어야 할지 결정이 필요하다. Article 9의 핵심사항이며, 담보권이 유효하게 성립될 것을 전제로 한다. 담보권의 유형에 따라 우선순위가 달라지며, 동 순위에 여러 권리가 충돌하는 경우에는 원칙적으로 누가 먼저 Perfection을 하였는가가 기준이 된다.

3. Termination of security interest ⇨ Rights on default

채무자가 채무를 이행하면 해당 담보권도 자연히 소멸되지만, 채무자가 채무를 이행하지 않을 경우에는 채권자가 해당 담보권에 근거하여 담보물을 매각하거나 자신의 소유로 할 수 있게 된다. 물론 담보권으로 인해 채무자가 과도한 손실을 발생하는 것을 막을 수 있는 보호규정이 존재한다.

Introduction of Secured transactions

1. 의의

1) Generally, the creditor may require the debtor to provide collateral to secure the payment and take the collateral if the debt is not paid
일반적으로 채권자는 채무자에게 지급을 보증 받기 위해서 담보물(Collateral)의 제공을 요구하며, 채무가 지급되지 않을 경우 해당 담보물에 대한 권리를 행사하게 된다.

2) Under Article 9 of UCC, the collateral is generally **personal property**
이러한 담보 거래 중에서 주로 동산과 관련된 담보물에 Article 9 of UCC 이 적용된다.

2. Lien (담보권) 유형

1) Voluntary lien (당사자의 합의에 근거한 담보권)

① **Mortgage**
Real property (부동산)을 목적으로 하는 담보권이다.

② **Security interest**
Personal property (동산)을 목적으로 하는 담보권이다.

2) Involuntary lien (비자발적 담보권)

① **Statutory lien**

a. It is a lien created by operation of law
성문 법률에 의해서 인정되는 담보권이다.

b. 대표적 유형

a) Mechanic's lien (건설업자의 담보권)
It is given to a creditor to ensure payment for work performed and materials furnished in the repair or improvement of real property

b) Artisan's lien (수선업자의 담보권)
It is given to an artisan who made improvement or added value to personal property as security for payment of services performed

② **Judgment lien**

When a creditor is awarded damages, he files a lien on property by the court order
채권자가 손해배상 판결을 받은 경우, 법원판결에 의해서 설정되는 담보권이다.

3. Article 9 of UCC 적용범위 ⇨ Security interest (동산담보권)

1) Article 9 of UCC applies to contractual security interests in **personal property** or **fixtures**
Article 9 적용을 받는 담보거래는 동산이나 정착물에 대해서 담보권을 설정하는 경우이다.

2) This article does not apply to security interests in land (mortgages), wage claims, and involuntary liens (statutory or judgment liens)
부동산담보권 (저당권), 급여압류, 및 비자발적인 담보권 (성문법 또는 판결에 의한 담보권) 등은 Article 9 의 적용을 받지 않으며, Common law 또는 별도의 성문법이 적용된다.

4. Security interest (동산담보권) 적용 대상의 분류

1) Tangible personal property (goods)

① 의의

a. Certain rules (how to form security interests, and priorities) depend on the type of collateral in tangible personal property
유체동산의 경우에 동산담보권의 성립방법과 담보권의 우선순위가 담보물의 유형에 따라 달라지게 되므로 유체동산의 유형을 구분하는 것이 중요하다.

b. The type of collateral is determined **by how the debtor uses goods**
유체동산의 분류는 해당 동산을 채무자가 사용하는 용도에 따라 결정된다.

② 유체동산의 분류

a. **Consumer goods** ⇨ Goods for personal, family, or household purpose
개인용 또는 가족용으로 사용하는 물건

b. **Equipment** ⇨ Goods used primarily in business
사업에 사용하는 물건

c. **Inventory** ⇨ Goods for sale or lease
판매 또는 대여를 위하여 보유하는 물건

d. Farm product ⇨ Crops, livestock, supplies used in farming
농업에 사용되는 곡물, 가축, 장비 등

2) Documentary personal property

This property includes negotiable instrument, non-negotiable instrument (stock, bond, etc.), document of title, etc.
증서에 의해서 권리가 표창되는 무체동산도 동산담보권의 대상이 된다.

3) Intangible personal property

This property includes accounts (accounts receivable) and general intangibles (copyright, patent, goodwill, etc.)
순수한 의미의 무체동산인 채권과 일반적인 무형자산 (저작권, 특허권, 영업권 등)도 동산담보의 대상이 된다.

5. Special types of security interest (특별한 형태의 동산담보권)

1) After acquired property clauses (포괄담보)

① The debtor gives to the creditor a security interest in property that the debtor does not possess at the time but will obtain in the future
채권자는 채무자의 현재 재산뿐만 아니라 미래에 취득하게 될 재산에 대해서도 미리 담보를 설정하는 것이 가능하다.

② It is usually used for inventory, accounts receivable, or equipment
포괄담보는 주로 재고자산, 매출채권, 또는 유형고정자산에 이용된다. 담보물이 현재 확정되어 있지 않고 변동되므로 Floating lien 이라고도 한다.

③ The security interest attaches to the property as soon as the debtor acquires the property
포괄담보의 경우 채무자가 해당 재산을 취득함과 동시에 자동적으로 저당권이 설정된다.

2) Purchase Money Security Interest (PMSI)

① 의의

PMSI has priority over other security interests in the same collateral
PMSI 경우에 동일한 담보물에 대하여 다른 동산담보권이 설정되어도 우선권이 주어진다.

② 발생형태

a. A seller retains a security interest in same goods sold on credit to secure the payment
매도인이 외상으로 물건을 판매하고 대금의 지급을 담보하기 위하여 판매한 물건에 대하여 담보권을 갖는 경우

b. A creditor such as a bank provides a loan to purchase a property and retains a security interest in the property purchased by the debtor
은행과 같은 채권자가 채무자가 필요한 물건을 구입할 자금을 빌려주고, 채무자가 구입한 물건에 대해서 채권자가 담보권을 갖는 경우

③ PMSI 의 분류

PMSI 도 담보물에 대한 채무자의 사용목적에 따라 다음과 같이 3가지로 구분된다.
PMSI in consumer goods, PMSI in non-inventory (equipment), and PMSI in inventory

Formation of Security interests

1. 의의

The secured party has rights against both the debtor and 3rd parties
동산담보 채권자의 권리는 채무자뿐만 아니라 제3자에 대해서도 주장할 수 있어야 의미가 있다.

1) A Security interest is effective between the creditor and debtor upon **attachment**
동산담보권은 Attachment 을 통해서 채권자와 채무자 사이에 효력이 발생한다.

2) Attachment does not provide the creditor with rights against 3rd parties who also attach to the same collateral ⇨ A security interest is effective against 3rd parties upon **perfection**
동산담보권이 제3자에게도 효력이 발생되기 위해서는 Perfection 이 별도로 필요하다.

2. Attachment (동산담보권의 설정)

1) 의의

Three elements (agreement, value, and rights) must **coexist** for security interests to attach
⇨ Attachment will be effective when **all** three elements are **satisfied**
동산담보권은 다음과 같은 3가지 요건이 모두 충족되는 시점에 설정의 효력이 발생한다.

2) 설정요건

① Security **agreement** (동산담보권 설정의 합의)

The parties must have an agreement forming the security interest evidence by either
다음 방법 중 하나에 의해서 당사자 사이에 동산담보권에 대한 합의가 증명되어야 한다.

a. An authenticated record of security agreement
동산담보권 설정의 합의를 증명하는 서면

b. The creditor's taking possession (tangible) or control (intangible) of the collateral
유체동산에 대한 점유 또는 무체동산에 대한 통제력 소유 ⇨ 질권 (Pledge)

 **Authenticated record** ⇨ It must be authenticated **by the debtor** (not the creditor)

개정된 Article 9 에서 전자문서의 효력을 인정하면서, Writing 에서 Authenticated record 표현으로 변경되었다. 주의할 점은 해당 서면이 채권자가 아닌 채무자의 서명을 통해 진정성이 증명되어야 한다.
참고로 Financing statement는 Perfection에 필요하며 Attachment에는 필요가 없다.

② **Value** given by the secured party (동산담보 채권자에 의한 대가지급)

a. The creditor gives the debtor value in exchange for the security interest
채권자는 동산담보권에 대한 대가를 지급하여야 한다.

b. Value includes also a preexisting debt (although it is not consideration)
대가는 대가관계와는 구별되며, 기존의 채무를 대가로 하는 동산담보도 인정된다.

③ The debtor's **rights** in the collateral (채무자의 담보물에 대한 권리)

The debtor must have rights in the collateral, but need not necessarily have the title
채무자는 담보물에 대해서 직접 소유권을 가지고 있을 필요는 없지만 담보물에 대하여 일정한 권리를 가지고 있어야 한다. 예를 들면 점유권(Possessory right)도 가능하다.

3. Perfection (동산담보권의 완성)

1) 의의

① Perfection gives **constructive notice to 3rd parties** that the secured party has the security interest in the personal property
Perfection 이란 제3자에게 해당 동산에 대해서 담보권이 설정되었다는 사실을 통지하는 것과 같은 효과 (추정적 통지)를 발생시켜서, 제3자에게도 효력이 인정되도록 하는 것이다.

② Generally three ways are used for perfection ⇨ **Filing**, **Possession**, or **Automatic perfection**
동산담보권을 완성하는 방법에는 등록, 점유, 자동적 완성 등이 있다.

③ **Timing of perfection** (완성시점) ⇨ Attachment & Perfection 모두 이루어지는 시점

a. Generally perfection cannot be completed until it has attached ⇨ It becomes perfected upon perfection (filing, etc.)
일반적으로 담보권이 먼저 설정 (Attachment) 되고 이후에 등록 등의 방법으로 담보권이 완성 (Perfection) 된다. ⇨ **Perfection** (filing, etc.) 시점에 완성

b. In some cases (after acquired property clause, etc.), perfection is completed before it has attached

⇨ It becomes perfected upon attachment

포괄담보와 같은 경우에는 먼저 Perfection (filing, etc.) 이루어지고 나중에 Attachment 가 이루어지는 경우도 있다. ⇨ **Attachment** (채무자의 권리취득 등) 시점에 완성

2) 완성방법

① **Perfection by filing**

a. Constructive notice is given by the filing of a **financing statement** with the state

Financing statement 을 작성하여 관할 주에 제출함으로써 담보권이 완성되게 된다.

⇨ Filing 은 부동산 등기와 같이 제3자들에게 추정적 통지가 있는 것으로 간주한다.

b. Elements of the financing statement (기재사항)

a) The signature of the debtor ⇨ The debtor's authorization

진정성을 증명하는 채무자의 서명

b) The name and address of the secured party and debtor

동산담보권자와 채무자의 성명과 주소

c) A description of the collateral, etc.

담보에 대한 상세내역 등

c. The written security agreement itself may be filed as the financing statement, if the parties so desire and the agreement contain all the elements described above

Attachment 요건 중에 하나인 Security agreement가 Financing statement 기재사항을 모두 포함하는 경우, 당사자의 합의로 Security agreement을 등록서류로 할 수 있다.

d. A financing statement is effective for 5 years and it can be renewed for each new period

등록은 5년간 효력이 인정되며, 매 기간마다 갱신이 가능하다.

② **Perfection by possession**

a. Creditors may perfect security interests in most type of collateral simply by taking possession of the collateral (Example : Pawn shop)

채권자가 담보물의 점유를 취득하는 경우에는 별도의 서면화가 없어도 담보권 설정의 합의를 증명할 수 있게 되어 Attachment가 구두로도 가능하며, 동시에 별도의 Filing을 하지 않더라도 담보권 완성의 효과도 인정된다. (사례 : 전당포)

⇨ Possession 을 통해 Attachment 와 동시에 Perfection 효과가 발생한다.

담보의 유형에 따라 허용되는 Perfection 방법이 다르다.

① Tangible personal property ⇨ Filing or Possession

② Documentary personal property ⇨ **Possession only**

③ Intangible personal property ⇨ **Filing only** (cannot be pledged)

b. Duties of the secured party in possession (담보물 점유자의 의무)

a) The secured party must use reasonable care in possession, but may be charged by the debtor for any reasonable losses incurred due to carelessness

점유하는 동안 합리적인 주의의무를 다해야 하며, 만일 부주의로 발생한 손해에 대해서는 채무자에게 책임을 져야 한다.

b) If the secured party uses reasonable care, the debtor must bear accidental losses to the collateral ⇨ Risk of loss

합리적인 주의의무를 다하였지만 누구의 과실도 없이 발생한 손해는 해당 담보물에 대한 소유권을 가진 채무자가 부담한다. ⇨ 위험부담의 법리

③ **Automatic perfection ⇨ PMSI in consumer goods**

a. PMSI in consumer goods is perfected **without filing or possession** of the collateral as soon as it attaches ⇨ Other types of PMSI must be filed to be effective

PMSI in consumer goods 경우에는 별도의 등록이나 점유가 없더라도 Attachment와 동시에 자동적으로 담보권이 완성되는 것으로 인정하여 동산담보 채권자를 보호한다.

다른 유형의 PMSI는 등록을 통한 Perfection 절차가 있어야 담보권의 효력이 인정된다.

b. **Exception ⇨ Bona Fide Purchaser**

a) Automatic perfection is not effective against bona fide purchasers for value who buy goods from a consumer for consumer use

담보권의 존재사실을 모르고 (bona fide) 대가를 지불하여 (for value) 소비자로부터 (form a consumer) 가정용 또는 개인용으로 사용할 목적으로 (for consumer use) 해당 담보물을 구입한 사람에게는 Automatic perfection은 효력이 없다.

b) However, if the purchaser knows of the security interest or if the secured party is filed, the security interest is effective

하지만, 담보물이 매매되기 이전에 구매자가 담보권에 대해 알고 있었거나 담보권자가 별도로 등록을 하였다면, Automatic perfection은 효력이 인정된다.

Special perfection

① **PMSI in non-inventory (equipment) ⇨ 20-day grace period**

담보권을 설정한 날로부터 20일의 유예기간 이내에 filing 이루어지면, Perfection 시점이 filing 시점이 아니라 attachment 시점으로 소급하여 인정한다.

② PMSI in inventory

별도의 유예기간이 주어지지 않으며, 해당 재고자산이 채무자에게 인도되기 이전에 다음의 두 가지 요건을 충족해야 한다.

a. PMSI 담보권자가 Filing 해야 한다.

b. PMSI 담보권자가 다른 담보권자에게 Written notification 해야 한다.

③ **Interstate shipments ⇨ Four-month grace period**

담보물이 다른 주로 이동을 한 경우에, The first state 에서 이루어진 Perfection 은 4개월간 The second state 에서도 효력이 인정되는 유예기간을 갖는다. 담보권의 이전 효력이 The second state 에서 그대로 계속 인정되려면 4개월 이내에 다시 Perfection 되어야 한다.

Operation of Security interests ⇨ Priorities

1. 의의

1) The core of Article 9 of UCC is proprieties between conflicting interests in the same collateral
Article 9 의 핵심은 동일한 담보물에 대해서 다수의 이해관계가 충돌되는 경우에 각 권리의 우선순위를 정하는 것이다.

2) The priority ranking is as follows
① Buyers in the ordinary course of business
② Statutory lien holders
③ Properly perfected PMSI
④ Perfected security interest, Judicial lien, Trustee in bankruptcy, or BFP from consumers
⑤ Unperfected security interests
⑥ General creditor (unsecured creditors)
⑦ The debtor

2. Buyers in the ordinary course of business

1) Buyers who buy goods from merchants have the highest priority in the collateral
상인과의 일상적인 거래를 통해서 구입한 매수인은 가장 앞선 우선순위를 가진다.

2) This buyer takes free of any security interest in the collateral, **even if he knows of the security interest**
구입하는 물건에 담보권이 존재한다는 사실을 알고 있었더라도, 매수인은 어떤 담보권에 대해서도 우선하는 권리를 가진다. 이는 상거래의 안전과 신속성을 위한 것이다.

3) Like buyers in the ordinary course of business, HDC of negotiable instruments takes free of any security interest in the negotiable instruments
마찬가지로 유통증권의 정당소지인도 해당 증권과 관련하여 가장 앞선 우선순위를 가진다.

3. Statutory lien holders

Holders of statutory liens, such as mechanic's liens or artisan's liens, have the priority over existing perfected security interests
성문법에 의해서 인정되는 담보권을 보유한 사람은 Perfected security interests 보다 우선한다.
건설업자나 수선업자는 해당 담보물에 대해서 직접적인 이해관계를 가지기 때문이다.

4. Properly perfected PMSI

1) 의의

PMSI 발생원인이 다른 담보권에 비해서 담보물과 직접적인 이해관계를 가지기 때문에, 다른 Perfected security interests (일반적 담보권)에 우선하는 권리를 갖는 특별한 담보권이다.

2) PMSI 항목별 추가요건

① PMSI in consumer goods

해당 항목의 특성상 별도의 Perfection 없이도 자동적으로 담보권이 완성되기는 하지만, 예외적으로 BFP from consumers 에게는 별도로 Filing을 하여야만 우선할 수 있다.

② PMSI in inventory

재고자산이 채무자에게 인도되기 이전에 미리 Filing을 하고, 포괄담보권 등을 가진 다른 담보권자에게 미리 Written notification을 하여야만 우선순위가 인정된다.

③ PMSI in non-inventory (equipment)

20일의 유예기간 동안에 Filing이 이루어져야만, Attachment 시점으로 소급하여 다른 담보권에 우선하는 효력이 인정된다.

5. Perfected SI, Judicial lien, Trustee in bankruptcy, or BFP from consumers

1) 의의

해당 이해관계자들은 Properly perfected PMSI 다음 순위이고 Unperfected security interests 보다는 우선순위라는 점에서 공통점을 가지고 있다. 물론 해당 이해관계자 사이에도 우선순위가 문제될 수는 있다.

2) Holders of perfected security interests

① 의의

우선순위 결정에 있어서 일반적으로 기준이 되는 담보권자이다. 동일한 담보물에 대해서 여러 명의 일반적 담보권이 인정될 경우에 우선순위 결정이 주로 문제된다.

② Perfected security interests 사이의 우선순위 결정

a. By filing vs. By filing ⇨ **First to file**

Filing을 먼저하고 Attachment는 나중에 이루어져 Perfection이 Attachment 시점으로 인정되더라도, Perfected security interests 사이의 우선순위는 Perfection 시점이 아닌 Filing 시점이 기준이 된다.

b. By filing vs. By possession ⇨ First to perfect

Filing 시점과 Possession 시점을 비교하여 빠른 담보권자가 우선한다.

c. By possession vs. By possession ⇨ First to perfect

각각의 Possession 시점을 비교하여 빠른 담보권자가 우선한다.

3) Holders of judicial liens

Holders of judicial liens have the priority on the collateral by attachment, etc.

법원판결에 의하여 담보물에 대한 권리를 취득하는 시점에 우선권이 발생한다.

4) Trustees in bankruptcy

Trustees in bankruptcy have hypothetical liens when the bankruptcy petition is filed

파산신청이 filing 되는 시점에 파산관재인이 담보물에 대한 우선권이 발생한다.

5) BPF from consumers

Buyers in the ordinary course of business와 우선순위에 차이가 있음에 주의해야 한다.

6. Unperfected security interests

1) Holders of unperfected security interests have the priority only over general creditors

담보권을 설정하였지만 완성하지는 못한 경우에는 일반 채권자에 대해서만 우선순위를 가진다.

2) Unperfected security interests **사이의 우선순위 결정** ⇨ First to attach

모두 Perfection이 되지 않은 경우에는 먼저 Attachment 한 채권자의 담보권이 우선한다.

3) Perfected or unperfected security interests win over subsequent perfected security interests if the latter parties knew of previous security interests

나중에 설정된 담보권이 Perfected security interests 이더라도 먼저 설정된 담보권이 있다는 것을 알고 있었다면, 먼저 설정된 담보권의 Perfection 여부와 관계없이 먼저 설정된 담보권이 우선하게 된다.

7. General creditors

General creditors (unsecured creditors) have the lowest priority in the debtor's property

일반채권자는 담보채권자(Secured creditors)의 Perfection 여부와 관계없이 가장 순위가 낮다.

8. The debtor

모든 채권자에게 변제가 되고 남는 부분이 있다면 채무자에게 마지막으로 권리가 인정된다.

Termination of Security interests

1. 의의

1) Upon the **satisfaction** of the obligation, the debtor may order the secured party to **remove** the financing statement from the public records
채무에 대한 이행이 이루어지면, 채무자는 채권자에게 담보권 설정을 없애줄 것을 요청하여 담보거래를 종료하게 된다.

2) Upon **default**, the secured party usually has rights to **sell or retain** the collateral
하지만 채무자가 채무를 불이행 하면, 채권자는 담보권의 실행을 통해서 자신의 채권에 대한 만족을 얻게 된다. 이 과정에서 채권자가 행사할 수 있는 권리의 유형과 채무자에게 과도한 손실이 발생하지 않도록 마련된 채무자의 권리를 살펴볼 필요가 있다.

 Taking repossession

채무자가 채무를 불이행하면, 담보권자는 담보물에 대한 권리를 행사하기에 앞서 먼저 담보물에 대한 점유를 획득하는 절차가 필요하다.

① The secured party may take possession without judicial process if he can do so without a breach of the peace
채무자의 저항이 없다면 재판 없이도 담보권에 대한 점유를 확보할 수 있다.

② If the collateral is accounts or instruments, the secured party is entitled to notify the 3rd parties to make payment to him rather than to the debtor
담보물이 무체동산이라면, 제3자에게 담보권자가 미리 통지하여 점유를 확보한다.

2. Rights upon default

1) Creditor's rights

① **Foreclosure sale** (Disposition)

a. The secured party may sell the collateral by public or private sale
담보권자는 해당 담보물을 매각하여 그 대금으로부터 자신의 채권을 회수할 수 있다.

a) The debtor and other parties must be given notice of the sale
매각사실에 대해서 미리 채무자와 다른 이해관계자에게 통지가 이루어져야 한다.

b) The sale must be commercially reasonable in method, time, terms, etc.
매각은 상업적으로 합리적인 방법에 따라 이루어져야 한다.

b. Proceeds of the sale are distributed in the following order
매각대금은 다음과 같은 순서에 따라 배분이 이루어진다.

a) Reasonable expenses incurred in the sale (경매비용 등)
b) Debts of the senior creditor (선순위채권자)
c) Debts on the inferior creditor (후순위채권자)
d) The debtor (채무자)
⇨ Any amount left should be given to the debtor
(잔여금액은 반드시 채무자에게 주어져야 한다. 이는 채무자 보호규정이다.)

c. If the amount is insufficient, creditors may obtain deficiency judgment from the debtor
매각대금이 모든 채무를 지급하기에 부족한 경우에는, 해당 채권자는 채무자에게 차액을 상환 받기 위한 Deficiency action 이 가능하다.

d. Good faith purchaser of the collateral

a) The sale wipes out all **subordinate** interests, such as lower creditors and the debtor
⇨ A good faith purchaser takes free of all subordinate interests
담보물 매각절차를 통한 선의의 매수인은 다른 담보권자와 채무자가 권리를 주장할 수 없는 소유권을 취득하게 된다.

b) But the good faith purchaser is subject to superior interests
하지만 선의의 매수인도 매도한 담보권자 보다 우선순위가 앞서는 사람에게는 완전한 소유권을 주장 할 수 없다.

② **Retention** of the collateral in satisfaction

a. The secured party may retain the collateral in satisfaction
담보권자는 담보물을 자신이 소유로 함으로써 채권에 대한 만족을 얻을 수도 있다.

b. The secured party must give notice to the debtor and other parties
자신의 소유로 하는 경우에는 반드시 채무자와 다른 이해관계자에게 통지가 필요하다.

c. In consumer goods where the debtor has paid at least 60% of the purchase price, the secured party **must sell** the collateral within 90 days after repossession
다만, Consumer goods 경우에 해당 구입가격의 60% 이상이 지급된 상황에서는 Retention 할 수 없고, 담보물을 매각하여 대금을 분배하여야 한다.

③ Judicial action

The secured party may bring a judicial action and have the collateral seized at the time that he begins the judicial action

담보채권자는 재판을 통해서 소송시점으로 Judicial lien holder 가 될 수도 있다.

2) Debtor's rights

Rights of **redemption**

Until the sale or retention, the debtor may redeem the collateral by paying the debt and reasonable expenses incurred relating to the repossession

채무자는 담보물이 처분되기 전까지는 담보물과 관련된 원금과 이자 및 담보권자에게 발생한 비용을 모두 지급하고 해당 담보물을 찾아 올 수 있다.

Multiple Choice Questions

Q1 Under the UCC Secured Transactions Article, which of the following purchasers will own consumer goods free of a perfected security interest in the goods?

① A merchant who purchases the goods for resale
② A merchant who purchases the goods for use in its business
③ A consumer who purchases the goods from a consumer purchaser who gave the security interest
④ A consumer who purchases the goods in ordinary course of business

Q2 Under the UCC Secured Transactions Article, which of the order of priority for the following security interests in store equipment?

A. Security interest perfected by filing on May 15, 2020
B. Security interest attached on May 1, 2020
C. PMSI attached May 11, 2020 and perfected by filing on May 20, 2020

① A 〉 B 〉 C
② B 〉 A 〉 C
③ C 〉 A 〉 B
④ C 〉 B 〉 A

Q3 Under the UCC Secured Transactions Article, if a debtor is in default under a payment obligation secured by goods, the secured party has the right to;

	Peacefully repossess the goods without judicial process	Reduce the claim to a judgement	Sell the goods and apply the proceeds toward the debt
①	Yes	Yes	Yes
②	No	Yes	Yes
③	Yes	Yes	No
④	Yes	No	Yes

Question Explanations

Q1: ④

최우선 순위가 인정되어 모든 담보권으로부터 자유로운 지위가 인정되는 경우는 정상적인 상거래를 통해서 상품을 구매한 소비자이다. 소비자라 하더라도 정상적인 상거래가 아니라 개인간의 매매를 통해서 구매한 경우에는 우선순위가 인정되지 않는다. 또한 소비자가 아닌 상인의 경우에는 구매목적과 상관없이 우선순위가 인정되지 않는다.

Q2: ③

Equipment 경우, PMSI가 일반담보에 우선하기 위해서는Perfection 절차가 필요하지만 20일의 유예기간이 인정되는 특혜가 존재한다. 따라서May 20에 등록절차를 통해 Perfection 하였지만 우선순위 판정은 May 11을 기준으로 판정하게 된다. 일반담보의 경우에는 유효한 PMSI 보다 후 순위로 인정되며, 일반담보 중에서 Perfection 절차를 완성하지 못한 경우에는 Attachment 일자가 앞선다 하여도 가장 후 순위가 된다.

Q3: ①

채무자가 만기시점까지 지급을 하지 못하면 담보채권자에게 해당 담보물을 자기소유로 취득하거나 매각절차를 통해서 채권금액을 회수할 수 있게 된다. 이러한 회수절차를 진행하기 위해서는 먼저 담보물을 확보하는 선행절차가 필요하므로, 채무자가 점유하고 있는 담보물을 Repossession 할 수 있는 권리가 인정된다. 또한 별도의 소송절차 없이도 미리 확보한 담보권을 근거로 회수절차를 진행할 수 있지만, 담보채권자가 소송절차를 통하여 자신의 채권을 판결을 통해 회수하는 것도 가능하다.

Chapter 05

Debtor and Creditor Relationships

Overview

1. Bankruptcy

채권자와 채무자의 관계에 있어서 채무자가 책임을 이행하는데 문제가 있을 경우, 가장 대표적인 해결수단으로 고려할 수 있는 것이 파산제도이다. 파산제도는 모든 채권자들에게 채무자의 재산이 공평하게 배분되는 것을 목적으로 하지만, 채무자에 대해서도 새로운 출발이 가능하도록 기회를 제공하는 측면이 있다.

하지만 파산제도가 채무자에 의해서 남용될 소지가 존재하므로, 채무자의 부당한 파산신청을 기각하거나 특정한 채무는 파산절차를 통해서도 책임이 면제되지 않는 제도적인 장치가 마련되어 있다.

파산제도는 원칙적으로 청산과정을 거쳐 모든 채권자와 채무자의 관계를 정리하지만, 예외적으로 회생의 가능성이 인정되는 경우에는 Chapter 11과 Chapter 13이 적용되어 모든 관계가 정리되지 않는 경우도 존재한다.

2. Creditor's rights

채권자와 채무자 사이에서 채무자가 채무를 이행하지 않을 경우에 담보권이 있는 채권자는 자신의 담보권을 실행하여 채권에 대한 회수절차를 진행하지만, 담보권이 없는 일반채권자는 법원의 재판을 통하여 채권에 대한 권리를 행사하게 된다.

채무자는 채권자에 비하여 경제적으로 약자의 입장에 있으므로, 채무자를 보호하는 수단으로 특정한 법률들이 제정되어 있다.

3. Suretyship

채무자의 채무이행은 물적 담보를 통해서도 채권자에게 지급이 보증될 수 있지만, 인적 담보를 통해서도 가능하다. 대표적인 수단이 채무자 이외에 채권자가 보증인과 별도로 체결하는 보증계약이 있다.

보증계약은 Suretyship 과 Guaranty 로 유형이 구분되며, 특수한 형태로 Cosureties 가 성립하기도 하여 채권자의 권리가 더 강하게 보호되기도 한다.

Introduction of Bankruptcy

1. Bankruptcy 의의

1) 파산제도의 목적

파산(Bankruptcy)이란 채무관리에 어려움을 겪거나 지급불능상태에 있는 채무자로 하여금 채무자의 재산이나 수입을 **채권자들**에게 공평하게 배분(**Equitable distribution**)하여 채권자들의 권리가 보호되고, **채무자**는 일정한 채무로부터 면제(**Discharge**)되어 새롭게 출발할 수 있도록 하는 것을 목적으로 한다.

2) 적용법률

The bankruptcy law is mostly federal law, consisting primarily of the **Federal Bankruptcy Code**
파산은 Federal Bankruptcy Code 로 구성되어 있는 연방법의 적용을 주로 받는다.

2. Bankruptcy 유형

1) 연방법에서 인정하고 있는 파산의 주요한 방법으로 다음과 같이 5가지 유형이 있다.

① Chapter 7 Liquidation
② Chapter 9 Municipal debt adjustment
③ Chapter 11 Reorganization
④ Chapter 12 Family farmers with regular income
⑤ Chapter 13 Adjustment of debts of individuals with regular income
⑥ Chapter 15 Ancillary and other cross-border cases

2) 이러한 파산의 유형 가운데 Chapter 7 이 가장 중요하며, Chapter 11 과 Chapter 13이 추가적으로 검토할 필요가 있는 내용이다.

3. Bankruptcy 절차

파산의 유형 가운데 기준이 되는 Chapter 7 으로 파산절차의 개요를 설명하면 다음과 같다.

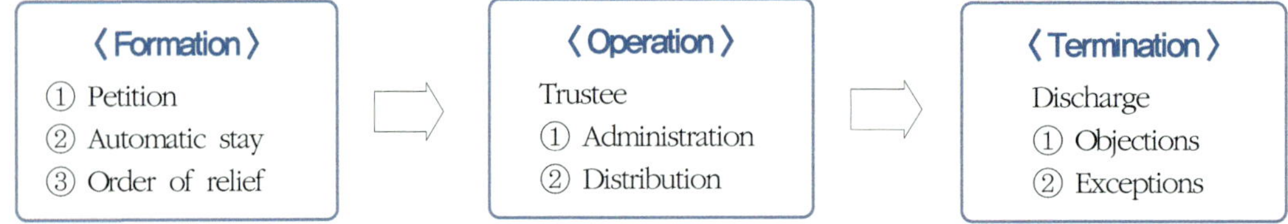

Formation of Bankruptcy under Chapter 7

1. 의의

파산은 채무자 (Voluntary) 또는 채권자에 (Involuntary) 의한 파산신청(Petition)으로 개시되며, 파산신청이 이루어지면 채무자의 재산에 대한 채권자의 회수행위 등은 자동적으로 중지되는 (Automatic stay) 효과가 발생한다. 그 이후에 일정한 요건이 충족되면 파산절차개시명령이 (Order of relief) 내려지게 된다.

2. Petition (파산신청)

1) Voluntary bankruptcy petition

① 자발적 파산신청

Petitions are filed with lists of debtor's assets and liabilities and creditor's lists **by debtors**
채무자 자신이 자발적으로 재무현황과 채권자목록을 제출하여 파산을 신청하는 것이다.

② 신청요건

a. Debtors **need not be insolvent**
채무가 있다는 사실이면 충분하고 채무자가 지급불능상태일 필요는 없다.

b. Any individual, partnership, or corporation may file the petition
자발적 파산은 개인뿐만 아니라 파트너쉽과 주식회사도 신청할 수 있다.

a) In case of individual, the petition may be filed by spouses (husband and wife) jointly
개인의 경우에는 배우자와 함께 파산을 신청할 수도 있다.

b) **Railroads** and **financial institutions** (insurance companies, banks, savings and loans, etc.) may not file for bankruptcy under Chapter 7
다만, 철도회사와 금융기관 등의 경우에는 Chapter 7 파산신청을 할 수 없다.

2) Involuntary bankruptcy petition

① 비자발적 파산신청

Petitions are filed with bankruptcy court **by creditors** requesting an order of relief
채권자들이 법원에 채무자에 대한 파산절차개시명령을 신청하는 것이다.

② 신청요건

a. Creditors must show that the debtor generally is **insolvent**
자발적 신청과는 다르게 채권자들이 채무자의 지급불능상태를 증명해야 한다.

b. Creditors who are owed **at least $21,050** in unsecured and undisputed debts may file
무담보이고 확정된 채권의 합계가 최소 $21,050인 채권자에 한하여 신청이 가능하다.

a) Fewer than 12 creditors ⇨ **1 or more** owned $21,050
채권자의 수가 12명 미만이면, 금액요건을 충족하는 1인이 단독으로도 가능하다.

b) 12 or more creditors ⇨ **3 or more** owned $21,050
채권자의 수가 12명 이상이면, 금액요건을 충족하는 3인 이상의 공동신청으로 가능하다.

c. Farmers, fishers, not-for-profit organizations (church, school, charitable organization, etc.) and financial institutions may not be petitioned involuntarily into bankruptcy
농부, 어부, 비영리단체, 금융기관 등은 비자발적 파산신청의 대상이 되지 않는다.
⇨ 금융기관의 특성상 별도의 파산규정이 적용되므로 Chapter 7이 적용되지 않는다. 하지만 농부, 어부, 비영리단체는 Chapter 7의 자발적인 청산은 가능하다.

d. Improper petition (부당한 파산신청)
채권자가 부당한 파산신청을 하여 채무자에게 손해가 발생한다면, 법원은 손해배상 판결을 할 수 있다. 특히 채권자에게 Bad faith가 있었다면 Punitive damages도 가능하다.

3. Automatic stay (자동중지 ⇨ 파산신청의 효과)

1) 의의

When the voluntary or involuntary petition is filed, automatic stay becomes effective against most creditors ⇨ It stops enforceable of most collection and legal proceedings
파산신청이 있게 되면, 대다수 채권자의 권리행사와 파산절차 이외의 법적 절차가 중지된다.

2) Exceptions (예외사항)

It does not stop the collection of alimony or child support, the collection of perfected security interest, the criminal proceeding against the debtor, etc.
파산신청이 있어도 위자료 또는 자녀 부양을 위한 금액지급, 파산신청보다 앞서는 담보권자에 대한 지급 등은 중지되지 않으며, 형사재판 절차 등도 중지되지 않는다.

4. Order of relief (파산절차개시명령)

1) Voluntary bankruptcy petition

The debtor is **automatically** given an order of relief upon filing of the petition
채무자가 자발적 파산신청을 하면, 신청과 동시에 자동적으로 파산절차개시명령을 받게 된다.

2) Involuntary bankruptcy petition

① The creditors are **not automatically** given an order of relief upon filing of the petition
채권자들이 요건을 갖추어 비자발적 파산신청을 하더라도 채무자가 이를 다투게 되면, 신청과 동시에 파산절차개시명령이 내려지는 것이 아니다.

a. If the petition is **uncontested**, the court will enter an order of relief within 20 days
채무자가 다투지 않을 경우에는, 법원은 20일 이내에 절차개시명령을 하게 된다.

b. If the petition is **contested**, the creditors establish that the debtor is generally not paying debts as they become due
채무자가 다투는 경우에는, 채권자가 채무자의 지급불능상태를 입증해야만 파산절차개시명령이 가능하며, 만일 입증하지 못하면 파산신청은 기각(Dismissal)된다.

② Persons who become creditors during the formation of involuntary bankruptcy are given high priority in the distribution of bankruptcy estate
비자발적 파산절차가 성립되는 과정 중에서 채권자가 된 경우에는 보호의 필요성이 있으므로, 파산재단의 분배에 있어서 일반채권자보다 높은 우선순위가 주어진다.

Voluntary bankruptcy and Involuntary bankruptcy 주요 차이점

	Voluntary	Involuntary	
Petition	By debtors	By creditors owed at least $21,050	
		채권자가 12명 미만	채권자가 12명 이상
		1인 단독신청 가능	3인 이상의 공동신청
	Anyone who owes debts	Generally not paying debts as they become due	
Order of relief	Automatic	Not contested	Contested
		20일 이내에 인정	채권자가 입증해야 인정

5. Bankruptcy 남용방지

1) Abuse test ⇨ Conversion or Dismissal

① 의의

a. Individual consumer debtor 파산신청의 경우에는 파산제도의 남용을 방지하기 위해서 일정한 테스트를 통해 파산신청의 여부를 결정한다.

b. 남용 (Abuse) 여부는 Specific means test 와 General abuse test 을 통해 결정한다.

c. 테스트의 결과에 따라서 Chapter 13 으로 전환 (Conversion) 되거나 파산신청이 기각 (Dismissal) 될 수 있다.

② **Specific means test**

a. 1단계 ⇨ Debtor's current monthly income vs. State's median income

채무자의 Filing 이전 6개월 동안의 Average income을 기준으로 Debtor's current monthly income을 결정을 하여, 이를 채무자가 거주하는 State의 유사한 Size의 가정의 월 평균소득(Median income)과 비교해서 Abuse 여부를 결정한다.

a) Debtor's current monthly income ≤ State's median income ⇨ Chapter 7 적용인정

b) Debtor's current monthly income 〉 State's median income ⇨ To means test

b. 2단계 ⇨ Means test

2단계는 Chapter 13 으로 전환할 경우에 채무자에게 충분한 지급능력이 있는지를 판단하는 것이 목적이다.

2단계의 기준금액은 Debtor's current monthly income 에서 Social security benefits (사회보장연금)은 제외하고 특정한 비용들을 공제한 금액에 60개월을 곱하여 산정한 금액이 사용된다.
(⇨ Chapter 13 을 적용하여 개인채무를 조정할 경우에 수정이 필요한 금액들을 반영하고 최장채무조정기간인 60개월을 반영하기 위함이다)

a) 2단계의 기준금액 〈 $10,275 ⇨ Chapter 7 적용인정

b) $10,275 ≤ 2단계의 기준금액 〈 $17,150 ⇨ To Box

c) 2단계의 기준금액 ≥ $17,150 ⇨ Presumption of abuse (Chapter 13 전환)

참고사항

① $10,275 ≤ 2단계의 기준금액 ‹ $17,150

Presumption of abuse only if the amount equals 25% of non-priority claims

2단계의 기준금액이 파산재단의 분배액과 관련하여 우선순위를 가지지 못한 채권금액의 25%을 충당할 수 있다면 Chapter 13으로 전환한다.

② Debtor's current monthly income 에서 공제가 가능한 비용들

a. Living expenses in amount set by IRS

b. Health and disability insurance and health saving accounts

c. Care of elderly, disabled, and chronically Ⅲ

d. Expenses to keep debtor of family safe from family violence

e. Expenses for dependents to attend elementary or high school up to $1,875

f. Actual expenses to administer a Chapter 13 plan

g. 1/60th of payments due secured creditors

h. 1/60th of amount of priority claim payments

c. 3단계 ⇨ **Rebutting** the presumption of abuse

The debtor may rebut the presumption of abuse by proving special circumstances (serious illness, etc.) that make additional adjustments

1단계와 2단계를 통해 파산제도의 남용이 추정되었더라도 채무자에게 심각한 질병과 같이 추가적인 조정을 해야 하는 상황들이 존재함을 증명하면 추정을 반박할 수 있다.

③ **General abuse test**

Even if the debtor is qualified for Chapter 7, the filing can be denied by showing that he acted in bad faith or that there is abuse under totality of circumstances

Abuse test 을 통해서 Chapter 7 의 요건을 갖춘 파산신청으로 인정되더라도, 채무자에게 악의를 가지고 행동했다는 사실이나 전체적인 상황증거를 통해서 Abuse 가 인정된다면, 채무자의 파산신청이 기각될 수 있다.

Dismissal of voluntary bankruptcy petition (자발적 파산신청의 기각)

① Voluntary bankruptcy petition can be dismissed by the general abuse test and by the court, trustee or bankruptcy administrator only (**not creditors**)
채무자의 자발적인 파산신청은 제한된 사유로만 기각이 가능하며 채권자에 의해서는 기각되지 않는다.

② The court may dismiss the petition by the debtor convicted criminal acts
범죄행위를 저지른 채무자의 경우에는 법원이 파산신청을 기각할 수 있다.

2) Mandatory credit counseling

① An individual debtor is prohibited from filing the voluntary bankruptcy petition until the debtor receives credit counseling
개인의 경우에 Credit counseling 을 받기 이전까지는 자발적인 파산신청이 금지된다.

② Credit counseling must be within 180 days before filing the petition
파산신청 이전 180일 이내의 기간에 Credit counseling 이 이루어져야 한다.

③ Credit counseling may be waived if the debtor is unable to comply due to disability, active military duty, etc.
채무자에게 정당한 사유가 인정될 경우에는 Credit counseling 의무가 면제될 수 있다.

Operation of Bankruptcy under Chapter 7

1. 의의

유효하게 파산절차가 신청되면, Automatic stay 의해 대부분의 채권회수절차가 중지된 상태에서 법원의 파산절차개시명령이 이루어지므로 파산절차가 시작된다.

파산절차개시명령 이후 대개 20 ~ 40일 이내에 먼저 Creditor's meeting (채권자회의)가 열리게 된다. 그 이후에는 Trustee (파산관재인)에 의하여 Bankruptcy estate (파산재단)이 형성되고 파산법상 규정에 따라 채권자들에게 Distribution (분배)가 된다.

2. Trustee ⇨ Agency 참조

1) A trustee is appointed or elected to be the **representative of the bankruptcy estate**

파산관재인은 파산재단의 대표자로서 법원에 의해 임명되거나 채권자회의를 통해 선출된다.

① 파산관재인은 파산재단을 관리하고 이를 채권자에게 나누어 주는 역할을 담당한다.

a. The trustee is charged with the administration of the bankruptcy estate

b. The trustee distributes the bankruptcy estate to creditors

② 파산관재인은 해당 업무와 관련하여 보수청구권이 있고 전문가의 도움을 받을 수 있다.

a. The trustee has rights to receive compensation for services

b. The trustee may employ professionals (accountants, attorney, appraisers, etc.) to assist him in carrying out his roles with the court's approval

참고사항

The trustee can also serve as a professional and receive compensation as a professional **in addition** to the trustee's compensation, if the court approves

법원의 승인이 있다면 파산관재인 자신이 필요한 전문가의 업무를 담당할 수 있고, 이 경우에는 해당 업무에 대하여 별도로 보수청구권을 가지게 된다.

2) Creditor's meeting

① Generally, the first creditor's meeting is held in which the trustee presides

파산절차의 진행을 위하여 일반적으로 파산관재인의 주도하에 채권자회의가 있게 된다.

② Notice requirement

All interest parties (the debtor, creditors, trustee, etc.) must be given notice of the meeting
파산절차와 관련된 모든 이해관계자들에게 회의의 통지가 전달되어야 한다.

③ The debtor's duties

a. The debtor furnishes lists or schedules (of assets and liabilities, creditors and their addresses, current income and expenditures, etc.) and statements of the debtor's financial affairs
채무자는 파산절차 진행과 조사에 필요한 서류들을 제출하여야 한다.

b. The debtor must **attend** to provide creditors an opportunity to examine the debtor
채무자는 반드시 회의에 참석하여 채권자들이 조사할 수 있는 기회를 제공해야 한다.

④ The examination's purpose is to determine if there are grounds for objection (such as improper disposition or concealment of the debtor's assets)
채무자에 대한 조사의 목적은 파산신청을 기각시킬 사유가 있는지 확인하는 것으로, 채무자의 부당한 재산처분이나 재산은닉과 같은 행위가 있었는지 결정하는 것이다.

⑤ The **creditor** must **file** a proof of claims within 6 months of the first creditor's meeting
채권자는 채권자회의 이후 6개월 이내에 자신의 청구권에 대한 증명을 제출해야 한다.

3. Administration of bankruptcy estate

1) 의의

① The trustee has duties to collect, liquidate, and distribute the bankruptcy estate, and to act in best interest of the estate, keeping accurate records of all transactions
파산관재인은 파산재단의 관리업무(재산의 보존 및 회수, 재산의 매각, 그리고 채권자 우선순위에 따른 배분)와 관련하여 재단의 이익을 최우선으로 일해야 하며, 모든 업무와 관련하여 정확한 기록을 유지하고 있어야 한다.

② The trustee has a hypothetical lien when the bankruptcy petition is filed
파산재단의 관리를 위해서 파산신청 시점을 기준으로 파산관재인에게 저당권이 인정된다.

2) Bankruptcy estate (파산재단) 구성

① 파산재단에 포함되는 항목

a. The estate generally includes all of the debtor's property **at the time of filing**
파산신청 시점에 채무자가 소유하는 모든 재산은 파산재단에 포함된다.

b. It also includes income (interest, etc.) generated from the estate after the filing
파산재단에 포함된 재산으로부터 발생하는 소득도 파산재단에 포함된다.

c. It also includes property that the debtor receives within 180 days after the filing from inheritance, insurance, divorce, etc.
파산신청 이후에 취득하는 재산은 포함되지 않는 것이 원칙이지만, 파산신청일로부터 180일 이내에 상속, 보험, 이혼 등의 사유로 채무자가 취득하면 파산재단에 포함된다.

② 파산재단에서 제외되는 항목 ⇨ **Exemption** (면제)

a. 의의

채무자가 기본적인 생활을 유지하기 위하여 필요한 재산들은 파산재단에서 면제되는 것을 인정하는데, 채무자는 Federal Bankruptcy Code 에 의한 면제와 Non-bankruptcy state or federal law 에 의한 면제 중에서 한 가지 방법을 선택할 수 있다.

b. Non-bankruptcy state or federal law 에 의한 면제

면제가 인정되는 대표적인 항목은 Small amount of money (소액현금), Residence (주거), Clothing (의복), Tools of trade (상업용비품), Insurance (보험), Veteran's benefits (군인연금), Social security benefits (사회보장연금), Unemployment compensation or benefits (실업급여), Disability benefits (장애연금), Alimony (이혼위자료) 등이 포함된다.

c. Federal Bankruptcy Code 에 의한 면제

면제가 인정되는 대표적인 항목은 Principle residence (up to $22,975), Motor vehicle (up to $3,675), Professional books or tools of trade (up to $2,300), Items qualifying for home use (up to $12,250 in total, $575 per item), Social security benefits, Unemployment compensation, Disability, illness, or unemployment benefits, Alimony, Veteran's benefits, Prescribed health aids 등이 포함된다.

3) Executory contract (미이행계약) 이행 여부의 결정 ⇨ 현존사무의 종결

① The trustee must **assume** or **reject** any executory contract (such as lease) within 60 days of the order for relief

파산관재인은 파산절차개시명령으로부터 60일 이내에, 채무자가 체결한 계약들 중에서 이행이 완료되지 않은 계약에 대하여 이행을 할 것인지 여부를 결정하여야 한다.

② Rejection is a breach of contract and the injured 3rd party may become a **unsecured creditor**

계약위반이 되더라도 미이행계약의 이행을 거절할 수 있고, 이로 인해 손해를 입은 제3자는 파산재단에 대하여 일반채권자가 되게 된다.

4) Set aside fraudulent or preferential transfers ⇨ **파산재단의 보전 및 추가적 확보**

① 의의

파산관재인은 채무자가 전체 채권자들에게 손해를 주는 재산이전 (Fraudulent transfers)을 하였거나 특정 채권자에게만 혜택을 주는 재산이전 (Preferential transfers)을 하였을 경우에, 이러한 이전행위를 철회하여 (Set aside) 파산재단을 보전하고 추가적인 확보를 하는 역할을 수행하여야 한다.

② **Fraudulent transfers** (사기적 재산이전)

a. The trustee has rights to set aside the transfer made **within 2 years prior to the filing**

파산신청 이전 2년 동안 이루어진 경우에 파산관재인이 철회할 수 있다.

b. Type of fraudulent transfers (대표적 유형)

a) Transfers made with **intent** to hinder, delay, or defraud creditors (the debtor **need not** be **insolvent** at the time of transfer)

채권자에 대한 방해, 지연, 기망 등의 목적을 가지고 이루어진 재산의 이전

b) Transfers received **less than** a reasonably equivalent value in exchange (the debtor **was insolvent** at the time of transfer or **became insolvent** as the result of transfer)

합리적인 대가를 받지 않고 이루어진 재산의 이전이며, 이 경우에는 이전시점에 이미 채무자가 지급불능상태이었거나 해당 이전으로 지급불능상태가 되어야 한다.

③ **Preferential transfers** (특혜적 재산이전)

a. The purpose is to prevent a certain creditor from receiving an unfair large payment relative to other creditors ⇨ Improper intent is not required

부당한 의도가 없었더라도 특정 채권자가 혜택을 보면 특혜적 이전에 해당한다.

b. The trustee has rights to set aside the transfers **made within 90 days prior to the filing**

원칙적으로 파산신청 이전 90일 동안 이루어진 경우에 파산관재인이 철회할 수 있다.

c. Preferential transfers 해당하기 위해서는 다음과 같은 요건을 모두 충족해야 한다.

a) Transfers made to **a certain creditor**

모든 채권자가 아닌 특정한 채권자를 대상으로 해야 한다.

b) Transfers made for an **antecedent (preexisting) debt**

이미 존재하던 채무에 대한 이전이어야 한다.

c) Transfers made while the debtor was **insolvent**

지급불능상태에서 이전이 되어야 한다.

d) Transfers made within **90 days prior to the filing**

파산신청 이전 90일 동안 이루어졌어야 한다.

ⓐ If the creditor is an **insider**, the period is **1 year**

만일 채권자가 내부자에 해당한다면 90일이 아니라 1년으로 연장된다.

ⓑ Examples of insider are close blood relatives, officers, directors, controlling shareholders of corporation, general partners of partnerships, etc.

내부자의 사례에는 가까운 친족, 임원, 이사, 대주주, 무한책임사원 등이다.

e) Transfers **received more than** the creditor would have received under the Bankruptcy

해당 채권자가 파산절차를 통해 받을 수 있었던 금액보다 더 많이 회수되었다.

d. Transfers include not only the **payment** of money or property, but also the **giving of security interests**

여기에서 재산이전이란 단지 채무지급만을 의미하는 것이 아니라, 담보권을 설정하여 주는 것도 포함된다. 담보권을 통해서도 다른 채권자보다 더 혜택을 받을 수 있다.

e. **Exceptions** ⇨ The trustee cannot set aside

다음의 재산이전은 특혜적 재산이전이 아니므로 파산관재인이 철회할 수 없다.

a) Contemporaneous exchange for new value given to the debtor

기존의 채무가 아니라 새로운 대가를 채무자에게 지급한 동시적 교환의 경우

b) Transfers in the ordinary course of business

일상적인 거래를 통해 이루어진 재산이전 (공공요금지급, 소모품구입 등)

c) Consumer payments under $600

$600 미만의 소비성채무 결제 (신용카드대금결제 등)

d) Properly perfected PMSI

적절한 방법으로 담보권을 완성한 PMSI 경우 ⇨ Secured transactions 참조

e) Alimony, child support, gifts to charity, etc.

배우자에 대한 위자료, 자녀양육비용, 자선단체기부 등

4. Distribution of bankruptcy estate

1) 의의

After the debtor's assets have been collected and liquidated, the trustee will distribute the assets of the bankruptcy estate

파산관재인에 의해서 채무자의 재산에 대한 정리가 마무리되면, 파산관재인은 파산재단의 재산을 채권자들에 배분하는 절차를 수행하게 된다.

2) There are **three basic categories** of claims, which are distributed in the following order

파산관재인은 파산법상 규정되어 있는 3가지의 우선순위에 근거하여, 채권자들에게 다음과 같은 순서로 분배하게 된다.

① **Secured claims** (담보권 있는 채권)

a. Distribution is made in full to the secured claim to the extent of the value of the creditor's interest in the collateral (not the full proceeds)
담보권 있는 채권자는 특정 재산의 매각을 통해 우선적으로 변제를 받게 된다. 이 경우에 파산재단 전체가 아니라 특정 재산에 대해서만 우선권이 인정된다.

b. Claims in excess of the value of the collateral are treated like claims of unsecured claims without priority
특정 재산의 매각대금이 부족한 경우에는 나머지 금액은 무담보 일반채권자와 같은 순위로 내려가서 변제를 받게 된다.

② **Unsecured claims with priority** (우선권이 인정되는 일반채권)

파산법에서는 담보권이 없더라도 다른 일반채권보다 앞서서 변제를 받을 수 있는 채권들을 규정해 놓고 있다. 그리고 우선권이 인정되는 채권의 순위를 별도로 상세히 규정한다.

③ **Unsecured claims without priority** (우선권이 인정되지 않는 일반채권)

a. Any money that is left over after paying the secured and priority claims is used to pay unsecured claims without priority, **pro rata**
선순위 채권자들에게 완전히 변제가 되고 남는 금액은 후순위 채권자에게 넘어가게 되며, 해당 금액은 나머지 채권자들에게 채권금액에 비례하여 배분된다.

b. If any money is remaining after paying general creditors, the money goes to the debtor
모든 채권자들에게 배분된 후에도 남는 금액은 채무자에게 돌아가게 된다.

c. Unsecured creditors who filed on time and non-priority claims (secured creditor's unsecured portion, etc.) have priority over unsecured creditors who filed late or not filed
채권자회의 이후 6개월 이내에 채권을 신고하지 않은 일반채권자는 우선순위에 있어서 가장 후순위로 변제 받게 되는 불이익이 있다.

3) Unsecured claims 우선순위

① Support obligations to spouse and children

Claims for domestic support obligations that owed to spouse or children of the debtor receive the 1st priority
채무자의 배우자에 대한 위자료 및 자녀에 대한 양육비용은 첫 번째 우선순위를 가진다.

② Administrative expenses

The 2nd priority includes trustee fees, professional fees, costs of preserving the estate, etc.
파산과 관련된 관리비용에는 파산관재인의 보수, 전문가의 보수, 파산재단 보전비용 등이 포함된다. 파산과 관련되어야 하므로 파산 이전에 발생했던 전문가의 보수는 제외된다.

③ Involuntary bankruptcy's middle claims (gap claims)

Claims arising in ordinary course of the debtor's business, after involuntary bankruptcy petition is filed but before order for relief is entered, receive the 3rd priority
비자발적 파산의 경우에, 파산신청일로부터 파산절차개시명령일 사이에, 채무자의 일상적인 영업과정에서 발생한 채권은 다른 일반채권에 비하여 우선권을 가진다.

④ Wage claims up to $17,150

a. Claims for wages earned within 180 days prior to the filing receive the 4th priority
파산신청일 이전 180일 동안 발생한 임금채권은 우선권이 주어진다.

b. This priority is limited to $17,150 per employee and the excess is a non-priority claim
종업원 일인당 $17,150에 한하여 인정되며, 초과액은 우선권이 없는 일반채권이 된다.

⑤ Employee benefit plans up to $17,150

a. Claims for contribution to employee benefit plans (pension plan, health insurance, etc.) arising within 180 days prior to the filing receive the 5th priority
파산신청일 이전 180일 동안 채무자가 종업원에 대하여 부담하여야 하는 Employee benefit plans 에는 우선권이 주어진다.

b. This priority is limited to $17,150 per employee and is reduced by the amount paid as the 4th priority (wage claims)
4순위의 임금채권과 합산하여 종업원 일인당 $17,150에 한하여 우선권이 인정된다.

⑥ **Grain farmers or fishermen up to $8,450**

Claims for operation of grain or fish's storage facilities, etc. have 6th priority up to $8,450
농수산물과 관련하여 발생한 채권은 $8,450 까지 우선권이 인정된다.

⑦ **Consumer deposits up to $3,800**

Consumer claims for deposits made to retail businesses prior to the filing receive the 6th priority up to $3,800
소비자가 상품이나 서비스를 받기 전에 미리 대금을 지급한 금액은 $3,800 까지 우선권이 인정된다.

⑧ **Tax claims**

Federal, state, and local taxes receive the 8th priority
세금은 항상 일반채권에 비하여 금액제한 없이 우선권이 인정된다.

⑨ **Personal injury claims arising from intoxicated driving**

Claims for personal injury or death arising from intoxicated driving receive the 9th priority
채무자의 음주운전과 같은 고의적인 행위로 신체상 손해를 당한 경우에 발생하는 채권은 일반채권에 비하여 우선권이 주어진다.

Termination of Bankruptcy

1. 의의

1) Bankruptcy is to be given to an honest debtor a 'fresh start' by discharging most debts

파산절차가 종료되면 파산절차에서 변제되지 않은 채무에 대해서도 채무자는 면제가 된다.

2) Discharge is the release from most debts not paid in bankruptcy but certain debts survive

하지만 특정한 경우에는 채무가 면제되지 않으므로 채무자에게 의무가 남게 된다.

① Certain debts survive by denial of general discharge (**objections to discharge**) or individual discharge (**exceptions to discharge**)
채무자가 부정행위 등을 저지른 경우에는 모든 채무에 대해 면제가 되지 않으며, 특정한 채무에 있어서는 파산절차를 통해서도 면제가 되지 않는다.

② The debtor may promise to pay a certain debt that will be discharged (**Reaffirmation**)
파산절차를 통해 면제가 될 채무라 하더라도 채무자가 지급을 약속하면 면제 대상에서 제외될 수 있다.

③ **Partnerships** and **corporations** cannot receive discharge
개인이 아닌 회사의 경우는 파산이 되더라도 해당 채무가 면제되지 않는다.
(회사의 경우는 채권자에 대하여 사원이 별도로 책임을 지는 경우가 존재하기 때문이다)

3) If the discharged was procured by fraud, the bankruptcy court may revoke the order of discharge by the trustee or creditor's request (**Revocation**)

채무자가 이미 면제가 된 경우라도, 파산절차와 관련하여 채무자의 부정행위가 개입된 경우에는 파산관재인 또는 채권자의 신청에 의하여 파산법원은 해당 면제를 철회할 수 있다.

2. Objections to discharge

1) 의의 ⇨ Bar discharge of **all debts**

채무자가 채무를 면제받기 위해서는 'Honest debtor' 라는 법원의 판단을 받아야 하는데, 다음과 같은 **행위가 있는 경우**에는 채무자는 파산재단을 통해 변제하지 못한 모든 채무로부터 면제되지 않는다.

2) Acts that bar discharge of all debts

① 파산절차 신청 이전에 다음과 같은 사유가 존재하는 경우

a. Previous discharge within 8 years
8년 이내의 기간에 파산을 통한 채무면제가 있었던 경우

b. Destroying or removing property within 12 months with intent to hinder, defraud, etc.
고의성을 가지고 12개월 이전에 자신의 재산을 파괴하거나 제거한 경우

c. Unjustifiably failing to keep books and records
파산절차에 필요한 회계자료나 기록을 정당한 사유 없이 유지하지 못한 경우

② 파산절차와 관련하여 채무자의 의무를 이행하지 않는 경우

a. Failing to satisfactorily explain any loss of assets
재산의 손실에 대하여 만족할 만한 이유를 해명하지 않는 경우

b. Failing to answer correctly material questions in the creditor's meeting or court
채권자회의나 법원이 제기하는 중요한 질문에 정확한 답변을 하지 않는 경우

c. Not obeying to court orders
법원의 명령에 불응하는 경우

③ 파산절차가 진행되는 과정에서 다음과 같은 부정행위를 저지른 경우

a. Fraudulent transfers or concealment of property
재산의 사기적 이전행위 및 재산의 은닉행위

b. Making false claims against the bankruptcy estate
파산재단에 대한 허위채권을 신고하는 행위

c. Making any false document relating to bankruptcy's affairs
파산절차와 관련하여 문서를 위조 또는 변조하는 행위

참고사항

Fraudulent or preferential transfers **prior to the filing** do not bar discharge of all debts but can be set aside
파산절차 중이 아니라 파산신청 이전에 이루어진 사기적 또는 특혜적 재산이전 행위가 있었던 경우에는, 모든 채무의 면제가 부인되는 것이 아니라 해당 재산이전 행위만이 취소되고 파산재단에 편입될 뿐이다.

3. Exceptions to discharge

1) 의의 ⇨ Bar discharge of an **individual debt**

채무자의 파산절차가 종료되어도 특정한 채무는 그 **채무의 성격상** 면제될 수 없는 경우가 존재한다. 대표적인 항목을 열거하면 다음과 같다.

2) Examples of not discharged debts

① 정부와 관련된 채무

a. Taxes within 3 years before the filing, and debts incurred to pay taxes
파산신청 이전 3년 동안 발생한 세금과, 세금의 납부를 위해 빌린 차입금

b. Governmental fines and penalties, etc. (벌금 및 범칙금 등)

② 정책적인 목적 등에서 제외되는 채무

a. Alimony, maintenance, support and settlements from marital separation (이혼 관련 채무)

b. Education loans, etc. (학자금 대출 등)

③ 채무자의 고의적인 행위와 관련된 채무

a. Debts not scheduled or listed by the debtor, unless the creditor had notice
채무자가 파산절차에서 누락한 채무로서, 채권자가 파산에 대해 알지 못한 경우

b. Debts incurred by fraud or embezzlement (부정행위와 관련된 채무)

c. Debts incurred for luxury goods, within 90 days of the order of relief, more than $600
($600 넘는 사치성 소비를 파산절차개시명령 90일 이전에 한 경우)

d. Cash advances incurred within 70 days of the order of relief, more than $875
$875 넘는 현금서비스를 파산절차개시명령 70일 이전에 한 경우

e. Debts incurred by intoxicated driving (음주운전으로 인해 발생한 채무)

f. Debts incurred by intentional torts (willful and malicious injuries, theft, etc.)
고의적인 불법행위(상해, 파손, 절도 등)로 인한 채무

참고사항

Debts incurred by breach of contracts and negligent torts are dischargeable

고의적인 계약위반으로 인한 책임과 과실에 의한 불법행위책임은 면제가 가능하다.

4. Reaffirmation (면제될 채무의 재승인)

1) 의의

The debtor may reaffirm debts only if the following requirements are met

파산에 의하여 면제될 채무라도 채무자가 지급할 것을 별도로 약속하는 경우에는 채권자는 파산절차가 종료된 후에도 해당 채무의 이행을 채무자에게 강제할 수 있다. 하지만 채권자의 강박으로 채무자가 약속하는 것을 방지하기 위하여 다음과 같은 엄격한 조건이 요구된다.

2) 인정요건

① The reaffirmation must take place **before** granting of the discharge

채무의 재승인은 채무의 면제가 있기 전에 미리 하여야 한다.

② The reaffirmation must be **approved** by the bankruptcy court, and the debtor's attorney or the court **informs** the debtor the legal effect of reaffirmation

채무의 재승인은 파산법원의 승인이 필요하며, 채무자는 자신의 변호사나 또는 법원을 통해 재승인의 법적 효과에 대해서 고지를 받았어야 한다.

③ The debtor has a **right to rescind** the agreement any time prior to discharge or within 60 days after the agreement is filed

채무자는 면제되기 이전이나 재승인을 신고한 날로부터 60일 이전에 언제든지 취소할 수 있는 권리가 인정되어야 한다.

Reorganization under Chapter 11

1. 의의

1) The goal is to keep financially troubled firm in business by business reorganization

채무자의 사업이 회생 가능성이 존재할 경우에는 Chapter 7에 의한 청산절차를 거치는 대신에, Chapter 11의 사업재조정절차를 통해 사업을 계속하도록 하는 것이 목적이다.

2) The debtor generally remains in possession ⇨ **The trustee generally is not appointed**

특히 채무자에게 경영능력이 있다고 인정되는 경우에는 파산관재인을 선임하는 것보다, 채무자가 자신의 사업을 계속 운영하는 방법을 인정하여, 채무자가 사업을 그대로 유지할 수 있도록 하고 있는 것이 특징이다.

3) Creation of creditors' committee

파산신청이 받아들여지면 무담보채권자로 구성이 되는 Creditors committee (채권자위원회)가 결성되어, 채무자의 사업재조정절차에 관여하게 된다.

2. 진행절차

1) It can be initiated by the debtor (**voluntary**) or creditors (**involuntary**)

① Chapter 7과 마찬가지로 파산신청은 자발적 또는 비자발적 모두 인정이 된다.

② Individuals, partnerships, and corporations 모두에게 적용이 가능하다.
금융기관 등의 경우에는 별도의 파산절차가 규정되어 있어서 여전히 Chapter 11이 적용되지 않지만, **Railroads** (철도회사) 경우는 예외적으로 적용이 인정된다.

2) Submission of reorganization plan (계획안의 제출)

절차개시명령 이후 120일 동안은 채무자만이 계획안을 제출할 수 있는 권한을 가지며, 파산관재인이 별도로 선임되어 있거나 채무자가 120일 이내에 계획안을 제출하지 않는 등의 사유가 있으면 파산관재인이나 채권자들도 계획안을 제출할 수 있다.

① The debtor has an exclusive right to file the plan for the first 120 days after the order for relief is effective

② Others may file the plan if a trustee has been appointed, the debtor has not filed within the 120 days, etc.

3) Approval of the plan (계획안의 승인)

① The plan must be accepted by creditors (creditors' committee)
계획안은 채권자위원회에서 채권자 수의 1/2 이상 & 채권금액의 2/3 이상의 승인을 얻어야 한다.

② 주식회사의 경우에는 채권자위원회 이외에 주주로 구성된 위원회가 별도로 존재하며, 해당 위원회에서 주식수의 2/3 이상의 승인을 추가로 얻어야 한다.

4) Confirmation by the court (법원에 의한 확정)

① If some committees fail to approve the plan, the plan can still be approved by the court
일부 위원회에서 계획안이 승인되지 않았더라도, 계획안에 대한 최종 승인권한은 법원이 가지므로, 법원은 계획안을 승인하여 최종적으로 확정할 수 있다.

② Confirmation by the court discharges the debtor all debts except non-dischargeable debts and debts that were agreed to continue in the plan
법원에 의한 확정으로 채무자는 승인되기 이전의 모든 채무로부터 책임이 면제되는 효과가 발생하고, Reorganization plan 에 규정된 채무에 따라 책임을 이행하면 된다.
다만, 파산법에서 면제되지 않는 예외로 규정한 채무와 법원의 승인과정에서 면제되지 않는 예외로 규정한 채무에 대해서는 책임이 면제되지 않는다.

Adjustment of debts of individuals with regular income under Chapter 13

1. 의의

Regular income (정기적 소득)이 있는 **Individual** (개인)에게만 적용되며, 채무자의 채무금액이 법에서 정해놓은 일정한 수준을 넘지 않을 경우에 해당 채무금액을 조정한 후에 채무자가 계획에 따라 채무를 이행하면 모든 채무로부터 면제시켜 주는 제도이다.

2. 채무조정계획의 주요내용

1) Creditors may **not** file **involuntary** petition under Chapter 13
채무조정계획은 자발적인 신청만 인정되며, 채권자에 의한 비자발적 신청은 인정되지 않는다.

2) The voluntary petition normally includes composition or extension plan
채무자는 채무조정계획을 신청할 경우에, 채무구성 또는 채무연장 계획을 제출하여야 한다.

① Composition (채무구성) ⇨ 채무금액에 대한 감면계획
② Extension (채무연장) ⇨ 결제기간에 대한 연장계획 (3년에서 최장 5년까지)

3) The court must appoint a **trustee** under Chapter 13
채무조정계획과 관련해서도 법원은 반드시 파산관재인을 선임하여 관리하도록 한다.

4) At completion of the plan, the remaining debts of the debtor are discharged
채무조정계획에 따라 채무자가 이행을 완료하면, 나머지 채무는 모두 면제된다.

3. 다른 파산제도와의 비교

	Chapter 7	Chapter 11	Chapter 13
Petition	Voluntary or Involuntary	Voluntary or Involuntary	**Voluntary Only**
	Individual and Company • Railroads X • Financial institutions X	Individual and Company • **Railroad O** • Financial institutions X	**Individual Only**
Trustee	Required	**Not required**	Required

Creditor's Rights

1. 의의

채권자가 행사할 수 있는 대표적 권리는 담보권의 실행을 통해 채권을 회수하거나 사해행위에 대한 취소권을 통해 자신의 권리를 보호할 수 있다. 또한 채권자의 권리행사와 관련하여 채무자에게 일정한 법적 보호수단이 인정되므로 이에 대한 검토가 필요하다.

2. Lien (담보권)

1) Voluntary lien (당사자의 합의에 근거한 담보권)

① **Mortgage**

Real property (부동산)을 목적으로 하는 담보권이다.

② **Security interest**

Personal property (동산)을 목적으로 하는 담보권이다.

2) Involuntary lien (비자발적 담보권)

① **Statutory lien**

a. It is a lien created by operation of law
성문 법률에 의해서 인정되는 담보권이다.

b. 대표적 유형

a) Mechanic's lien (건설업자의 담보권)

It is given to a creditor to ensure payment for work performed and materials furnished in the repair or improvement of real property

b) Artisan's lien (수선업자의 담보권)

It is given to an artisan who made improvement or added value to personal property as security for payment of services performed

c) Materialman's lien (건자재업자의 담보권)

It is given to a materialman who performed work on or provided suppliers for real property improvement

d) Innkeeper's lien (숙박업자의 담보권)

It is given to an innkeeper who keeps possession of guest's baggage until hotel charges are paid

② Judgment lien

When a creditor is awarded damages, he files a lien on property by the court order
채권자가 손해배상 판결을 받은 경우, 법원판결에 의해서 설정되는 담보권이다.

재판에 의한 담보권 실행절차

After the court imposes the lien, the court issues a writ of attachment generally to a sheriff and the sheriff seizes the debtor's property, sells the property, and turns over the proceed to the creditor

재판상 담보권이 인정되면, 우선은 법원에 의해 Writ of attachment 가 채권자에게 발행된다. 그러면 채권자는 집행관에게 이를 제출하면, 집행관은 채무자에게 속하는 재산을 압류한 후에 해당 자산을 처분하여 매각대금을 채권자에게 전달한다.

Attachment (Pre-judgment remedy)

법원의 판결 이전에 채무자가 재산을 미리 처분하지 못하도록 보전하는 절차로서 법원의 명령에 의하여 미리 채무자의 재산에 대한 압류(Seizure)가 가능하다.

Garnishment (채권압류)

① It allows the creditor to seize money owed to the debtor by 3rd parties
채무자의 재산 중에 제3자에 대한 청구권이 있을 경우 채권자는 해당 채권을 압류하는 것이 가능하다.

② Legal limitation ⇨ Certain debtor's properties (social security benefits, no more than 25% of wages) are not subject to garnishment
채권압류와 관련하여 채무자의 기본적인 생활을 보호하기 위하여 일정한 법적 제한이 존재하는데, 사회보장급여나 일정 수준의 임금은 압류할 수 없다.

3. Rights on fraudulent conveyance (사해행위에 대한 취소권)

1) 의의

When the debtor transfers property with the intent to hinder, delay, or defraud creditors, the fraudulent conveyance is voidable and the creditor will **set aside** in a proper processing
채무자가 채권자를 손해를 가할 의도를 가지고 자신의 재산을 이전하는 행위를 사해행위라고 하며, 채권자는 이러한 사해행위를 취소하여 원상으로 회복할 수 있는 권리를 가진다.

2) 사해행위의 대표적 유형

① The debtor **retains possession** or control of the property after the conveyance
채무자가 양도 이후에도 해당 재산을 여전히 점유하거나 통제하고 있는 경우

② The debtor **retains equitable benefits** in the property after the conveyance
채무자가 양도 이후에도 해당 재산으로부터 수익을 받는 경우

③ The debtor **is insolvent** at the conveyance or **becomes insolvent** shortly after the conveyance, and the value received by the debtor was not reasonable
채무자가 적절한 대가를 받지도 않고 지급불능상태에서 양도하였거나 해당 양도로 지급불능상태가 된 경우

④ The debtor **secretly transfers** or hides the property, etc.
채무자가 자신의 재산을 몰래 타인에게 이전하는 경우 등

4. Legal remedies for debtors

1) 의의

When the debtor does not have sufficient property to pay, the debtor can enter into a creditors' composition or make an assignment for the benefit of creditors, besides the voluntary bankruptcy

채무자는 지급불능상태의 어려움이 발생할 경우에, 파산절차를 통해 채무를 면제받는 방법 이외에도, **Creditors' composition** (채권자의 화의제도) 또는 **Assignment for the benefit of creditors** (채무자의 재산을 제3자에게 이전)하는 방법을 통해서도 지급불능상태를 해결할 수도 있다.

2) Creditors' composition

① 의의

It is an agreement between at least two creditors and the debtor that the debtor pays creditors less than entire amount in full satisfaction
2명 이상의 채권자들이 채무자와 **상호 협의**하여 채무자의 채무를 줄여주거나 기한을 연장해주기로 합의하는 것을 화의(Composition agreement)라고 한다.

② 요건

모든 채권자들이 화의에 동의할 필요는 없으며, 화의에 동의하지 않는 채권자는 별도로 채권회수절차를 진행하거나 파산신청을 할 수도 있다.

③ 효과

채무자는 화의조건에 따라 변제를 이행하면 화의 이전에 존재하던 채무에 대하여는 책임이 면제된다. 하지만 화의조건을 이행하지 못하면 화의의 효력은 상실되고 이전의 채무가 그대로 남게 된다.

3) Assignment for the benefit of creditors

① 의의

The debtor voluntarily transfers his property to a trustee, who takes legal title, disposes of the property, and uses the proceeds for benefit of creditors
채무자가 자신의 재산을 처분하여 채권자들에게 변제하기 위한 목적으로 제3자에게 자발적으로 자신의 재산을 이전하는 것을 말한다.

② 요건

일반적으로 Assignment 는 **채권자의 동의 없이도** 채무자가 단독으로 할 수 있다. 해당 Assignment 에 동의하지 않는 채권자는 별도로 채권회수절차를 진행하거나 파산절차를 신청할 수 있으며, 파산절차가 신청되면 Assignment 절차는 중단된다.

③ 효과

채무자의 Assignment 만으로 **채무가 면제되는 효과가 발생하지는 않는다**. Assignment 을 통해서 Trustee 는 법적 소유권을 가지게 되며, 해당 재산 이전은 철회될 수 없다.
강제적인 파산절차를 이용하는 대신에 자율적인 채무정리를 하는 것으로 이해하면 된다.

채무자 보호와 관련된 법률 규정의 검토

① Fair Debt Collection Practices Act (FDCPA)

a. 의의

This act is enacted to prevent abusive, deceptive, and unfair debt collection practices
채권자가 채무자로부터 부적절한 방법으로 채권을 추심하는 것을 금지하기 위한 법률로서, 연방거래위원회(Federal Trade Commission)가 법률적용을 담당하고 있다.

b. 금지되는 채권추심행위

채권의 추심을 대행하는 자(Collection agency)는 부적절한 시간에 변제를 독촉하거나, 고용인의 허락이 없이 채무자의 직장에서 변제를 독촉할 수 없고, 채무자가 변호사를 선임한 경우에 변호사가 아닌 채무자에게 독촉하는 등의 행위가 금지되어 있다.

c. 위반의 효과

채무자는 채권자나 채권자의 대리인이 해당 법률을 위반한 경우에 민사상 손해배상 청구 (Damages by civil lawsuits, not criminal prosecution) 등을 통해 구제를 받을 수 있다. 하지만, 법률 위반을 이유로 **해당 채무에 대한 감면을 주장할 수는 없다**.

② **Homestead exemption**

a. 의의

채무자가 주거로 사용하는 집에 별도의 담보권(Mortgage)이 설정되지 않은 경우에는, 채무자의 기본적인 생활을 보호하기 위한 목적으로 채권자와 파산관재인이 채무자의 집을 통해서 변제를 받지 못하도록 대다수의 주법이 규정하고 있다.

b. 예외사항

채무자의 집에 대하여 **Mortgage** or **IRS tax lien** 이 존재하는 경우에는 Homestead exemption 이 적용되지 않으므로, 해당 담보권자는 채무자의 집을 매각하여 자신의 채권에 대해 변제를 받을 수 있다.

③ Credit Card Fraud Act

신용카드의 위조, 변조, 부정사용과 관련하여, 이로 인한 카드소지자(Card holder)의 손실이 줄어들 수 있도록 마련된 법률이다.

④ Fair Credit Reporting Act

소비자의 신용에 관한 보고서의 정확성을 보장하기 위하여, 소비자들은 신용조사기관이 작성한 자신의 보고서를 확인하고 그 내용이 부정확하거나 진부한 정보에 근거한 경우에 해당 보고서의 수정을 요구할 수 있도록 마련한 법률이다.

⑤ Fair Credit Billing Act

소비자에 대한 청구서에 오류가 있는 경우에 소비자들이 이 법에 의하여 청구서에 대한 이의를 제기할 수 있고, 청구한 카드회사에 대하여 해당 청구서와 관련된 설명 및 오류의 수정을 요구할 수 있도록 마련된 법률이다.

⑥ Equal Credit Opportunity Act

소비자의 신용거래에 있어서 결혼여부, 성별, 인종, 종교, 연령 등에 근거한 차별을 금지하기 위하여 마련된 법률이다.

⑦ Truth in Lending Act

채무자에게 대출을 하거나 소비자에게 신용판매를 하는 자는 채무자 또는 소비자에게 채무의 조건(이자율, 연체기준 등)을 명확히 알려주도록 마련된 법이다.

Suretyship

1. 의의

1) Suretyship contract (보증계약)

① The 3rd party promises to pay the debt owed by the debtor if the debtor does not pay

제3자가 채무자가 채무를 이행하지 않을 경우에 자신이 지급할 것을 약속하는 것으로써, 보증인과 채권자 사이에 체결되는 별도의 계약이며 일반적인 계약요건을 갖추어야 한다.

② This contract involves three parties ⇨ Creditor, Principal debtor, and Surety or guarantor

보증계약을 통해서 채권자, 주채무자, 및 보증인이 계약의 이해관계자가 된다.

③ **Consideration**

a. If the suretyship contract is **contemporaneous with the primary contract**, there is no need any separate consideration

보증계약이 채권자와 채무자 사이의 계약과 동시에 이루어지는 경우에는, 보증계약과 관련해서는 별도의 대가관계가 요구되지 않는다.

b. If the suretyship contract is entered into **subsequent to the primary contract**,

보증계약이 채권자와 채무자 사이의 계약이 체결된 이후에 별도로 이루어지는 경우,

a) The suretyship contract must be supported by its separate consideration

보증계약은 채권자에 의하여 별도의 대가관계가 주어져야 한다.

b) The consideration need not be received by the surety (usually, extension of credit to the principal debtor is a sufficient consideration to bind the surety)

하지만 대가관계가 반드시 보증인에게 주어져야 하는 것은 아니고 채무자에게 기한연장과 같은 방식으로 이루어져도 충분하다.

④ **Statute of Frauds**

a. The suretyship contract must be in writing and signed by the surety to be enforceable

보증계약은 서면으로 작성되고 보증인의 서명이 있어야만, 채권자는 보증인에게 채무의 이행을 요구할 수 있다.

b. Exception ⇨ Promise for benefit of promisor may be oral (Main purpose rule)

보증계약의 주된 목적이 보증인 (Promisor) 자신의 이익을 위한 것이라면, 사기방지법이 적용되지 않아서 구두로 보증계약을 체결하더라도 유효하다.

2) 보증계약 유형의 구분 ⇨ Suretyship vs. Guaranty

① In strict suretyship (unconditional guaranty) contract, the **surety** is **primarily liable**

일반적인 보증계약은 보증인이 채권자에 대하여 1차적 책임을 부담한다.

a. The creditor can demand payment from the surety when the debt is due
채권자는 변제기가 도래하면 바로 보증인에게 채무의 이행을 요구할 수 있다.

b. The creditor need not attempt to collection from the principal debtor first and not give notice of principal debtor's default to the surety
따라서 채권자는 주채무자에게 먼저 채무이행을 요구할 필요가 없으며, 주채무자의 채무불이행을 보증인에게 통지할 의무도 없다.

② In guaranty (conditional guaranty) contract, the **guarantor** is **secondarily liable**

Guaranty 는 보증인이 채권자에 대하여 2차적 책임을 부담한다.

a. The creditor can demand payment from the guarantor only after he demands payment from the principal debtor
채권자는 주채무자에 대해서 먼저 채무이행을 요구하여 주채무자가 채무를 불이행 한 이후에만 보증인에게 채무이행을 요구할 수 있다.

b. The creditor must take all available actions against the principal debtor and give notice of principal debtor's default to the guarantor
따라서 채권자는 먼저 주채무자를 상대로 이용 가능한 채권의 회수조치를 모두 시도하여야 하고, 주채무자의 채무불이행을 보증인에게 통지할 의무가 있다.

보증계약과 구별되어야 하는 개념

① Third-party beneficiary contract
제3자를 위한 계약은 제3자가 계약의 당사자가 아니라는 점에서 보증인과 채권자 사이에 별도로 체결되는 보증계약과는 다른 개념이다.

② Indemnity contract (Insurance contract)
보험계약 등의 경우, Indemnitor가 책임을 부담하는 이유는 Indemnitee의 위험을 인수하였기 때문이지, Indemnitor가 보증인으로서 Creditor와 별도의 계약을 체결한 것이 아니므로 보증계약과는 다른 개념이다.

③ Warranty
담보책임은 원래의 계약에 따라 상품 등에 하자가 있을 경우에 부담하는 책임이므로, 별도의 계약을 통해 성립되는 보증책임과는 다른 개념이다.

2. Surety's rights

1) 주채무자에 대한 권리

① **Exoneration** (이행요구권)

When the debt is due, the surety may require the principal debtor to compel payment
채무의 변제기가 도래하면 보증인은 주채무자에게 해당 채무의 이행을 요구할 수 있다.

② **Subrogation** (대위권)

When the surety pays the debt, he obtains the same rights that the creditor had against the principal debtor ⇨ The surety steps into creditor's shoes
보증인이 채무를 이행하면 채권자가 주채무자에 대해서 가지고 있던 권리와 동일한 권리를 가지게 되므로, 채권자의 담보권 같은 우선순위를 채무자에게 그대로 행사할 수 있다.

③ **Reimbursement** (구상권)

When the surety pays the debt, he has the right to receive reimbursement (indemnification) from the principal debtor
보증인이 채무를 이행하면 보증인은 채무자에 대하여 구상할 수 있는 권리가 있다.

2) 채권자에 대한 권리

일반적인 보증계약의 경우에는 보증인(Surety)은 채권자에 대하여 채무자에게 먼저 지급요구를 할 것을 청구할 권리가 없으며 (No right to compel collection from the principal debtor), 주채무자가 채무불이행을 할 경우 통지를 요구할 권리가 없다. (No right to notice)
Guarantor 경우에는 채권자에 대해서 해당 권리를 주장할 수 있음은 당연하다.

3. Surety's defenses

1) 보증인이 주장할 수 있는 항변사유

① **Suretyship contract's defenses** (보증계약과 관련된 항변사유)

보증계약도 독립된 계약이므로 보증인은 보증계약과 관련된 항변사유를 채권자에게 주장할 수 있으며, 구체적인 사유는 다음과 같다.

a. General contractual defenses (lack of consideration or legal capacity, fraud or duress, illegality, Statute of Frauds, etc.)
일반적으로 계약과 관련하여 주장할 수 있는 항변사유들은 보증계약에도 적용된다.

b. The creditor fails to notify the surety of any material facts within creditor's knowledge concerning the principal debtor's ability to pay
주채무자의 결제능력에 대해 채권자가 알고 있는 중요한 사실을 통지하지 않은 경우

② **Primary contract's defenses** (주채무자와 채권자 사이의 계약에 존재하는 항변사유)

a. The surety may exercise primary contract's defenses on which would be available to the principal debtor
주채무자의 채권자에 대한 의무가 존재하지 않는다면 보증인도 이행할 필요가 없으므로, 주채무자가 주장할 수 있는 다음과 같은 항변사유는 보증인도 주장할 수 있다.

a) Breach of contract by the creditor

b) The creditor obtains the principal debtor's promise by fraud or duress, etc.

b. 다만, 보증인이 보증계약을 체결하기 전에 해당 항변사유를 알고 있었다면 보증인은 보증채무를 면할 수 없다.

③ **Modification of primary contracts** without surety's consents ⇨ Increase the surety's risk

a. 의의
보증인의 동의가 없이 주채무자와 채권자가 계약조건 등을 변경하여 보증인이 부담하는 위험이 증가된 경우에는 보증인이 주장할 수 있는 항변사유가 된다.

b. 보증채무 유형에 따른 효과의 차이점

a) **Non-compensated** (accommodated or gratuitous) surety
⇨ Completely discharged for any modification
보증의 대가를 받지 않고 보증인이 된 경우에는 채권자와 채무자 사이에 계약변경이 사소한 것이어도 보증인의 책임은 전부 면제된다.

b) **Compensated** (commercial) surety
보증인에 대가가 지급된 보증의 경우에는 계약변경이 보증인의 위험을 중요하게 변경시킨 경우에 한하여 보증인은 책임이 전부 면제되며, 중요하게 변경하지 않은 경우는 증가된 위험에 대해서만 책임이 면제된다.

ⓐ The surety's risk is increased **materially** by modification
⇨ Completely discharged for any modification

ⓑ The surety's risk is increased **immaterially** by modification
⇨ Reduced by amount of loss due to modification

④ **Discharge of the principal debtor's obligation** (주채무자 책임의 소멸)

a. Payment or Tender of payment by the principal debtor

주채무자가 채무의 지급을 하면 보증인의 책임도 종속하여 함께 소멸하게 된다.
또한 주채무자가 이행의 제공을 하였는데 채권자가 이를 거절하고 보증인에게 지급을 요구한다면, 보증인은 자신의 책임이 소멸되었다고 항변할 수 있다.

b. Release of the principal debtor by the creditor, unless the creditor specifically reserves his rights against the surety.

채권자가 주채무자를 면제한 경우에 보증인의 채무도 함께 소멸하는 것이 원칙이다. 하지만 채권자가 보증인에 대한 권리를 특별히 유보한 경우에는 소멸하지 않는데, 어차피 보증인은 주채무자에 대한 구상권이 인정되므로 큰 의미는 없다.

2) 보증인이 주장할 수 없는 항변사유

① **Principal debtor's fraud or duress upon the surety**

a. If the surety has been induced to enter into the suretyship contract through principal debtor's fraud or duress, the surety does not have defenses against innocent creditors
보증인이 채무자에 의한 사기 또는 강박으로 인해 보증계약을 체결하게 되었더라도, 이를 알지 못하는 채권자에게는 항변사유로 주장할 수 없다.

b. If the creditor was aware of the fraud or duress, it is a valid defense for the surety
만일 채권자가 그러한 사유를 알고 있었다면, 보증인은 항변사유로 주장할 수 있다.

② **Incapacity, death, bankruptcy of principal debtor**

주채무자의 무능력, 사망, 파산과 같은 개인적인 항변사유는 보증인이 채권자에 대하여 항변사유로 주장할 수 없다. 왜냐하면 보증채무는 주채무와는 별개의 채무이기 때문이다. 물론 주채무 자체가 소멸하는 사유라면 보증채무의 종속적인 특성상 보증인이 주장할 수 있지만, 주채무자의 개인적인 항변사유인 경우에는 보증인이 주장할 수 없는 것이다.

Set-off (상계)

주채무자가 채권자에 대하여 상계할 수 있는 채권을 가지고 있는 경우에도 이는 주채무자의 개인적인 항변사유이므로, 보증인이 주채무자의 채권을 가지고 채권자에 대하여 상계의 주장을 할 수는 없다. 물론 보증인 자신이 채권자에 대하여 채권을 가지고 있다면, 보증채무와 상계하는 것은 가능하다.

4. 특수한 유형의 보증계약 ⇨ Cosureties (공동보증인)

1) 의의

① Cosureties are two or more sureties for the same debt
공동보증인이란 동일한 채무에 대하여 2명 이상의 보증인이 존재하는 경우를 말한다.

② 성립요건이 아닌 사항
다른 보증인의 존재사실을 몰라도 무관하므로, 공동보증인 모두가 동일한 문서에 서명할 필요가 없으며 보증시점이나 보증금액 등도 동일할 필요가 없다.

2) 공동보증인의 책임

Cosureties are **jointly and severally liable** to the creditor
⇨ The creditor can proceed against any one or more to extent of the entire debt
공동보증인 각자는 채권자에 대하여 채무 전액에 대하여 책임을 진다.

3) 공동보증인의 권리

① Rights of exoneration, subrogation, and reimbursement
공동보증인도 일반보증인이 갖는 권리를 그대로 가진다.

② **Right of contribution** (다른 공동보증인에 대한 구상권)

a. After the one surety has paid more than his share, he is entitled to contribution from his cosureties on their share of the payment
각 보증인은 자신의 부담비율 이상으로 채권자에게 변제한 경우에 다른 공동보증인에게 그들이 부담하는 비율만큼 구상을 받을 수 있다.

b. Each surety is liable for a pro rata share determined by the number of solvent sureties

a) 각 보증인의 부담금액 계산
Contributive share = Default amount × (Individual amount / Total amount)

b) 보증인의 사망 또는 파산 등의 경우
공동보증인 중에서 일부 보증인이 사망 또는 파산으로 해당 보증인의 채무가 면제 되더라도, 다른 공동보증인의 채무가 감액되는 것은 아니다. 따라서 각 보증인의 부담비율은 해당 보증인을 제외하고 다시 계산되어야 한다.

4) 공동보증인의 특별한 항변사유 ⇨ **Release of a surety by creditor**

Release of a surety by the creditor results in the remaining cosureties losing the right of contribution against the released surety ⇨ Thus, the remaining cosureties is discharged to the extent of the released surety's pro rata share

채권자가 공동보증인 중에서 일부 보증인의 책임을 면제하면, 나머지 공동보증인은 면제된 보증인에게 구상할 수 있는 권리가 채권자의 행위로 없어지는 결과가 발생한다. 따라서 나머지 공동보증인은 면제된 공동보증인이 부담해야 했던 금액만큼 채권자에 대하여 책임이 면제되는 효과가 발생하며, 해당 금액에 대하여 채권자에게 대항할 수 있다.

Multiple Choice Questions

Q1 Under Chapter 7 of the Federal Bankruptcy Code, certain property acquired by the debtor after the filing of the petition becomes part of the bankruptcy estate. Which of the following statements is an example of such property?

① Inheritances received by the debtor within 180 days after the filing of the petition
② Child support payments received by the debtor within one year after the filing of the petition
③ Social Security payments received by the debtor within 180 days after the filing of the petition
④ Wages earned by the debtor within one year after the filing of the petition

Q2 Park, CPA, is an unsecured creditor of A Company for $18,000. A Company has a total of 10 creditors, all of whom are unsecured. A Company has not paid any of the creditors for three months. Under Chapter 11 of the Federal Bankruptcy Code, which of the following statements is correct?

① A Company may not be petitioned involuntarily into bankruptcy because there are fewer than 12 unsecured creditors
② A Company may not be petitioned involuntarily into bankruptcy under the provisions of Chapter 11
③ Three unsecured creditors must join in the involuntary petition in bankruptcy
④ Park may file an involuntarily petition in bankruptcy against A Company

Q3 Which of the following types of claims would be paid first in the distribution of a bankruptcy estate under the liquidation provisions of Chapter 7 of the Federal Bankruptcy Code if the petition was filed July 15, 2020?

① A secured debt properly perfected on March 20, 2020

② Inventory purchased and delivered August 1, 2020

③ Employee wages due April 30, 2020

④ Federal tax lien filed June 30, 2020

Q4 Under Chapter 11 of the Federal Bankruptcy Code, after a reorganization plan is confirmed, and a final decree closing the proceedings entered, which of the following events usually occurs?

① A reorganized corporate debtor will be liquidated

② A reorganized corporate debtor will be discharged from all debts except as otherwise provided in the plan and applicable law

③ A trustee will continue to operate the debtor’ s business

④ A reorganized individual debtor will not be allowed to continue in the same business

Question Explanations

Q1: ①

파산재단에 포함되는 채무자의 재산은 원칙적으로 파산신청 시점을 기준으로 결정한다. 다만 파산신청 이후로부터 180일 이내에 증가한 채무자의 재산 중에서 채무자의 노력이 없이 우연적 기회로 얻은 부분은 파산재단에 귀속하게 된다. 대표적인 사례가 상속, 이혼, 보험을 원인으로 하는 채무자의 재산증가이다. 하지만 급여와 같이 채무자의 노력을 통해 증가된 재산은 파산재단에 귀속하지 않는다. 또한 자녀양육 및 사회보장급여와 같이 기초생활에 필요한 부분까지 파산재단에 귀속하지 않는다.

Q2: ④

Chapter 7과 Chapter 11은 기본적인 신청요건이 같다. 자발적 신청과 비자발적 신청이 모두 인정되기 때문에 채무자가 아닌 채권자에 의해서도 파산신청이 가능하다. 채권자에 의한 비자발적 신청의 경우에는 채권금액과 신청인원수에 대한 추가요건이 필요하다. 문제에서 A회사의 채권자 총수가 12미만이기 때문에 채권자 1인의 단독신청이 가능하다. 또한 일반채권 금액이 $16,750 이상이어야 하는데, 문제에서 Park 채권금액이 $18,000이므로 신청요건을 충족한다. 따라서 Park은 단독으로 비자발적 파산신청이 가능하다.

Q3: ①

파산재단의 분배와 관련해서 가장 우선순위가 높은 채권은 담보채권이다. 그리고 일반채권 중에서 파산법상 우선순위가 인정되는 채권이 있는데, 대표적인 사례가 Gap claims, Wage claims, Tax claims 등이다. 문제에서 담보채권자는 ① Perfected SI와 ④ Tax lien인데, 담보권 완성시점이 ①이 앞서기 때문에 가장 먼저 분배를 받는다. 참고로 파산신청 시점을 기준으로 90일 이내에 인정된 담보권은 Preference에 해당하여 담보권이 취소될 가능성이 있는데, Perfected SI의 완성시점이 3/20이므로 90일 이전에 해당하므로 담보권은 취소되지 않는다. ③ 급여채권은 파산신정 시점으로부터 180일 이내에 발생하였기 때문에 파산법상 우선순위가 인정되며, 180일이 경과되었다면 우선순위가 없는 일반채권으로 취급되게 된다. 문제에서 우선순위를 정해보면, ① 〉 ④ 〉 ② 〉 ③ 순서이다.

Q4: ②

Chapter 11의 핵심절차에 해당하는 Reorganization plan이 확정되면, 해당 Plan에 규정된 채무만 이행하면 나머지 채무에 대해서는 책임이 면제되는 효과가 인정된다. ① Chapter 11은 사업 청산이 아니라 채무조정을 통한 사업 계속이 목적이다. ③ ④ Chapter 11 경우에는 채무자가 계속해서 사업을 담당할 수 있기 때문에 Trustee 임명이 필수절차가 아니다.

Chapter 06
Agency

Overview

1. Formation of the agency

대리관계는 대리인이 제3자와 체결한 계약이 본인에게 효력을 미치도록 하는 특별한 법률관계이다. 계약의 당사자가 아니었던 본인에게 계약의 효력이 인정되는 근거는 본인이 대리인에게 대리권을 수여하였기 때문이다. 일반적으로는 본인이 대리인에게 명시적이거나 묵시적으로 대리권을 수여하므로 대리관계가 인정되지만, 예외적으로 계약관계를 보호할 목적 등으로 대리관계가 성립되기도 한다.

제3자가 대리관계가 존재한다고 합리적으로 신뢰할 만한 사유를 본인이 제공한 경우에, 대리권의 수여가 없었더라도 금반언의 원칙에 따라 대리관계가 성립되는데, 이를 표현대리라고 한다. 그 밖에도 대리권이 없는 자에 의해서 이루어진 계약을 일정한 요건 하에 사후적으로 본인이 추인하는 방법도 인정된다.

2. Operation of the agency

대리관계가 형성되면 본인과 대리인은 상대방에 대하여 일정한 권리와 의무를 가지게 된다. 특히 대리인은 신의성실 의무를 부담하는데, 여기에는 선량한 관리자의 주의의무에 더하여 본인의 이익만을 위해서 행동할 의무가 포함된다.

대리를 통해서 발생하는 계약책임은 원칙적으로 본인이 부담하여야 한다. 다만, 본인의 신분을 제3자에게 대리인이 밝히지 않았다면 대리인도 본인과 함께 계약책임을 부담하여야 한다. 계약책임 이외에도 불법행위책임 등을 고려할 수 있는데, 업무상 행위로 인하여 불법행위가 발생했다면 불법행위를 한 대리인 외에도 본인도 제3자에게 책임을 져야 한다.

3. Termination of the agency

대리관계는 본인 및 대리인이 원하면 언제든지 종료할 수 있는 것이 원칙이다. 당사자들의 의사에 의하여 대리관계를 종료할 때는 제3자에게 적절한 통지가 요구된다.

일정한 사유가 발생하면 법률에 의해서도 대리관계가 종료될 수 있는데, 이 경우에는 제3자에 대한 통지가 요구되지 않는다.

Introduction of the Agency

1. 의의

Agency is a legal relationship in which one party (the principal) appoints another party (the agent) to act on his behalf ⇨ By appointment, the agent can bind the principal in contract
대리관계란 본인이 대리인에게 자신을 대신하여 제3자와 법률행위를 할 수 있는 권한을 부여한 법률관계를 말한다. 즉, 대리인이 제3자와 체결한 계약의 효력이 본인에게 미치는 특수한 법률관계를 대리관계라고 한다.

본인이 직접 체결하지 않은 계약의 효력이 자신에게 미치도록 하기 위해서 본인은 대리인에게 특별한 권한(Authority)을 수여(Appointment)하여야 한다.

Employment (고용관계)

① An employee is a type of agent in which employee's physical conduct is subject to control by an employer
사용인(종업원)은 사용자(고용주)의 통제하에서 업무를 수행하기 때문에 사용인의 업무상 행위는 사용자에게 효력이 있으며, 따라서 사용인은 대리인에 해당한다.

② An employer is generally liable for employee's torts if committed within course and scope of employment relationship ⇨ **Doctrine of respondeat superior**
사용자는 계약책임 이외에도 사용인의 업무상 행위로 발생한 불법행위에 대해서도 책임을 지게 된다. ⇨ 사용자책임의 원칙

Power of attorney (위임장)

① It is a written instrument authorizing a person to act as another's agent
위임장이란 타인에게 대리권을 수여하였음을 증명하는 문서를 말한다.

② It must be signed by the principal only
위임장에는 본인이 서명이 반드시 필요하지만 대리인의 서명은 필요하지 않다.

③ It may grant general or restricted authority
위임장에 의해 수여되는 대리권은 포괄적 권한 또는 제한적 권한일 수 있다.
따라서 대리인의 권한을 제한하고 싶은 경우에 위임장은 유용한 수단이 된다.

2. Principal (본인)

1) Principal 요건

Principal must be able to give legal consent and must have **legal capacity**
본인은 대리인을 선임할 수 있는 행위능력이 있어야 하고, 계약의 유효한 당사자가 될 수 있는 법적 행위능력을 가지고 있어야 한다.

① Minors can appoint an agent but may disaffirm the agency
미성년자도 대리인을 선임할 수는 있지만 대리관계를 취소할 수 있다.

② Unincorporated entities cannot appoint an agent
법인격을 취득하지 못하였다면 법적 행위능력이 없으므로, 대리인을 선임할 수 없다.

2) Principal 유형 ⇨ 계약체결시점에 제3자가 본인을 인식한 정도에 따라 유형이 결정

① **Disclosed principal** ⇨ A as an agent of B

a. The 3rd party knows the agent is acting for a principal and who the principal is
제3자가 자신이 대리인과 법률행위를 하고 있으며 본인이 누구인지 알고 있는 경우에, 본인을 Disclosed principal 이라고 한다.

b. The principal becomes a party to a contract made by the agent, and the agent is not liable to the 3rd party under the contract
본인이 계약의 당사자가 되어 제3자에 대한 책임을 부담하며, 대리인은 계약과 관련하여 제3자에게 책임을 지지 않는다.

② **Partially disclosed principal** ⇨ A as an agent

a. The 3rd party knows the agent is acting for a principal but does not know who the principal is
제3자가 자신이 대리인과 법률행위를 하고 있다는 것은 알고 있지만 본인이 누구인지 모르는 경우에, 본인을 Partially disclosed principal 이라고 한다.

b. Both the agent and principal are liable under the contract
계약과 관련하여 본인과 대리인이 모두 제3자에게 책임을 부담한다.

③ **Undisclosed principal** ⇨ A

a. The 3rd party has no notice that the agent is acting for a principal
제3자가 대리인과 법률행위를 하고 있다는 것을 알지 못한 경우에 (대리인을 계약의 당사자인 본인으로 안 경우에), 본인을 Undisclosed principal 이라고 한다.

b. Both the agent and principal are liable under the contract if the agent so intended to act for the principal
계약과 관련하여 본인과 대리인이 모두 제3자에게 책임을 부담한다. 다만, 대리인이 본인이 지시한 사항을 이행한 경우에 한하여 본인도 책임을 부담하는 것이다.

3. Agent (대리인)

1) Agent 요건

① An agent merely has sufficient mental and physical ability to carry out instructions of the principal ⇨ A mental incompetent or infant may not be an agent
대리인은 단지 본인의 지시사항을 수행할 수 있을 정도의 정신적, 육체적 능력을 갖추고 있으면 대리인이 될 수 있다.

② An agent need **not** have **legal capacity** ⇨ Minors may be an agent
대리인이 되기 위해서 반드시 법적 행위능력을 갖출 필요는 없으므로, 미성년자도 대리인이 될 수 있다.

2) Agent 유형

① General agent

A general agent is an agent given broad authority
대리인이 본인으로부터 포괄적 권한을 수여 받은 경우에 포괄적 대리인이라고 한다.

a. Implied authority (포괄적 권한에 포함되는 사항) ⇨ Routine tasks
Purchase inventory, Pay debts, Hire or fire employees, etc.

b. Non-implied authority (포괄적 권한에 포함되지 않는 사항) ⇨ Non-routine tasks
Sell or mortgage business property, Borrow money for business, etc.

② Special agent

a. A special agent is an agent engaged to perform specific activities
대리인이 본인으로부터 특정사항의 권한을 수여 받은 경우에 제한적 대리인이라고 한다.

b. Examples of special agent ⇨ Real estate broker, attorney, etc.
부동산중개인, 변호사 등이 전형적인 Special agent에 해당한다.

Subagent (복대리인)

① An agent has no authority to hire a subagent unless the principal so authorizes.

② The subagent owes the duty of care to both, the agent and the principal.

원칙적으로 대리인은 복대리인을 선임할 수 없지만, **본인이 승인한 경우**에는 예외적으로 복대리인 선임이 가능하다. 승인되지 않은 복대리인의 행위는 본인에게 효력이 없으므로, 대리인이 책임을 부담하고 본인은 책임을 부담하지 않는다. 복대리인은 **대리인뿐만 아니라 본인에 대해서도** 의무를 부담한다.

Formation (Creation) of the Agency

1. 의의

1) The agency can arise when a principal **appoints** an agent to act on his behalf
대리관계는 본인이 대리인에게 대리권을 수여하므로 발생하게 된다.

2) However, the principal may be liable even though the appointment does not exist
⇨ The agency may arise through **estoppel** or **ratification**
하지만 본인이 대리인에게 대리권을 수여하지 않았더라도, 금반언의 원칙 또는 본인의 추인을 통하여 대리관계가 발생하기도 한다.

2. Appointment (대리권의 수여) ⇨ Actual authority (유권대리의 문제)

1) 의의

① The requirement is a meeting of mind ⇨ No contract requirement

a. The parties agree to act as principal and agent
본인과 대리인 사이의 합의에 의하여 대리권이 수여되는 것이다.

b. Consideration is not necessary
계약요건을 갖추어야 대리권이 수여되는 것이 아니므로, 대가관계가 요구되지 않는다.

② Appointment can be written or oral

a. Generally an agency agreement need not be in writing even if the agreement must be written under the Statute of Fraud
대리권의 수여는 계약의 성립이 아니므로, 사기방지법에 따라 서면화가 요구되는 합의라도, 반드시 문서로 대리권을 수여해야 하는 것은 아니다.

b. However if an agency agreement cannot be completed within one year, the agreement must be in writing
다만, 대리관계가 1년 이상 지속되어야 한다면 대리권 수여는 문서로 이루어져야 한다.

c. If an agent is to sell or buy real estate, many states require a written agency agreement
그리고 부동산 매매와 관련하여 대리권이 수여되는 경우에는 많은 주들이 서면으로 할 것을 요구한다.

2) 대리권의 수여방식

① Express appointment (명시적 대리권 수여)

Actual authority is found in the spoken or written words that the principal communicates to the agent
본인이 구두나 문서를 통해 대리인에게 대리권의 수여를 표시한 경우에, 이를 명시적 대리권 수여라고 한다.

② Implied appointment (묵시적 대리권 수여)

Actual authority is not found in the spoken or written words but inferred from words or conduct that the principal manifests to the agent
본인이 명시적으로 대리권을 수여하지는 않았지만 본인이 대리인에게 한 말이나 행동을 통해서 대리권 수여가 묵시적으로 인정되는 경우에, 이를 묵시적 대리권 수여라고 한다.

3. Estoppel (금반언의 원칙) ⇨ Apparent authority (표현대리의 문제)

1) 의의

Even though an agent might not have actual authority, apparent authority is based on the 3rd party's reasonable belief that the agent has the actual authority
대리인에게 실제 대리권이 없었더라도, 대리인에게 대리권이 있었다고 제3자가 합리적으로 믿을 수 있었던 사정이 존재할 경우에는 표현대리를 인정하여 본인이 책임을 지도록 하는 것이다. 이는 금반언의 원칙을 적용하여 대리권의 수여가 없다는 이유로 본인이 책임을 부인하지 못하도록 하는 것이다.

2) 인정요건

① The principal's conduct or representation has caused the 3rd party to reasonably believe that the agent had authority
본인의 행동이나 표현을 통해서 제3자가 대리인에게 대리권이 있다고 합리적으로 신뢰할 만한 사유가 있어야 한다. 예를 들면, 묵인이나 통지를 제대로 하지 않은 경우이다.

② The 3rd party must rely to his detriment on the apparent authority
제3자가 표현대리를 신뢰하고 대리인과 계약을 하였기 때문에, 본인이 대리관계를 부인하면 제3자에게 손해가 발생하여야 한다.

⇨ 만일, 제3자가 대리인에게 Actual authority가 없었음을 알았거나 (악의), 본인이 Undisclosed principal 이었다면, 금반언의 원칙이 적용되지 않는다.

Secret limitation

Secret limitations have **no effect on 3rd parties**, while the limitation is effective to limit the agent's actual authority

본인과 대리인 사이에 대리권 행사와 관련하여 존재하는 제한을 제3자가 알 수 없었던 경우라면, 대리인이 그러한 제한을 위반하여 제3자와 계약을 체결하였더라도 본인은 제한과 관계없이 제3자에게 계약 전체에 대한 책임을 져야 한다.

4. Ratification (추인) ⇨ 무권대리의 문제

1) 의의

① Contracts performed by one who is not an agent may be ratified by the principal
대리권 없는 자가 체결한 계약을 본인이 추인하면 대리관계가 사후적으로 생기게 된다.

② The principal may ratify expressly, or impliedly by accepting the benefits of the contract
본인은 명시적으로 추인하거나 계약의 효과를 받아들여 묵시적으로 추인할 수도 있다.

③ The ratification is effective retroactively back to time of the agent's act
추인의 효과는 대리인이 행위를 한 시점으로 소급하여 발생한다.

2) 요건

① The principal must have been in existence and competent when the act was done
대리인의 행위시점에 본인이 존재하고 법적 행위능력을 가지고 있어야 한다.

② The ratification must be prior to the 3rd party's repudiation (withdraw)
추인은 제3자가 계약을 철회하기 이전에 이루어져야 된다.

③ The principal must ratify the entire contract ⇨ No partial ratification
추인은 계약 전체에 대하여 이루어져야 하며, 계약 일부에 대해서만 추인할 수 없다.

④ The principal must be aware of all material facts of the contract
본인은 추인하기 위해서 계약의 모든 중요한 사실에 대하여 알 수 있어야 한다.

⑤ An undisclosed principal cannot ratify ⇨ Only a disclosed principal can ratify
제3자가 본인을 알 수 있었던 경우에 한하여 추인이 인정된다. 따라서 Undisclosed principal 은 추인할 수 없다.

Operation of the Agency

1. Rights and duties between the principal and the agent

1) Principal's duties to the agent (본인의 대리인에 대한 의무)

① Compensation

The principal has an implied duty to give the agent reasonable compensation
본인은 별도의 협의가 없더라도 대리인에게 합리적인 보수를 지급하여야 한다.

② Reimbursement

The principal has an implied duty to reimburse the agent for all expenses incurred in carrying out the agency
본인은 대리인에게 대리와 관련하여 발생한 모든 비용을 당연히 상환하여야 한다.

③ Duty to inform the agent of risks

본인은 대리와 관련된 위험을 대리인에게 고지할 의무를 가진다.

2) Agent's duties to the principal (대리인의 본인에 대한 의무)

① **Fiduciary duty** (신의성실의무)

a. Duty of due care

The agent exercises the degree of care and skill expected of a reasonable person under similar circumstances
대리인은 선량한 관리자의 주의의무를 가지고 대리업무를 수행하여야 한다.

b. Duty of loyalty

a) The agent must act in the best interest of the principal ⇨ No self-dealing
대리인은 본인의 이익을 위해서 행동해야 하므로, 이익의 충돌이 발생할 수 있는 자기거래 등은 원칙적으로 금지된다.

b) The agent may not have any secret profit and not commingle funds
대리를 통해서 개인적인 이익을 취해서는 안 되며, 자금의 혼용은 피하여야 한다.

c) Any information acquired through the agency is confidential
대리관계를 통해서 알게 된 정보에 대하여 대리인은 비밀준수의무를 부담한다.

c. If the agent breaches the duties, the principal can recover damages from the agent
⇨ Contract or tort damages, recovery of secret profits, withhold compensation, etc.

② Duty of obedience

The agent must obey all reasonable direction of the principal
대리인은 본인의 합리적인 지시에 따라야 할 의무를 부담한다.

2. Liabilities to the 3rd party (제3자에 대한 책임)

1) Principal's liabilities (본인의 책임)

① Contractual liability (계약책임)

a. The principal is liable for the contract if the agent had actual or apparent authority or the principal ratified unauthorized contracts
본인은 대리권의 수여, 금반언의 원칙, 본인의 추인을 통해서 대리관계가 인정되는 경우에 원칙적으로 대리인과 제3자간에 체결된 계약과 관련된 책임을 부담하게 된다.

b. The undisclosed principal is not liable for contracts of the agent beyond the scope of actual authority
다만 Undisclosed principal 경우에 대리인이 대리권의 범위를 넘어서 체결한 계약에 대해서는 본인이 책임을 지지 않게 된다. 이 경우에는 표현대리가 인정되지 않는다.

c. Defenses to contractual liability
본인이 제3자에 대하여 항변사유를 갖는다면 본인은 계약책임을 지지 않는다.

a) 인정되는 항변사유
ⓐ Principal's personal defenses (본인의 항변사유) ⇨ Lack of legal capacity, etc.
ⓑ Defenses on the contract (계약상의 항변사유) ⇨ 3rd party's non-performance, etc.

b) 인정되지 않는 항변사유
Agent's personal defenses (대리인의 항변사유) ⇨ Lack of legal capacity, etc.

② Tort liability (불법행위책임)

The principal is liable for the agent's tort **committed within the scope of business** (employment) even if the principal was not at fault and even if the agent violated the principal's instruction
본인에게 잘못이 없거나 대리인이 본인의 구체적인 지시를 위반한 경우이더라도, 해당 불법행위가 업무상 이루어진 경우에는 본인은 제3자에게 불법행위책임을 부담한다.

③ Criminal liability (형사책임)

The principal is generally not liable for a crime committed by the agent unless the principal permitted or aided the crime

본인이 범죄행위를 지시했거나 지원하지 않은 이상 일반적으로 형사책임을 지지 않는다.

 **Independent contractor ⇨ Attorney, CPA, etc.**

① Independent contractors are distinguished from employees

일반적인 고용계약과는 다르게 본인의 일반적인 감독이나 통제를 받지 않는다.

a. They are not subject to control of the principal as to methods of work

b. They are not subject to regular supervision as employees

② Generally the principal is **not liable for torts** of independent contractors

따라서 본인은 Independent contractor 의 불법행위에 대해서는 책임을 지지 않는다.

2) Agent's liabilities (대리인의 책임)

① Contractual liability (계약책임)

a. Disclosed principal ⇨ The agent is not liable

If the agent discloses the existence and identity of the principal, the 3rd party cannot hold the agent liable on the contract

대리인이 제3자에게 본인의 존재와 신분을 밝혔다면, 제3자는 대리인에게 계약 책임을 물을 수 없다.

b. Partially disclosed or undisclosed principal ⇨ The agent is liable

a) If the principal's identity is not disclosed to the 3rd party, the agent is liable

제3자에게 본인의 신분을 밝히지 않은 경우에는 대리인도 계약책임을 부담한다.

b) If the 3rd party learns the principal's identity, he may elect to hold either the agent or principal liable

만일, 제3자가 본인의 신분을 알게 되었다면, 제3자는 본인 또는 대리인 중에서 선택하여 계약책임을 지게 할 수 있다.

② Tort liability (불법행위책임)

a. The agent is always liable for his own tort even if he followed the principal's direction

대리인은 본인의 지시를 따른 것이더라도 자신의 불법행위에 대해서 항상 책임진다.

b. The agent has rights of reimbursement from the principal if the tort resulted from the principal direction
본인의 지시로 인해 불법행위책임을 부담한다면 본인에게 보상을 청구할 수 있다.

③ Criminal liability (형사책임)

The agent is personally liable for his own criminal conduct
대리인은 자신의 범죄행위에 대하여 당연히 형사책임을 부담한다.

Termination of the Agency

1. Termination by Acts of the parties ⇨ Voluntary termination

1) Either party generally has the **power** to terminate the agency **at any time** and the parties don't necessarily have the right to terminate ⇨ Generally terminable at will
대리관계의 양당사자는 언제든지 대리관계를 종료시킬 수 있는 권한을 가지고 있으며, 대리관계를 종료시키기 위해서 반드시 권리가 필요한 것은 아니다.

2) If the termination by the act violates the parties' agreement, damages can be available
만일 대리관계 종료가 기간 등에 관한 당사자의 협의를 위반하는 것이라면, 상대방은 손해배상을 청구할 있다. 당사자의 협의를 위반한 것이라도 대리관계는 유효하게 종료된다.

3) **Notice** is required to terminate apparent authority
당사자에 의해서 대리관계가 종료된 경우에 대리인이 가지고 있던 Actual authority 는 소멸하지만, 이러한 대리관계의 종료를 모르는 제3자에게는 Apparent authority 가 남게 된다.
따라서 Apparent authority 를 소멸시켜 표현대리가 성립하는 것을 방지하기 위해서는 대리관계의 종료를 제3자에게 적절히 통지하여야 한다.

① **Actual notice** must be given to 3rd parties who actually dealt with the agent
기존 거래처에게는 서면 또는 구두로 대리관계 종료를 통지하여야 한다.

② **Constructive notice** must be given to 3rd parties who have not previously dealt with the agent but have been aware of the agency relationship
기존 거래처는 아니지만 대리관계를 알고 있던 제3자에게는 신문, 잡지 등의 공고방식을 통하여 대리관계 종료를 통지하여야 한다.

Exception ⇨ Agency coupled with an interest (이해관계가 결부된 특수한 대리관계)

① It arises where the agent has a specific interest in subject matter of the agency, such as where the agency power is given as security
대리관계의 목적물과 관련하여 대리인이 담보권 등과 같은 특정한 이해관계를 가지고 있는 경우에 인정되는 특수한 대리관계이다.

② This agency is terminated by the **agent only** (the principal cannot terminate)
이러한 대리관계는 대리인에 의해서만 종료될 수 있으며, 본인에게는 권한이 없다.

2. Termination by Operation of law ⇨ Involuntary termination

1) 의의

대리관계와 관련하여 책임주체가 무능력, 파산, 사망 등으로 책임을 질 수 없는 상태가 되거나 대리관계의 이행이 불가능 또는 불법이 되는 사유 등이 발생하면, 대리관계는 자동적으로 법률의 규정에 의해서 종료되게 된다.

① Incapacity of the principal

② Discharge in bankruptcy of the principal

③ Death of either the principal or agent

④ Failure to acquire a necessary license

⑤ Destruction of the subject matter

⑥ The agreement becomes impossible or illegal

2) Notice is not required to terminate apparent authority

대리관계가 법률의 규정에 의해서 종료되는 경우에는 제3자에 대하여 통지하지 않더라도, Actual authority 뿐만 아니라 Apparent authority 도 자동적으로 소멸한다.

Multiple Choice Questions

Q1 An agent will usually be liable under a contract made with a third party when the agent is acting on behalf of a :

	Disclosed principal	Undisclosed principal
①	Yes	Yes
②	Yes	No
③	No	Yes
④	No	No

Q2 Which of the following rights will a third party be entitled to after validly contracting with an agent representing an undisclosed principal?

① Disclosure of the principal by the agent

② Ratification of the contract by the principal

③ Performance of the contract by the agent

④ Election to void the contract after disclosure of the principal

Question Explanations

Q1: ③

제3자에게 Principal이 밝혀지는 원칙적인 대리관계에서는 Agent가 계약상의 책임을 부담하지 않지만, 예외적으로 제3자에게 Principal을 밝히지 않는 경우에는 Agent가 계약상의 책임을 부담하게 된다. 사후적으로 제3자에게 Principal이 밝혀지는 경우에는 Agent와 Principal이 함께 책임을 부담하게 된다.

Q2: ③

Undisclosed principal 경우에는 Agent가 계약상의 책임을 부담하기 때문에, 제3자는 Agent에게 계약이행을 요구할 수 있는 권리가 인정된다. ① Agent가 책임을 부담하기 때문에 Agent가 자발적으로 Principal을 밝히기 전까지는 제3자가 Principal이 누구인지 밝힐 것을 요구할 권리가 없다. ② Ratification은 계약의 유효성이 인정되지 않는 무권대리 경우에만 발생하므로 Valid contract을 전제한 문제에서는 적용될 수 없으며, 제3자에게 인정되는 권리가 아니라 Principal이 선택할 수 있는 권리이다. ④ Principal이 사후적으로 제3자에게 밝혀지게 되면 Agent 뿐만 아니라 Principal도 함께 책임을 부담한다. 따라서 제3자에게 불리하지 않고 오히려 유리한 상황이 되기 때문에 계약을 무효화를 인정할 필요가 없다. 제3자가 계약의 무효를 주장할 수 있는 경우는 무권대리 경우에 인정되는 문제이므로, Valid contract을 전제한 문제에서는 해당사항이 없다.

Chapter 07

Business Structures

Overview

1. Types of business structures

회사의 형태는 개인사업자, 파트너십, 주식회사로 크게 세 가지 유형이 존재한다. 하지만 개인사업자의 경우에는 회사에 별도의 법인격이 인정되지 않으므로, 일반 계약법으로 회사와 관련하여 발생하는 법률관계가 해결이 가능하다. 따라서 파트너십과 주식회사의 두 가지 형태가 회사법에서 주로 논의가 이루어진다.

파트너십은 회사의 소유주와 경영자가 동일하므로 사원은 회사의 채무에 대하여 무한책임을 부담하고, 사원들의 인적 결합이 중시되므로 사원 개인에게 사업을 계속할 수 없는 사유가 발생할 경우에 회사도 영속하지 못하고 해산하게 된다.

주식회사는 회사의 소유주와 경영자가 분리되므로 사원(주주)는 회사의 채무에 대하여 유한책임을 부담하고, 개인이 아닌 자본이 중시되는 물적회사이므로 주주와는 무관하게 회사는 영속할 수 있게 된다.

2. Formation, operation, and termination

파트너십은 사원이 무한책임을 부담하므로 회사의 성립, 운영, 및 소멸에 있어서 법적인 규제가 완화되어 있다. 하지만 인적회사이므로 중요한 의사결정은 사원 전원의 동의를 필요로 한다.

주식회사는 주주가 유한책임을 부담하므로 회사의 성립, 운영 및 소멸에 있어서 법적인 규제가 강하다. 특히 채권자 보호가 중시되어 주주가 예외적으로 무한책임을 부담하는 사유도 존재한다. 회사의 운영은 경영자가 별도로 담당하지만 중요한 사항은 주주총회의 승인이 요구된다.

3. Rights, duties, and liability

파트너십에서는 사원이 대리인의 역할을 담당하므로 회사에 대하여 신의성실의무를 부담하며, 경영 전반에 대해 참여할 수 있는 권리를 가진다.

주식회사에서 주주는 경영에 참여하지는 않지만 경영자를 견제할 수 있는 다양한 권리가 인정된다. 반면에 경영자에게는 신의성실의무가 부과되므로 의무위반으로 회사에 손해를 발생시킬 경우에는 주주대표소송 등을 통해서 회사에게 손해배상책임을 부담할 수 있다.

Introduction of Business Structures

1. 의의

1) Sole proprietorship

① It is a most flexible business structure
개인이 자신이 직접 경영을 하는 사업형태를 원할 때 가장 적합한 방식이다. 또한 사업과 관련된 형식요건(Formality)이 요구되지 않아 가장 유연하고 자유로운 사업형태이다.

② An owner has unlimited liability
별도의 법인격이 부여되는 것이 아니므로, 소유주의 개인소득세와 사업소득세가 합산이 되고 사업과 관련하여 소유주가 무한책임을 부담한다.

2) Partnership

① It is formed easily and cheaply, whereas a corporation must be formed in accordance with specific statutory procedures and must be capitalization
공동사업 형태를 원할 경우에 주식회사 보다는 설립이 쉽고 비용도 적게 드는 사업형태이다. 반면에 주식회사는 일련의 법적절차와 자본출자가 완료되어야 설립이 가능하다.

② Partners participate in management and have unlimited liability
공동사업 형태이기는 하지만 소유주인 파트너가 직접 경영에 참여하는 것이 특징이며, 따라서 파트너는 사업과 관련하여 무한책임을 부담한다.

3) Corporation

① It utilizes a centralized management and allows continuity of business operations
전문 경영인을 통해 소유와 경영의 분리가 가능하므로, 다른 사업형태와는 달리 사업의 영속성이 가능하다.

② Shareholders have limited liability
소유와 경영이 분리되어 있으므로 주주는 출자액을 한도로 하는 유한책임을 부담한다.

③ Shareholders generally may transfer ownership, whereas partners cannot transfer ownership without consent of all other partners
주주는 지분에는 경영권이 포함되어 있지 않으므로 원칙적으로 지분의 양도가 자유롭다. 반면에 파트너는 다른 파트너의 전원 동의가 없으면 자신의 지분을 양도할 수 없다.

2. Summary of business structures

<table>
<tr><th></th><th>SP</th><th>General partnership</th><th>Joint venture</th><th>LLP</th><th>Limited partnership</th><th>LLC</th><th>Corporation</th></tr>
<tr><td>Ownership</td><td>One individual</td><td colspan="3">2 or more General partners</td><td>GP(s)+LP(s)</td><td>Member(s)</td><td>Shareholder(s)</td></tr>
<tr><td>Management</td><td>Owner</td><td colspan="3">2 or more General partners</td><td>GP(s)</td><td>Member(s)</td><td>BOD+Officer</td></tr>
<tr><td>Duration</td><td colspan="6">Limited</td><td>Perpetual</td></tr>
<tr><td>Requirement for Formation</td><td colspan="3">No</td><td colspan="4">Compliance with State Statute + Filing</td></tr>
<tr><td>Owner's Liability</td><td colspan="3">Unlimited</td><td colspan="4">Limited</td></tr>
<tr><td>Transferability</td><td>Free</td><td colspan="5">Restricted</td><td>Free</td></tr>
<tr><td>Taxation</td><td colspan="6">Not a taxable entity</td><td>Taxable
(Except: S corp.)</td></tr>
<tr><td>Legal entity</td><td>No</td><td>RUPA: Yes
(UPA: No)</td><td colspan="5">Yes</td></tr>
</table>

General Partnership

1. 의의

1) 정의

A partnership is an association of **two or more persons** (entities) who agree to **carry on as co-owners** of a business **for profit**

파트너쉽이란 둘 이상이 영리를 목적으로 공동 경영하는 사업형태를 의미한다.

2) Legal entity (법인격) 인정여부

① Uniform Partnership Act (UPA)

A partnership is not a legal entity ⇨ **Aggregate theory**

파트너쉽은 둘 이상이 공동경영을 하는 것 이외에는 Sole proprietorship 과 유사하기 때문에, 처음에는 별도로 법인격을 인정하지 않았다.

② Revised Uniform Partnership Act (RUPA)

A partnership is a separate legal entity ⇨ **Entity theory**

a. Property may be held in a partnership name
b. A partnership may sue and be sued in its own name
c. A partnership is considered to a separate entity for employment purposes (the partnership must pay FICA, FUTA, etc.)

하지만 법률관계의 간명화를 위해서 파트너쉽에 대해서도 별도의 법인격을 인정할 필요가 생겼다. 따라서 파트너쉽은 자신의 이름으로 자산의 단독 소유권을 가질 수 있게 되었고, 소송도 파트너쉽의 이름으로 진행할 수 있게 되었으며, 고용관계에 있어서도 별도로 FICA, FUTA 등의 납부의무를 진다.

A partnership is not treated as an entity for all purposes under RUPA

① Federal taxation ⇨ A partnership is not a taxable entity

파트너쉽에서 발생한 소득은 별도의 세금보고가 이루어지는 것이 아니라, 파트너들에게 배분한 후에 개인소득세에 합산하여 보고하게 된다.

② Partners are personally liable for the partnership's debts

파트너들은 파트너쉽의 채무에 대하여 개인적으로 책임을 부담한다. 따라서 파트너쉽의 채권자들은 파트너쉽과 함께 파트너들을 상대로 동시에 소송을 할 수 있다.

2. Formation

1) A partnership is formed by agreement

① An **intent** to form a partnership is the key to formation

파트너십 성립에 가장 중요한 요소는 공동사업을 하고자 하는 당사자들의 의사합치이다.

a. No express agreement is necessary ⇨ The intent can be implied from conduct

당사자들의 합의가 반드시 명시적이어야 하는 것은 아니고 묵시적으로도 가능하다.

b. Sharing of profits is the most important factor when the intent is unclear

당사자들의 합의 여부가 불분명할 때에는 공동사업을 통한 이익분배 여부가 기준이 된다.

c. The agreement need not be in writing

⇨ However if the partnership remains for longer than one year, a writing is required

당사자들의 합의는 반드시 문서로 이루어질 필요는 없지만, 파트너십을 일년 이상 유지하고자 할 경우에는 문서로 합의할 것이 요구된다.

② **Legal capacity** to be a partner

An individual, partnership, corporation can be a partner

법적 행위능력이 인정되는 법인격이라면 합의의 당사자인 파트너가 될 수 있다.

③ **Filing** of articles (정관의 등록)

a. 원칙 ⇨ It is not legally necessary

b. 예외 ⇨ Fictitious name statutes

a) A partnership doing business under a **fictitious name** is required to register

파트너의 실명으로 공동사업을 운영하는 것이 아니라면 등록이 요구된다.

b) Failure to file will not invalidate the formation of partnership, but may result in a fine

등록을 하지 않았더라도 파트너십은 유효하게 성립하지만, 과태료의 처분을 받는다.

2) A partnership is also formed by estoppel

When a person represents himself as a partner by words or conduct, regardless of actual partnership, he is liable to another who dealt in good faith and had relied on the misrepresentation

실제로 파트너십에 대한 합의가 존재하지 않더라도 제3자에게 파트너십이 성립된 것으로 오인시킬 수 있는 말이나 행동을 하였다면, 제3자의 신뢰가 보호의 대상이 될 경우에 금반언의 원칙에 따라 파트너십이 성립된 것으로 인정될 수 있다.

3. Operation

1) Partner's rights

① 의의

The rights of partners are determined by the partnership's agreement. But any matter not covered by the agreement may be covered by a provision of the applicable (R)UPA
파트너의 권리는 항상 합의가 우선하며, 합의가 존재하지 않으면 해당 법률이 적용된다.

② **Rights in management** (경영에 참여할 권리)

a. Absent an agreement to the contrary, all partners have **equal** rights in management
별도의 합의가 없으면, 지분비율에 상관없이 모든 파트너들은 동등한 경영권을 가진다.

Silent partner

A silent partner does not help manage the partnership but still has unlimited liability
경영에는 참여하지 않지만 여전히 무한책임을 부담하는 특별한 파트너를 의미한다.

b. Decisions regarding matters within ordinary course of the partnership's operation may be controlled by **majority consent** unless the agreement provides otherwise
일상적인 업무에 대한 결정은 별도의 합의가 없으면 과반수에 의하여 결정한다.

c. Matters outside ordinary course of the operation require **unanimous consent**
다음과 같은 특별한 사항에 대한 결정은 전원 동의에 의하여 결정한다.
a) Admission of a new partner
b) Amending the partnership's agreement
c) Making the partnership a surety or guarantor
d) Admitting liability in a lawsuit or submitting a claim to arbitration
e) Assignment of partnership's property
f) Making a fundamental change (selling the partnership's goodwill, etc.)

③ **Rights in profit or loss allocation** (손익의 분배에 관한 권리)

Absent an agreement to the contrary, all partners have **equal** rights to share
별도의 합의가 없으면, 지분비율에 상관없이 모든 파트너들에게 균등하게 분배한다.

a. Partners may specify an unequal division by an agreement
파트너들은 별도의 합의로 손익의 분배를 다르게 할 수 있다.

b. If **only profits** are agreed, losses are shared in the same manner as profits
이익에 대해서만 합의가 존재한다면, 손실의 분배는 이익분배와 동일하게 한다.

c. If **only losses** are agreed, profits are shared equally
손실에 대해서만 합의가 존재한다면, 이익은 균등하게 분배한다.

④ **Rights in partnership's property** (회사의 자산에 대한 권리)

a. All partners have equal right to use or possess the partnership's property for partnership purposes
⇨ No exclusive right to use or possess
회사의 목적과 관련하여 모든 파트너들은 동등하게 회사의 자산을 사용하거나 점유할 권리를 가진다. 하지만 독점할 권리를 가질 수는 없다.

b. Partnership's property is not sold, assigned, attached for partners' individual purpose
회사 자산을 개인적인 목적으로 처분, 양도, 담보제공 등을 할 수 없다.

a) Partner's individual creditors have no right to partnership's property
파트너의 개인 채권자는 회사 자산에 대한 권리를 행사할 수 없다.

b) Partner's individual creditors may attach partners' interest ⇨ Charging order
파트너의 개인 채권자는 파트너의 지분에 대한 압류로 권리를 행사할 수 있다.

c. If a partner dies, his right in the property goes to surviving partners (not his estate)
파트너가 사망하더라도 회사 자산에 대한 권리는 상속인이 아닌 나머지 파트너들에게 귀속되게 된다.

Partnership's property

① Capital contributions made by partners (현물출자를 통해 취득한 경우)

② Anything else acquired by the partnership

a. Property acquired with partnership's fund (회사의 자금으로 취득한 경우)
b. Property acquired in partnership's name (회사의 이름으로 취득한 경우)
c. Property acquired in partner's name **with** indication of his capacity as partner (파트너의 이름으로 취득했지만 파트너의 지위로 취득한 경우)

⇨ Property acquired in partner's name **without** indication of his capacity as partner is partner's property, even if it is used in partnership's operation
(파트너의 지위를 밝히지 않았다면, 회사의 목적에 사용되어도 개인자산이다)

⑤ **Rights in partnership's interest** (지분에 관한 권리)

a. A partner may assign his interest in profits and surplus at any time
파트너는 재산적 권리와 관련된 지분은 언제든지 자유롭게 양도가 가능하다.

a) The interest in profits and surplus is the partner's personal property
재산적 권리와 관련된 지분은 개인자산에 해당하므로 처분의 자유가 인정된다.

b) This assignment does not cause dissolution of the partnership

회사자산을 임의로 처분한 것이 아니므로 해산사유에 해당하지는 않는다.

b. The **assignee** cannot become a partner without consent of all other partners

지분 양수인은 다른 파트너의 전원 동의가 없으면 파트너의 지위를 가질 수 없다.

a) The assignee only has rights to receive the assignor's profits and surplus

양수인은 양도인의 재산적 권리에 대해서만 권리행사가 가능하다.

b) The assignee has **no management rights** (to attend the partnership's meeting, to inspect the partnership's books and records, etc.)

양수인이 파트너의 지위를 가지는 것은 아니므로 경영과 관련된 권리를 행사할 수 없으며, 특히 회사의 내부자료에 대한 열람권을 갖지 않는다.

Partnership's property vs. Partnership's interest (Under RUPA)

	Partnership's property	Partnership's interest
의의	Property acquired with partnership fund, in partnership's name, or in partner's name with indication of capacity as partner	Share of profit and surplus (only rights to share in profits & return of contribution upon dissolution)
양도 가능성	Yes : by unanimous consent	Yes : but the assignee does not become a partner
담보제공	Yes : but only for partnership's debts	Yes : by a charging order
상속	No : goes to surviving partner(s)	Yes : goes to the estate

⑥ Other rights

a. Rights to inspect books and records (장부열람권)

Partners have the rights to inspect and copy the books and records of the partnership's operation

파트너는 회사의 운영과 관련하여 내부자료를 열람하고 복사할 권리를 갖는다.

b. Rights to indemnification for expenses (비용상환청구권)

a) The partnership must indemnify for expenses incurred on behalf of the partnership

파트너는 회사의 영업을 위해 지출한 비용에 대하여 상환을 청구할 수 있다.

b) Partners have no right to receive compensation (salary) ⇨ Sharing of profits

급여의 형태와 같은 보상을 회사에 요구할 수는 없고 이익을 분배를 받을 뿐이다.

c. Partners may be creditors of the partnership

파트너는 채권자의 지위를 동시에 가질 수 있다.

2) Partner's duties

① 의의

Each partner is an agent of the partnership and other partners

⇨ Partners owe **fiduciary duty** to the partnership and other partners

파트너는 회사의 대리인이기도 하고 다른 파트너의 대리인이기도 하다. 따라서 회사의 업무집행과 관련하여 회사와 다른 파트너에 대한 신의성실 의무를 부담한다.

② 법적효과

a. A partner has actual authority to bind the partnership and other partners

파트너가 제3자와 체결한 계약은 회사와 다른 파트너에게 구속력이 인정된다.

b. The 3rd party may claim apparent authority

⇨ Apparent authority cannot be limited by resolution of which the 3rd party is unaware

대리권의 제한이 있었더라도 제3자가 이를 알지 못했다면, 제3자는 표현대리의 성립을 주장 할 수 있고 회사와 다른 파트너는 여전히 책임을 져야 한다.

c. The partnership and other partners is liable for a partner's tort committed within the scope of partnership's operation

회사 업무와 관련하여 파트너의 불법행위가 발생했다면, 회사와 다른 파트너는 계약책임 이외에 불법행위에 대해서도 책임을 지게 된다.

3) Liabilities

① Partnership's liability ⇨ **Agency rule** (Principal's liability)

대리이론이 적용되어 회사는 본인으로서의 계약책임과 불법행위책임을 부담하게 된다.

② Partner's liability

a. Partners are personally liable for the entire amount ⇨ **Unlimited liability**

파트너는 개인적으로 전체금액에 대해서 책임으로 지는 무한책임을 부담한다.

b. RUPA requires partnership's creditors to first attempt collection from the partnership's property before partners' individual property

무한책임이기는 하지만 회사의 채권자들은 먼저 회사 재산에 대해서 권리를 행사하고, 부족한 금액이 있으면 파트너의 개인 재산에 대해서 권리를 행사하여야 한다.

c. Partners are **jointly and severally** liable for all partnership's debts

파트너들은 채권자의 선택에 따라 개별적으로 책임을 부담할 수도 있고 함께 책임을 부담할 수도 있다.

4. Termination

1) 의의

① Generally two steps are required to formally terminate the business

사업을 종료하기 위해서는 일반적으로 해산과 청산이라는 두 단계의 법적 절차가 필요하다.

Dissolution (해산) + Winding up (청산) ⇨ Termination

② Under the RUPA ('legal entity' concept), a partner can leave the firm and not disrupt the partnership's legal existence ⇨ The RUPA uses the term **'dissociation'**

General Partnership 에 있어서는 법인격 인정 여부와 관련해서 다툼이 있었고, RUPA 에서 법인격을 인정되면서 다른 사업형태에서는 존재하지 않는 Dissociation 개념이 추가로 도입 되었다. Dissociation 개념은 파트너쉽의 구성원인 파트너에 변경이 있더라도 파트너쉽 자체는 별도의 법인격으로 존재할 수 있도록 하기 위해서 마련되었다.

2) Dissociation

① 의의

Dissociation is a change in the relationship of the partners caused by any partner ceasing to be associated in the carrying on of the business

파트너 중에 일부가 공동사업에서 탈퇴하여 공동사업관계에 변경이 생기는 것을 의미한다.

② 유형

a. Rightful dissociation

A partner is free to quit at any time without thereby incurring liability

언제든지 자유롭게 탈퇴가 가능한 경우에는 파트너는 추가 책임 없이 탈퇴가 가능하다.

b. Wrongful dissociation

A partner is liable for the damages caused by the dissociation

특정기간 동안 존속하는 파트너쉽의 경우에는 조기에 탈퇴하면 그로 인한 책임을 진다.

Types of Partnership

① Partnership at will ⇨ Rightful dissociation

Any partner may dissolve at any time. A partnership is presumed to be at will unless the partners specifically agree otherwise

② Partnership for a term ⇨ Wrongful dissociation

This partnership exists for a specified duration or until a specified for a specified event occurs

③ 법적효과

a. Partner's withdrawal, death, or bankruptcy does **not automatically** cause termination of the partnership's business

특정 파트너의 탈퇴, 사망, 파산은 해당 파트너쉽의 자동적인 종료사유가 되지 않는다.

b. Partners that own **majority** of partnership may choose to continue general partnership within **90 days** of partners' withdrawal, death or bankruptcy

해당 사유가 발생한 때로부터 90일 이내에 파트너들의 과반수로서 사업의 계속 여부를 결정할 수 있다.

 Partners may waive dissolution and continue the business

Any time after the dissolution of a partnership and before the winding up of the partnership's business is completed, the partners may decide by **unanimous vote** to continue the partnership business

해산한 경우에는 청산전이라면 전원동의로 사업의 계속을 결정할 수 있다.

c. If the partnership business continues after a partner dissociates, the partnership must purchase the dissociated partner's interest

사업의 계속을 결정하였다면, 파트너쉽은 탈퇴하는 파트너의 지분을 인수하여야 한다.

d. Withdrawing partner's liability and New partner's liability

a) **Withdrawing partner's liability** (탈퇴한 파트너의 책임)

A withdrawing partner is liable for existing debts even if continuing partners agree to hold him harmless

기존의 채무에 대해서 책임을 지지 않는 것으로 파트너들 사이에 협의가 되었더라도, 탈퇴한 파트너는 기존 채권자에게 계속해서 책임을 부담한다.

b) **New partner's liability** (새로 가입한 파트너의 책임)

A new partner is not personally liable but is liable for existing debts only to extent of his capital contribution

기존의 채무에 대해서 개인적으로 무한책임을 부담하지는 않지만, 회사의 기존 채권자들이 자신이 출자한 회사의 재산에 대하여 권리행사를 하는 것을 인정해야 한다.

	Prior debts before withdrawing	Subsequent debts after withdrawing
Withdrawing partner	Unlimited Except : Novation or release by creditor	Not liable with proper notice (Actual & constructive notice)
New partner	Limited to capital contribution	Unlimited

3) Dissolution (해산)

① 의의

a. The partnership is not terminated by dissolution, but rather continues until the process of winding up has been completed

해산이 되었더라도 법인격이 소멸하는 것은 아니며, 청산의 목적범위 내에서 존속한다.

b. Although actual authority is terminated by dissolution, apparent authority continues until the proper notice is given to 3rd parties

해산으로 파트너의 대리권은 소멸하지만, 적절한 통지가 제3자에게 이루어지지 않으면 표현대리가 성립할 수는 있다.

② 해산사유

a. Partner's withdrawal, death, or bankruptcy (Dissociation) ⇨ Dissolution

Dissociation 사유가 발생했는데 사업의 계속을 결정하지 않으면 해산사유가 된다.

b. Dissolution may occur by the partnership's agreement

합의에 익해서 해산이 가능하다.

c. Dissolution may occur by court order

법원의 결정에 의해서 해산이 될 수 있다. (사업목적의 불법 등)

4) Winding up (청산)

① 의의

It is the settlement of all partnership's affairs ⇨ Completion of unfinished businesses, Collection of receivables, Payment of payables, and Distribution of assets to partners

청산이란 회사의 모든 업무를 종결하는 절차이다. ⇨ 사업의 정리, 채권의 회수, 채무의 결제 및 잔여재산의 분배 절차가 완료되면 회사의 법인격이 소멸된다.

② 청산의 우선순위

a. The first order of distribution is creditors (3rd parties or Partners as creditor)

청산의 1순위는 채권자이며, 채권자에는 일반 채권자 및 채권자인 파트너가 포함된다.

b. The second order is partner's capital contribution

2순위는 파트너의 출자원금이다.

c. The third order is partner's share of profits

3순위는 파트너에게 배분되지 않은 잔여이익이다.

Limited Partnership

1. 의의

1) 정의

A limited partnership is a business structure made up of one or more **general partner(s)** and one or more **limited partner(s)**

Limited partnership은 한 명 이상의 General partner(s)와 한 명 이상의 Limited partner(s)로 구성되는 사업 형태이다.

2) Limited partners (유한책임사원)

Limited partners are similar to shareholders

유한책임사원은 주식회사의 주주와 유사한 지위를 가진다.

① Limited partners contribute capital but do not participate in management
유한책임사원은 출자는 하지만 경영에는 참여하지 않는다.

② Limited partners have no liability beyond their capital contribution ⇨ Limited liability
유한책임사원은 출자액 이상으로는 책임을 지지 않는 유한책임을 부담한다.

2. Formation

① Filing is required (등록)

a. A limited partnership is formed under a state statute and the **certificate of limited partnership** must be filed with the state
유한책임을 부담하는 사원이 회사의 구성원이 되기 위해서 회사설립절차에 법적 규제가 적용되며, 설립하고자 하는 주에 Certificate 을 등록해야 한다.

b. Contents of the certificate of limited partnership
등록서류에는 다음과 같은 내용이 포함되어야 한다.

a) The name and address of the partnership, which must include the words 'limited partnership' or 'Ltd.'
Limited partnership 을 나타내는 문구가 사용된 회사의 이름과 주소

b) The name and address of all general partners (**not limited partners**)
무한책임사원의 이름과 주소 (유한책임사원의 이름 X)

c) The name and address of its registered agent, etc.
등록업무를 대행하는 대리인의 이름과 주소 등

② Contribution (출자)

a. Partners may contribute cash, property, or services already performed
파트너는 현금 이외에도 현물 또는 이미 제공된 용역으로도 출자할 수 있다.

b. Contribution can be in promise to perform services or promissory notes
출자는 장래에 서비스를 제공하겠다는 약속이나 약속어음의 형태로도 가능하다.

3. Operation

1) General partners (무한책임사원) ⇨ General partnership

2) Limited partners (유한책임사원)

① Limited partner's rights

a. **Voting rights** (의결권)

Limited partners may vote on extraordinary matters
다음과 같은 중대한 사안에 대해서는 유한책임사원에게도 의결권이 인정된다.

a) Amending the certificate of limited partnership

b) Dissolution

c) Admission or removal of a general partner

d) Admission of a limited partner (removal of a limited partner X)

e) Sale of substantial assets, loans of the partnership, etc.

b. **Rights in management** (경영에 참여할 권리)

a) Limited partners have no right to participate in management
유한책임사원은 경영에 참여할 권리를 갖지 않는다.

b) But they may act agency by separate agreement
다만, 별도의 합의에 근거하여 대리인의 지위로 경영에 참여하는 것은 가능하다.

c. **Rights in profit or loss allocation** (손익의 분배에 관한 권리)

If no agreement on allocation of profit or loss exists, partners share profit or loss in proportion to partners' contribution ⇨ **Not equally**
손익분배에 대해서 별도의 합의를 하지 않았다면, 출자비율에 따라 배분된다. ⇨ 균등 X

d. Other rights

a) Right to sue (소송에 관한 권리)

Limited partners may bring a **derivative action** on behalf of the partnership
유한책임사원은 회사를 위해서 대위소송을 진행할 수 있는 권리를 가진다.

b) **Right to inspect books and records** (장부열람권)

Limited partners have the rights to inspect and copy the books and records of the partnership's operation
유한책임사원은 경영권은 없지만, 회사의 운영과 관련하여 내부자료를 열람하고 복사할 권리를 통해 무한책임사원의 업무집행을 감시할 수 있다.

② Limited partner's duties

Limited partners generally are **not agents** of the partnership
유한책임사원은 원칙적으로 대리인이 아니므로 신의성실 의무가 없으며, 제3자와 계약을 체결하더라도 회사에 대하여 구속력이 없다.

a. Limited partners do **not** owe **fiduciary duties** to the partnership
b. Limited partners cannot bind the partnership in contracts

③ Limited partner's liability

a. Limited partners generally have limited liability up to their capital contribution
유한책임사원은 원칙적으로 출자액을 한도로 하는 유한책임을 부담한다.

b. 예외 ⇨ Unlimited liability

a) A limited partner who **participates in management** is personally liable to 3rd parties who reasonably believes he is a general partner
유한책임사원이 경영에 참여하였다면, 해당 사원을 무한책임사원으로 신뢰한 제3자에게 무한책임을 부담하여야 한다.

b) If a limited partner allows his name to be part of the **limited partnership's name**, he is personally liable to creditors who extend credit to the partnership
유한책임사원이 자신의 이름을 회사의 이름에 나타나는 것을 허용하였다면, 이를 신뢰하고 거래한 채권자들에게 무한책임을 부담하여야 한다.

c) **Defective formation** of the limited partnership causes limited partners to be liable as general partners
설립과정에 하자가 존재하여 Limited partnership이 General partnership으로 인정될 경우에는, 유한책임사원으로 참여하였어도 무한책임을 부담한다.

A partner in limited partnerships can be a limited and general partner at the same time

특정 파트너가 무한책임사원과 유한책임사원의 지위를 동시에 가질 수 있다.

① The partner has rights, duties, and liabilities as a general partner
권리, 의무, 책임에 있어서는 무한책임사원의 지위로 판단한다. 특히 책임에 있어서 무한책임사원의 지분이 작고 유한책임사원의 지분이 크더라도 무한책임을 부담한다.

② The partner has rights against other partners with respect to contribution as a general and limited partner
다른 사원과의 관계에 있어서 출자지분을 기준으로 손익분배 등을 할 때에는 두 가지의 지위를 모두 고려하여 판단한다.

4. Termination

① 의의

Generally **two steps** are required to formally terminate the business
사업을 종료하기 위해서는 일반적으로 해산과 청산이라는 두 단계의 법적 절차가 필요하다.
Dissolution (해산) + Winding up (청산) ⇨ Termination

② 해산사유

a. The occurrence of the time or event stated in the partnership's agreement
합의된 시점이나 사건의 발생으로 인한 해산

b. Written consent of all partners
전원의 서면동의에 근거한 해산

c. Withdrawal, bankruptcy, incapacity or death of **general partners** (not limited partners) unless all remaining partners vote to continue the business
무한책임사원에게 퇴사의 사유가 발생한 경우 (유한책임사원의 사정은 해산사유 X)
다만, 나머지 파트너의 전원동의가 있다면 청산하지 않고 사업을 계속할 수 있다.

d. Dissolution by court order, etc.
법원의 판결에 의한 해산 등

③ 청산의 우선순위

a. 원칙적으로 General partnership 청산의 우선순위와 같다.
Creditors (3rd parties or Partners as creditor) ⇨ Former partner's unpaid distribution ⇨ Partner's capital contribution ⇨ Partner's share of profits

b. In these priorities, general and limited partners share equally
청산에 있어서 무한책임사원의 지분과 유한책임사원의 지분을 동등하게 분배한다.

Joint Venture, Limited Liability Partnership, and Limited Liability Company

1. Joint venture

1) 의의

① It is a association of two or more persons organized to carry out a **single transaction or project** undertaking for profit
계속적 사업이 아니라 하나의 거래나 프로젝트를 위해서 만들어지는 공동사업형태이다.

② A joint venture is interpreted as a **special form of general partnership**
기본적으로는 General partnership 특성을 그대로 가지고 있다.

a. Each joint venturer has right to participate in management

b. Each joint venturer is personally liable for the joint venture's debts

c. Formation of a joint venture does not require the filing with the state

2) 주요 특징

① Each joint venturer is not necessarily an agent of other joint venturers but has fiduciary duties to others
Joint venturer는 다른 Joint venturer의 대리인이 아니지만 신의성실의무를 부담한다.

② It is terminated automatically when the transaction or project is completed
목적한 거래나 프로젝트가 완료되면 공동사업은 자동적으로 종료된다.

③ Death of a joint venturer does not automatically dissolve the joint venture
공동사업 구성원 중에 한 명이 사망하더라도 공동사업이 자동적으로 종료되지는 않는다.

2. Limited Liability Partnership (LLP)

1) 의의

① It is similar to a general partnership in most respects (sharing of profit or loss, etc.)
기본적으로는 General partnership 특성을 그대로 가지고 있다.

② Generally this business structure is allowed for **professionals** (accounting firms, etc.)
일반적으로 회계법인처럼 전문가들로 구성되는 사업형태에 적합하다.

2) 주요 특징

① **Not personally liable** (무한책임을 지지 않는 경우)

a. A partner in LLP is not personally liable for all liabilities arising from wrongful acts (negligence, malpractice, etc.) committed by **another partner**
다른 파트너의 과실 등으로 발생한 모든 책임에 대해서는 무한책임을 부담하지 않는다.

b. But the **wrongful partner** and **supervising partner** are, of cause, personally liable
물론 과실 등을 저지른 파트너와 감독책임이 있는 파트너는 무한책임을 부담한다.

② Formation of LLP requires the **filing** with the state
파트너의 책임제한이 인정되기 위해서는 설립에 있어 등록절차가 요구된다.

3. Limited Liability Company (LLC)

1) 의의

① It is a new **hybrid type** that combines advantages of corporations and partnerships
파트너쉽과 주식회사의 장점만을 혼합한 새로운 유형의 공동사업이다.

a. It provides **limited liability** to all members
모든 구성원들이 유한책임만을 부담하도록 한다.

b. All members are allowed to **participate in management**
모든 구성원들이 원칙적으로 경영에 참여하는 것이 가능하다.

c. It is **taxed as a partnership** unless it elects to be taxed as a corporation
파트너쉽처럼 개인소득세만을 부담하고 법인세를 회피할 수 있다.

② LLC is treated as a legal entity distinct from its members
LLC도 법인격이 인정되므로, 회사의 명의로 소유권을 가질 수 있고 소송당사자 등이 된다.

2) Formation

① Agreement by one or more members

LLC is formed **by one member** ⇨ No legal limit to number of member
LLC 경우에는 1인 회사가 인정된다. ⇨ 구성원의 수에 대해서 아무런 법적 제한이 없다.

② Filing is required (등록)

a. A limited partnership is formed under a state statute and the **articles of organization** must be filed with the state
회사설립절차에 법적 규제가 적용되며, 설립하고자 하는 주에 Article을 등록해야 한다.

b. Contents of the articles of organization
등록서류에는 다음과 같은 내용이 포함되어야 한다.

a) The name of LLC, which must include the words 'limited liability company' or 'L.L.C'
Limited liability company 를 나타내는 문구가 사용된 회사의 이름

b) The name and address of its registered agent, etc.
등록업무를 대행하는 대리인의 이름과 주소 등

c) The names of the persons who will be managing the company
회사경영자의 이름

3) Operation

① Member's rights

a. Rights in management

a) Generally all members are allowed to participate in management
일반적으로 멤버들이 직접 경영에 참여하며, 멤버 각자가 회사의 대리인이 된다.

ⓐ It is a **member-managed LLC**

ⓑ Each member is an agent of the LLC

b) LLC may elect manager(s) to operate the business
별도로 경영자를 선출하여 회사의 경영을 맡길 수도 있다. 경영자는 반드시 멤버들 중에서 선출해야 하는 것은 아니며, 멤버는 더 이상 회사의 대리인이 될 수 없다.

ⓐ It is a **manager-managed LLC**

ⓑ Each manager is not necessarily members

ⓒ Each manager is an agent of the LLC and members are not agents

b. Rights in profit or loss allocation
If no agreement on allocation of profit or loss exists, members share profit or loss **equally**, regardless of capital contribution
별도의 합의를 하지 않았다면, 손익은 출자비율에 관계없이 균등하게 배분된다.

c. Rights in interest

The transferability of ownership is similar to that of a general partnership

지분의 양도가능성은 파트너십의 경우와 같다. 즉, 재산상 권리는 양도가 자유롭지만 멤버의 지위 자체는 다른 멤버의 전원동의가 없으면 양도될 수 없다.

d. Rights to inspect books and records (장부열람권)

Members have the rights to inspect and copy books and records of the operation

멤버는 회사의 운영과 관련하여 내부자료를 열람하고 복사할 권리를 갖는다.

② Member's duties

Members have **fiduciary duties** to the company in member-managed LLC

멤버들이 직접 경영을 하는 경우에는 멤버들은 회사에 대해서 신의성실의무를 부담한다.

	Agent	Fiduciary duty
Members of Member-Managed LLC	Yes	Yes
Members of Manager-Managed LLC	No	No
Managers of Manager-Managed LLC	Yes	Yes

4) Termination

① 의의

일반적인 경우처럼 해산과 청산의 절차를 거쳐 종료되며, 특별한 해산사유는 다음과 같다.

② 특별한 해산사유

a. Duration of LLC is **not perpetual** ⇨ It is limited usually to 30 years

LLC의 존속기간은 제한적이며, 일반적으로 30년까지만 허용된다.

b. Withdrawal, bankruptcy, incapacity or death of members

unless all remaining members vote to continue the business

멤버에게 퇴사의 사유가 발생한 경우

다만, 나머지 멤버의 전원동의가 있다면 청산하지 않고 사업을 계속할 수 있다.

Corporation

1. 의의

1) 주식회사의 특징

① 장점

a. A corporation exists as an **legal entity** distinct from its shareholders

주식회사는 주주와 구분되는 별개의 법인격을 갖는다. 따라서 회사의 명의로 소유권을 가질 수 있으며, 소송당사자 등의 지위를 가질 수 있다.

b. A corporation has a **perpetual life** unless its article provides otherwise

주식회사는 별도의 정관규정이 없는 한 기본적으로 영속성을 갖는 것이 특징이다.

c. Corporate ownership is **freely transferable** unless restricted by agreements

주식회사는 별도의 제한이 없는 한 지분의 양도가 자유롭다.

d. A corporation has **centralized management**

주식회사는 전문경영인을 통해 소유와 경영이 분리되는 것이 가능하다.

e. Shareholders generally are not personally liable ⇨ **Limited liability**

주식회사의 소유주는 일반적으로 유한책임을 부담한다.

f. A corporation may have **one shareholder** that owns 100% of the shares

주식회사는 전형적인 물적 회사이므로 1인 주식회사가 인정된다.

g. Corporate **financing** is more flexible and easier to raise large amounts of capital

주식회사는 다양한 자금조달 수단을 가지고 있어 거액의 자금조달이 용이하다.

② 단점

a. A corporation has **double taxation**

주식회사는 세법상으로도 별개의 주체로 인정되어 이중과세의 문제가 발생된다.

b. A corporation has **high costs** of incorporating and operating

주식회사는 설립 및 운영에 있어 높은 비용을 부담한다.

c. A corporation has a greater degree of **governmental supervision**

주식회사는 더 많은 정부규제가 적용된다.

2) 특수한 유형의 주식회사

① **Foreign corporation** ⇔ Domestic corporation

a. A corporation does business in any state except the state in which it was incorporated
설립한 주가 아닌 다른 주에서 영업을 하는 회사를 말한다.

b. This corporation may not do business within a state until it has obtained a **certificate of authority** to do business in the state
다른 주에서 영업을 하려면 해당 주의 Certificate of authority 을 얻어야만 가능하다.

c. If this corporation does business without a certificate of authority, it is liable for fines and cannot file a lawsuit in the state
만일 Certificate 없이 영업을 하면, 과태료와 소송상의 불이익을 당하게 된다.

d. Meaning of '**doing business**'

a) 'Doing business' means ongoing transactions as maintaining an office in the state
사무실의 설치와 같이 지속적인 거래가 예상될 경우에 Certificate 가 요구 된다.

b) The following is not 'doing business'
다음의 경우는 지속적 영업으로 보지 않기 때문에 Certificate 가 요구되지 않는다.
⇨ Maintaining bank accounts, defending against lawsuits, making loans, soliciting orders (sending catalogs, etc.), selling through independent contractors, etc.

② **De facto corporation** ⇔ De jure corporation

a. If a corporation has not complied with the statute (usually small errors), but made a good faith attempt to incorporate under the statue and operated under the corporate form, this company might be treated as a **corporation in fact**
설립과정에서 법적 절차에 하자가 존재하지만 진정하게 설립된 것으로 신뢰하고 영업활동을 하였다면, 사실상 회사가 설립된 것으로 인정하여 기존의 법률관계를 보호한다.

b. Its validity can only be challenged by the state ⇨ The corporation and 3rd parties do not attack its validity
사실상 회사가 설립된 경우에 설립절차의 하자는 관할 정부에 의해서만 주장이 가능하고, 거래 당사자인 회사와 제3자는 해당 하자를 주장할 수 없다.

③ **Closely held corporation**

A corporation is owned by a limited number of shareholders with **restrictions** on the **transfer** of stock
주식의 유통에 제한을 두는 폐쇄적인 주식회사도 인정된다.

④ **Professional corporation**

a. A corporation is formed by professionals (doctors, CPA, etc.) and typically its shares are owned by licensed professionals

의사, 회계사 등의 전문직 종사자들에 의해서 설립된 회사이며, 일반적으로 회사의 지분은 해당 면허를 가진 사람에 의해서만 소유가 가능하다.

b. The professional shareholders are **personally liable** for their professional acts

해당 주주들은 자신의 업무와 관련해서 발생한 책임에 대해서는 무한책임을 부담한다.

c. But they obtain other corporation benefits (**limited liability** for corporate debts, etc.)

하지만 주식회사의 다른 이점은 여전히 인정된다. (회사 채무에 대한 유한책임 등)

⑤ **S corporation** ⇔ C corporation

a. A corporation is **taxed like a partnership** if it is formed under Federal Subchapter S Act

Federal Subchapter S Act 따라 설립된 회사는 세법상 파트너쉽처럼 과세가 된다.

b. The following are requirements to be a S corporation

S Corporation 으로 인정되기 위해서는 다음과 같은 요건을 모두 충족해야 한다.

a) It generally be a **domestic** corporation

b) It issues only **one class** of stock

c) Shareholders must be **individuals**, **estates**, or **trusts** (not partnerships or corporations)

d) The number of shareholders is limited **100**

e) Shareholders should **not** be **non-resident alien**

2. Formation

1) 의의

① Corporations are formed by complying with a state incorporation statute, and the **Article of Incorporation (AOI)** must be filed with the state

회사설립절차에 법적 규제가 적용되며, 설립하고자 하는 주에 회사 정관을 등록해야 한다.

② Procedures for the formation of corporations (물적회사의 성립절차)

Capitalization by promoter ⇨ **Appointment of management** ⇨ **Filing of AOI**

주식회사는 Partnership 과는 달리 사원(주주)이 원칙적으로 경영에 참여하지 않고 유한책임만을 부담하므로, 정관을 등록하기 이전에 자본의 출자와 경영진의 선출이 이루어져야만 성립이 가능하다.

2) 설립절차

① Capitalization by promoter

a. **Promoter** (실질적 개념) ⇔ Incorporator (형식적 개념)

a) Promoters are primarily responsible for formation of corporations
발기인은 회사의 성립과 관련하여 주도적인 역할을 담당한다.

b) Promoters are **not agents** because corporations are still not in existence
회사가 성립된 것은 아니기 때문에, 발기인에게 대리인의 지위가 인정되지는 않는다.

c) Promoters owe **fiduciary duties** to subscribers and the proposed corporation
대리인의 지위가 인정되지는 않지만 회사 성립에 대한 책임을 부담하기 때문에, 주식 청약인들과 성립될 회사에 대한 신의성실 의무를 부담하게 된다.

 **Incorporator**

Incorporators sign the AOI (Generally incorporators & promoters are same persons)
정관에 서명한 사람을 말하며, 일반적으로 incorporators 와 promoters 는 같다.

b. Promoter 주된 역할 ⇨ **Formation of corporation**

a) The promoter contracts on behalf of the proposed corporation
회사 성립과정에 필요한 계약들을 발기인의 책임 하에 체결한다.

b) The promoter arranges for capitalization (promoting stock subscription)
물적 회사이므로 회사성립에 필요한 자본을 마련한다. (주식인수인의 모집)

c) The promoter draws up the charter (Article of Incorporation : AOI)
회사성립을 위해서 등록서류인 정관을 작성한다.

 **Promoter's liabilities (발기인의 책임)**

① The promoter is **personally liable** for pre-incorporation contracts made on behalf of the corporation
발기인은 회사설립 전에 체결한 계약에 대하여 개인적으로 책임을 부담한다.

② The corporation may **adopt** pre-incorporation contracts after the formation
⇨ Both the corporation and promoter are liable unless there is a novation
주식회사가 성립 이후에 Adoption 하면, 발기인 이외에 주식회사도 책임을 부담하게 된다. 별도로 채권자의 동의가 있으면 발기인의 책임은 면제 가능하다.

a. The adoption does not of itself relieve the promoter of his liability
b. If there is a novation, the promoter is not liable
c. The corporation cannot ratify the pre-incorporation contracts

Stock subscription (주식청약)

① Subscribing is a written offer to buy the stock and is not binding until the corporation accepts the offer ⇨ The offer can revoke before acceptance
주식청약은 회사설립 또는 증자의 경우에 주식을 인수하겠다는 청약이며, 주식회사가 해당 청약을 인수하기 이전까지는 철회가 가능하다.

② In formation (**initial subscription**), this offer is irrevocable for usually 6 months
회사설립의 경우에 이루어진 주식청약은 일반적인 청약과는 달리 회사설립 과정의 안정성을 위해서 6개월 동안은 철회할 수 없는 제한이 존재한다.

③ Cash, property, service performed, and promise to be performed in the future are valid consideration
주식회사의 경우에도 현금, 현물, 서비스 및 장래에 서비스를 제공하기로 하는 약속도 출자의 대가관계로 인정된다.

④ Upon bankruptcy of the corporation, shareholders are liable for any unpaid portion of stock subscription
청약금액이 미납된 상태에서 회사가 파산하더라도 여전히 책임을 져야 한다.

② **Appointment of management**

a. 의의

주식회사의 경영진은 Board of Directors (이사회)와 Officers (임원)으로 2단계의 구조로 이루어진다. 이사회는 회사운영과 관련된 중요한 의사결정을 담당하고, 임원은 이사회의 결정을 집행하는 역할과 일상적인 업무는 직접 결정하여 수행하는 일을 담당한다.

이러한 경영진을 선출하기 위하여 먼저 주주의 지위를 갖게 될 주식인수인들이 모여서 이사회를 구성할 이사를 선출하는 창립총회를 갖게 되고, 창립총회를 통해서 선출된 이사들이 모여서 임원을 선출하는 최초의 이사회가 열리게 된다.

b. **First organization meeting** (창립총회)의 주요 결정사항

a) Appointment of board of directors (이사의 선출을 통한 이사회의 구성)
b) Approval for the AOI (발기인이 작성한 정관에 대한 승인)
c) Issuance of stock certificates (주권의 발행과 관련된 사항의 결정)

c. **First BOD meeting** (최초 이사회)의 주요 결정사항

a) Appointment of officers (임원의 선출)
b) Approval for bylaws (부속정관에 대한 승인)
c) Adoption of pre-incorporation contracts (회사설립 전에 체결된 계약의 승인)

③ Filing of the Article of incorporation (Charter)

a. Incorporators must file the AOI (Charter) with the state

Incorporators 의해서 정관의 등록절차가 마쳐지면 주식회사의 성립이 인정된다.

정관에 절대적 기재사항이 누락되면 주식회사의 성립이 인정되지 않지만, 임의적 기재사항은 누락이 되어도 회사 성립에는 영향이 없다.

b. The AOI **must** include as all the followings (절대적 기재사항)

a) Name of the corporation, which must include the words 'Limited, Ltd, Inc, Corp, etc.'

주식회사를 나타내는 회사의 명칭

b) Number of shares authorized to be issued

발행할 수 있는 주식의 총수 (수권주식수) ⇨ 발행주식수 X

c) Names and addresses of the incorporators

Incorporators의 이름과 주소 ⇨ 주주 및 이사 X

d) Name and address of the registered agent

주식회사 등록업무를 수행하는 대리인의 이름과 주소

c. The AOI **may** contain purposes, power, duration, names of directors, types of stock, etc.

필수적 기재사항 이외에도 회사의 목적, 권한, 존속기간, 이사의 이름, 주식의 종류 등을 정관에 포함시킬 수 있다. (임의적 기재사항)

d. In order for the followings to be accepted, they must be specified in the AOI

임의적 기재사항 중에서 다음의 항목 등은 회사성립에는 영향을 주지 않지만, 정관에 기재가 되어야만 해당 효력이 인정되는 특징이 있다. (상대적 기재사항)

a) Preemptive rights (신주인수권)

b) Provision for stock or dividend, etc. (주식 또는 배당에 대한 특별규정 등)

AOI or Charter (기본정관)과 Bylaws (부속정관)의 비교

	AOI (Charter)	Bylaws
Filing	Publicly	Not publicly
Amendment	Requires BOD & shareholder's approval	Requires only BOD's approval
Availability	Must include certain mandatory and optional provisions (Some optional provision may be elected only in AOI)	Must include certain provisions, unless they are included in AOI
Validity	May include any provision not inconsistent with laws	May include any provision not inconsistent with laws and the AOI

Sample of AOI

Articles of Incorporation of [Corporation Name]

The undersigned, acting as incorporator(s) of a corporation under ______ Business Corporation Act, adopt(s) the following Articles of Incorporation for such corporation:

First : The name of the corporation is ______________________________

Second : The period of its duration is ______________________________

Third : The purpose(s) for which the corporation is organized are ______________________________

____

Fourth : The aggregate number of shares which the corporation shall have authority to issue is ______________________________

Fifth : Provisions granting preemptive rights are ______________________________

____

Sixth : Provisions for the regulation of the internal affairs of the corporation are ______________________________

____

Seventh : The address of the initial registered office of the corporation is ______________________________ and the name its initial registered agent at such a address is ______________________________

Eighth : The number of directors constituting the initial board of directors of the corporation is ______________ , and the names and addresses of the persons who are to serve as directors until the first annual meeting of shareholders or until their successors are elected and shall qualified are

Name	Address
______________	______________________________
______________	______________________________
______________	______________________________

Ninth : The name and address of each incorporator are

Name	Address
______________	______________________________
______________	______________________________
______________	______________________________

Dated ______________ Incorporator(s) ______________________________

____

____

3. Operation

1) Shareholders' rights, duties, and liability

① 의의

Shareholders generally have no power to operate the corporation but are not without rights
주주는 일반적으로 회사 운영과 관련해서는 권한을 가지지 않지만, 그렇다고 회사 운영에 대해서 전혀 권리가 없는 것은 아니다.

② Shareholders' rights

a. **Voting rights** (의결권)

a) 의의

ⓐ Shareholders have right to **participate** and **vote** in regular shareholders' meetings and special meetings
주주는 정기주주총회와 특별주주총회에 참석하여 의결에 참여하는 권리를 가진다.

ⓑ Generally each share is entitled to one vote, but some shares may be denied voting rights or may be granted voting preferences
일반적으로 1주당 1의결권이 부여되지만, 의결권이 없거나 의결권에 특혜를 가지는 다른 종류의 주식이 발행될 수도 있다.

ⓒ AOI can give **cumulative voting** for directors ⇨ Protection of minority shareholders
이사선임과 관련해서는 소수주주를 보호하기 위한 집중투표제가 인정된다.

b) 의결권이 인정되는 경우

ⓐ Appointment or removal of directors (이사의 선임과 해임)
ⓑ Dissolution (회사의 해산)
ⓒ Fundamental changes such as merger, amendment of AOI, etc. (기타 중요사항)

Voting techniques

① Proxy voting
주주는 위임장(Proxy)에 의해서 다른 사람이 의결권을 행사하도록 할 수 있다.

② Voting agreement
주주는 상호협의를 통해 의결결과를 미리 정하는 것도 가능하다.

③ Voting trust
주주 상호간에 협의된 내용대로 의결하도록 Trustee 을 선임할 수도 있다.

b. **Rights to inspect books and records** (장부열람권)

a) Shareholders **inspect** and **copy** the corporate books, accounting records, minutes, etc.
주주는 회사의 기록, 회계자료, 회의록 등을 열람하고 복사할 수 있는 권리를 가진다.

b) Requirements for this right

ⓐ Shareholder must give the **written notice** at least five days before the inspection
주주는 열람하고자 하는 날로부터 최소 5일 이전에 문서로 청구하여야 한다.

ⓑ Shareholders have **proper purposes**
주주는 열람권을 행사하려면 적절한 목적이 인정되어야 한다.

Proper purposes for inspection

① Proper purposes include investigating possible management misconduct, etc.
적절한 목적이란 경영진의 부정행위 조사 등과 같이 개인적인 목적이 아니라 공익적인 목적이 인정되어야 한다.

② Improper purposes include personal business purpose, competing business, satisfying idle curiosity, etc.
부적한 목적에 해당하는 경우에는 개인사업을 위한 목적, 경쟁목적, 단순한 호기심 등이며, 이러한 경우에는 열람청구가 부인된다.

③ Shareholders can inspect public records (shareholder meeting's minutes, annual reports, etc.) regardless of purpose
회사 내부자료가 아닌 공개자료는 열람목적에 상관없이 열람청구가 인정된다.

c) This right can**not** be **limited** or **abolished** by the articles or bylaws
장부열람권은 회사의 정관으로도 제한하거나 부인할 수 없는 주주의 고유한 권리이다.

c. **Preemptive rights** (신주인수권)

a) When the corporation issues additional shares of stock, current shareholders have rights to **purchase** their **proportional shares** in order to maintain voting rights
회사가 신주를 발행할 경우에 기존 주주가 의결권을 유지할 수 있도록 하기 위하여, 신주를 자신의 지분비율만큼 우선적으로 배정받을 수 있는 권리가 인정된다.

b) In the following cases, shareholders do **not** have preemptive rights
다음의 경우에는 기존 주주의 경우라도 신주인수권이 인정되지 않는다.

ⓐ AOI does not provide for preemptive rights (정관에 신주인수권 규정이 없는 경우)

ⓑ Preferred stocks (우선주의 경우)

ⓒ Treasury stocks (자기주식의 경우)

d. **Appraisal rights** (주식매수청구권)

a) Shareholders who dissent from fundamental changes have the right to request the corporation to **repurchase** their shares **at fair market value**

회사에 중대한 변화를 가져오는 의사결정이 이루어진 경우, 이에 반대하는 주주에게 회사에 대하여 자신의 주식을 시가로 매수할 것을 요구하는 권리가 인정된다.

b) Examples of fundamental changes

주식매수청구권이 인정되는 회사의 중대한 변화에는 다음과 같은 경우가 포함된다.

ⓐ Merger (흡수합병), consolidation (신설합병), share exchange (주식의 포괄적 이전)

ⓑ Sale of substantially all of the corporate assets (영업양도)

ⓒ Amendment of AOI that materially and adversely affects dissented shareholders' rights (반대주주의 권리에 중요하고 부정적인 영향을 주는 정관의 변경)

c) Requirements for appraisal rights

예외적인 권리인 주식매수청구권은 다음 요건을 모두 충족해야 인정된다.

ⓐ Written notice of dissent prior to vote, (주주총회 이전에 서면으로 반대표시)

ⓑ Voting against the fundamental change, and (주주총회에서 반대의결)

ⓒ Written demand for repurchase (서면으로 주식매수청구)

e. **Rights to sue** ⇨ **Derivative actions** (주주대표소송)

a) Shareholders may sue on behalf of the corporation by derivative actions, where the corporation has a legal cause of action against someone such as directors but refuses to bring the action

회사가 이사 등에 상대로 소송을 제기해야 하는 상황이지만 아무런 조치를 취하지 않을 경우에, 주주가 회사를 위해서 소송을 진행할 권리가 예외적으로 인정된다.

b) Recoveries in derivative actions go to the corporation (not shareholders)

대표소송을 통해 회복되는 손해배상금액은 주주가 아니라 회사에게 귀속된다.

f. **Rights in shareholder's interest**

a) Shareholders' interest are **freely** assignable ⇨ Stocks are negotiable instruments

주주는 원칙적으로 자신의 지분을 자유롭게 양도할 수 있다.

b) **Restrictions** on transfer may be imposed but must be reasonable

주식의 양도를 제한하는 것은 가능하지만 제한은 합리적이어야 인정된다.

c) **Restrictions** is conspicuously noted on the stock or other statement

이러한 제한은 제3자가 쉽게 알 수 있도록 증권이나 기타 서면에 나타나야 한다.

g. **Rights in distributions** (dividends)

a) Shareholders generally are **no right** to dividends unless a dividend is declared by BOD
주주는 이사회의 배당결정이 있기 전까지 배당에 대해서는 어떠한 권리도 없다.

b) Once the dividend is declared, shareholders are treated as **unsecured creditors**
배당결정이 있으면, 주주는 일반채권자의 지위로서 배당에 대한 권리를 행사한다.

③ **Shareholders' duties** ⇨ Fiduciary duty

a. Shareholders generally owe **no fiduciary duty** to the corporation

주주는 원칙적으로 경영에 참여하지 않으므로, 회사에게 신의성실의무를 부담하지 않는다.

b. **Majority** shareholders owe fiduciary duty to the minority shareholders and the corporation

하지만 대주주는 회사의 경영에 영향력을 행사할 수 있으므로, 소수주주와 회사에 대하여 신의성실 의무를 부담한다.

④ Shareholder' liability

a. Shareholders' liability is limited up to capital contribution
주주는 원칙적으로 출자금액을 한도로 하는 유한책임을 부담한다.

b. Unlimited (personal) liability
주주가 예외적으로 무한책임을 부담하게 되는 경우가 존재한다.

a) **Piercing the corporation veil** ⇨ Doctrine of disregard of corporation entity

The court sometimes will hold the shareholders liable because the privilege (limited liability) of corporation is being abused as follows
법원은 주주가 유한책임의 혜택을 남용하였다고 인정되는 다음의 경우에는 법인격부인론을 적용하여 주주에게 개인적으로 무한책임을 부담시킨다.

ⓐ Undercapitalization (자본출자에 문제존재)
ⓑ Commingling personal and corporate funds (개인자금과 회사자금을 혼용)
ⓒ Committing fraud or illegality (부정행위 및 불법행위에 개입)
ⓓ Always insolvency or never making profits (회사경영에 과도한 부실존재)

b) **Watered stocks**

Watered stocks are shares issued for less than par or stated value
혼수주식이란 주식이 액면금액 미만으로 발행되어 자본출자에 문제가 생긴 경우이다.

ⓐ Initial purchasers are liable to creditors for the difference between the purchase price and par or stated value

최초의 주식인수인은 회사채권자를 위해서 차액에 대해 책임을 부담한다.

ⓑ Initial purchasers remains liable even if he sells the shares to 3rd parties and subsequent purchasers are also liable if they know the shares are watered stocks

최초의 주식인수인이 해당 주식을 제3자에게 양도하더라도 여전히 책임을 부담하며, 주식양수인이 혼수주식임을 알고 있었던 경우에는 함께 책임을 진다.

2) Management's rights, duties, and liability

① 의의

a. Corporations are operating by board of directors (BOD) and officers

주식회사의 운영은 이사회와 임원으로 구성된 경영자에 의해서 이루어진다.

a) Board of directors (BOD)

Shareholders elect the BOD who is responsible for **overall management**

이사회는 주주총회에 의해서 선출되며, 회사의 경영 전반에 대한 책임을 부담한다.

b) Officers

The **BOD** appoints officers who run the **day-to-day management**

임원은 이사회에 의해서 선출되며, 이사회 결정을 집행하고 일상적 업무를 담당한다.

b. Directors are not necessarily shareholders and can be officers at the same time

이사는 주주일 필요는 없으며, 임원의 지위를 동시에 가질 수도 있다.

② Director's rights and duties

a. Directors have the following rights and must act only as a board (not individually)

이사는 개인이 아니라 이사회로서 경영 전반에 대한 다음과 같은 권리를 가진다.

a) Appointment or removal of officers (임원의 선임과 해임)

b) Adoption and amendment of bylaws (부속정관의 채택과 수정)

c) Fixing management's compensation (경영진 보수의 확정)

d) Declaration of dividends (배당의 결정)

e) Issuance of stocks and bonds (자금조달의 결정)

b. Directors are **not agents** of the corporation but owe **fiduciary duty** to the corporation

이사는 의사결정을 담당하고 실제 업무집행을 하지 않으므로 회사의 대리인이 되지는 않지만, 경영 전반에 미치는 영향을 고려하여 신의성실 의무는 부담하게 된다.

③ Officer's rights and duties

a. Officers ordinarily conduct the corporation's day-to-day management and have rights to bind the corporation to contracts made on its behalf
임원은 회사의 일상적인 업무에 대하여 권리를 가지며, 따라서 회사를 위해서 계약을 체결할 수 있는 권리가 인정된다.

b. Officers are **agents** of the corporation and owe **fiduciary duty** to the corporation
임원은 회사업무를 실제로 집행하므로 대리인이고 신의성실 의무를 당연히 부담한다.

Fiduciary duty ⇨ Duty of loyalty

① The BOD and officers must act solely in the best interest of the corporation
이사와 임원은 충실의무를 부담하므로 회사의 이익을 최우선으로 행동해야 한다.

② The management may not have conflict of interest with the corporation
따라서 회사와 이해관계의 충돌이 발생할 수 있는 거래를 할 수 없다.

③ But the management may have transactions with corporation only when one of the following conditions are met
하지만 다음과 같은 조건이 하나라도 충족되면 회사와 거래하는 것이 인정된다.

a. The transaction is fair and reasonable to the corporation
해당 거래가 회사에 대하여 공정하고 합리적으로 이루어졌다.

b. The transaction is disclosed fully and approved by the disinterested majority of BOD
해당 거래가 이사회에 모두 공개되고, 이해관계자를 배제한 상태에서 이사회의 과반수 승인을 얻어야 한다.

c. The transaction is disclosed fully and approved by the majority of shareholders
해당 거래가 주주총회에 모두 공개되고, 주주의 과반수 승인을 얻어야 한다.

④ Management's liability

a. 의의

a) If the management contracts without authority, the management is personally liable
경영자가 권한 없이 체결한 계약에 대해서는 개인적으로 책임을 부담한다.

b) The management is also liable for **torts** (**breach of duty**) and crimes
불법행위와 범죄행위에 대해서도 당연히 책임을 부담한다. 특히 신의성실 의무를 위반한 경우에 발생된 손해에 대해 회사에 대하여 책임을 부담한다.

b. 경영자의 책임에 영향을 주는 사유

a) **Ultra Vires Act** (권한을 넘어선 행위)

ⓐ This act is beyond the scope of the corporation's power that stated in the AOI
정관에 규정되어 있는 회사의 권한을 넘어선 한 행위를 의미한다.

ⓑ This act is not necessarily illegal
해당 행위가 반드시 불법일 필요는 없다. (정관으로 회사가 보증계약을 할 수 없도록 규정한 경우에, Suretyship 은 불법은 아니지만 Ultra vires act 가 된다)

ⓒ Directors or officers are **liable** for committing ultra vires acts
이사나 임원은 권한을 넘어선 행위를 한 경우에 책임을 부담한다.

b) **Business judgment rule** (경영판단의 법칙)

ⓐ Directors or officers are **not liable** for decisions if they acted reasonably in good faith and acted in the best interest of the corporation
이사나 임원이 합리적인 주의와 선의를 가지고 회사의 이익을 위해서 최선의 결정을 하였다면, 해당 결정으로 인하여 발생한 손해에 대해서 책임을 지지 않는다.

ⓑ Directors are not liable for decisions if they relied on reports prepared by officers
이사는 임원의 보고서에 근거하여 결정을 내린 경우 책임이 면제될 수 있다.

Liability for improper dividends

① Corporations may not declare and pay dividends if it would cause insolvency
회사가 지급불능상태를 초래하는 배당을 결의하거나 지급할 수 없다.

② Directors are liable for authorizing improper dividends
잘못된 배당결정에 찬성한 이사들은 신의성실 의무의 위반으로 책임을 부담한다.

③ Shareholders are liable to creditors of the corporation for improper dividends
주주는 잘못된 배당을 수령한 경우 회사의 채권자들을 위해 반환책임을 부담한다.

④ Directors may use as defenses of business judgment rule
이 경우에 이사는 경영판단의 원칙을 책임을 부인하는 근거로 사용할 수 있다.

	Corporation Solvent	Corporation Insolvent
Non-breaching Directors	No	No
Breaching Directors	Yes	Yes
Knowing Shareholders	Yes	Yes
Innocent Shareholders	No	Yes

Indemnification for management's liability

① Directors or officers have rights to indemnification for expenses incurred while acting in their corporate capacity
이사나 임원은 회사업무와 관련하여 발생한 비용에 대하여 상환을 요구할 수 있다.

② Directors or officers may be indemnified against **any judgment** (**win or lose**) imposed in lawsuits, if they acted in good faith and in the best interest of the corporation
이사나 임원은 회사업무와 관련된 소송에서 승소 또는 패소한 경우에도, 신의성실 의무를 다하였다면, 소송으로 인한 책임에 대하여 회사에게 상환을 요구할 수 있다.

3) Corporation's power and liability

① Corporation's power

Corporation's power is based on AOI and generally has the following powers
주식회사의 능력은 정관에 근거를 두며, 일반적으로 다음과 같은 능력이 인정된다.

a. Corporations have general power of legal entity

⇨ Corporations can sue or be sued, own property, etc.
소송절차 또는 소유관계 등에서 일반적인 능력이 인정된다.

b. Corporations may acquire **treasury stocks** or make **charitable contribution**
자기주식 취득이나 기부행위와 같은 특별한 유형의 계약능력이 인정된다.

c. Corporations are authorized to **indemnify** the management for expenses made on behalf of the corporation
회사는 경영자가 회사를 위해서 지출한 비용의 상환에 대한 승인여부를 결정할 수 있다.

d. Corporations make **loans** to **directors** (only when shareholders' approval) or **employees** (without shareholders' approval)
회사는 이사나 종업원에 대한 대출을 승인할 수 있는데, 이사의 경우에는 별도로 주주총회의 승인이 있어야 가능하다.

② Corporation's liability ⇨ Agency rule (**Principal's liability**)

a. Contractual liability (계약책임)

If the management acts within the power of the corporation, the corporation is liable for contracts made by the management with 3rd parties
경영자가 회사의 능력범위 내에서 제3자와 체결한 계약에 대해서는 회사가 본인으로서 책임을 부담한다.

b. Tort liability (불법행위책임)

If the management acts within the scope of business, the corporation is also liable for torts committed by management, employees, etc.
업무상 행위와 관련하여 경영자, 종업원 등에 의해서 발생한 불법행위에 대해서는 회사도 함께 책임을 부담한다.

c. Criminal liability (형사책임)

Corporations are generally not liable for crimes by the management unless the corporation permitted or aided the crime
회사는 범죄행위를 지시 또는 지원하지 않은 이상 일반적으로 형사책임을 지지 않는다.

4) Financing

① 의의

Corporations are generally financed by debt securities and equity securities
주식회사의 특징은 다양한 자금조달 수단이 인정되는 것인데, 대표적인 자금조달 수단으로 채무증권인 회사채와 지분증권인 주식이 이용된다.

② **Debt securities** ⇨ Bonds

a. Debt securities represent creditor-debtor relationships with the corporation
채무증권은 주식회사와 관련된 채권채무관계를 의미한다.

b. Debt securities include secured bonds, unsecured bonds (debentures), convertible bonds, etc.
채무증권의 종류에는 담보사채, 무담보사채, 전환사채 등이 포함된다.

③ **Equity securities** ⇨ Stocks

a. Equity securities represent the ownership interest in the corporation
지분증권은 주식회사에 대한 소유주의 지분을 의미한다.

b. Equity securities include shares of the corporation (common or preferred stocks), stock warrants, stock options, etc.
지분증권에는 보통주 또는 우선주, 주식매입권 (Stock warrant 는 주주가 아닌 일반투자자가 신주를 매입할 수 있는 권리이다), 주식선택권 (Stock option 은 보유자가 일정한 기간에 약정된 가격으로 주식을 매입할 수 있는 권리이다) 등이 포함된다.

c. **Treasury stock** (자기주식)

a) It does not have voting right and preemptive rights, and does not receive dividends
자기주식은 의결권, 신주인수권, 배당에 대한 권리가 없다.

b) It may be resold at any price without liability to purchasers
자기주식은 다시 매각되더라도 혼수주식의 문제가 발생하지 않는다.

c) Corporations may not reacquire treasury stocks if it would cause insolvency
회사가 지급불능상태를 초래하는 경우에는 자기주식을 취득할 수 없다.

4. Termination

1) 의의

Generally two steps are required to formally terminate the business
사업을 종료하기 위해서는 일반적으로 해산과 청산이라는 두 단계의 법적 절차가 필요하다.

Dissolution (해산) + Winding up (청산) ⇨ Termination

2) 일반적인 해산사유

① Voluntary dissolution (임의해산)

a. It requires the BOD and majority of shareholders' approval
자발적으로 해산하기 위해서는 이사회의 승인과 주주 과반수의 찬성이 필요하다.

b. It must file an article of dissolution with state
임의해산이 인정되기 위해서는 해산등록을 하여야 한다.

② Involuntary dissolution (강제해산)

a. By the shareholders

Shareholders may petition to seek judicial dissolution if the corporation is hopeless, corporate assets are wasted or misapplied, etc.

주주들은 회사의 존속에 문제가 있다고 판단되면 법원에 해산을 청원할 수 있다.

b. By the state

The state may dissolve the corporation if the corporation commits criminal acts, fails to comply with requirements, etc.

범죄행위나 의무불이행 등으로 회사의 존속에 문제가 있으면 정부가 해산시킬 수 있다.

c. By the creditors

Creditors may file the involuntary bankruptcy petition

회사가 채무불이행 상태에 있으면 채권자들은 파산법에 따라 파산을 신청할 수 있다.

3) 특수한 해산사유 ⇨ Merger and consolidation

① 의의

a. **Merger** (흡수합병)

Two corporations join together and one of them survives (A + B = A)

두 회사 중에서 하나의 회사는 존속하고 다른 회사는 해산하여, 그 주주 및 재산이 존속회사에 포괄적으로 승계되는 합병이다.

b. **Consolidation** (신설합병)

Two corporations join together and a new corporation is formed (A + B = C)

두 회사가 모두 해산하여 새로이 회사를 설립하고, 해산한 회사의 주주 및 재산이 신설회사에 포괄적으로 승계되는 합병이다.

② General procedures for mergers (일반적인 합병절차)

a. **Resolution of BOD** (이사회결의)

a) A formal plan of merger is prepared by BOD of both corporations

양 회사의 이사회를 통해 합병계획서를 작성한다.

b) Majority of BOD of both corporation must approve the merger plan

양 회사의 이사회는 과반수 결의를 통해 합병계획서를 승인해야 한다.

b. **Notice to shareholders and special meeting** (주주에 대한 통지와 특별총회)

Shareholders of both corporations must be given notice of the merger plan

양 회사의 주주에게 합병계획서와 함께 통지를 하여 특별주총을 개최한다.

c. **Approval of shareholders** (주주에 의한 승인)

a) Majority of shareholders of both corporations must approve the merger plan

양 회사의 주주총회는 과반수 결의를 통해 합병계획서를 승인해야 한다.

b) Dissenting shareholders of both corporations have the right of appraisal

합병에 반대하는 주주에게는 주식매수청구권이 주어져야 한다.

d. **Filing of the certificate of merger with the state** (합병등록)

The approved merger plan is submitted to the state and the state issues the certificate

승인된 합병계획서를 정부에 제출하여 등록절차를 마쳐야 한다.

③ 특수한 합병 ⇨ **Short-form merger** (간이합병)

a. Corporations owning **90% or more** of subsidiary corporations may merger the subsidiary **without** the **approval** of the shareholders of both corporations and the **approval** of the subsidiary's BOD

이미 90% 이상의 지분을 소유하고 있는 모회사가 자회사를 합병하는 경우에는 합병절차가 간소화 될 수 있다. 따라서 양 회사의 주주총회 승인과 자회사의 이사회 승인절차를 생략할 수 있다.

b. The parent's BOD must notify the short-form merger to subsidiary's shareholders

모회사의 이사회는 자회사의 주주들에게 간이합병에 대해서 통지는 하여야 한다.

c. **Subsidiary's (not parent's)** shareholders must be given the **right of appraisal**

자회사의 주주에게는 주식매수청구권이 인정되지만, 모회사의 주주에게는 인정되지 않는다.

Fundamental Changes

Changes	BOD's Resolution	Shareholders' Approval	Shareholder's Appraisal Rights
A amends its AOI	A : Yes	A : Yes	A : No, unless materially and adversely affects shareholders' rights
B sells its assets in usual and regular course of business to A	B : Yes	B : No	B : No
B sells its assets not in usual and regular course of business to A	B : Yes	B : Yes	B : Yes
A voluntarily purchases shares of B	A : Yes B : No	A : No B : No	A : No B : No
A acquires shares of B through a compulsory exchange	A : Yes B : Yes	A : No B : Yes	A : No B : Yes
A and B merge	A : Yes B : Yes	A : Yes B : Yes	A : Yes B : Yes
A merges its 90 percent subsidiary B into A	A : Yes B : No	A : No B : No	A : No B : Yes
A and B consolidate	A : Yes B : Yes	A : Yes B : Yes	A : Yes B : Yes
A voluntarily dissolves	A : Yes	A : Yes	A : No

Multiple Choice Questions

Q1 The partnership agreement for KLP Partnership provided that profits be paid to the partners in the ratio of their financial contribution to the partnership. Kim contributed $10,000, Lee $30,000, and Park contributed $50,000. For the year ended December 31, 2020, KLP Partnership had losses of $180,000. What amount of the losses should be allocated to Park?

① $40,000　　② $60,000
③ $90,000　　④ $100,000

Q2 In a general partnership, which of the following acts must be approved by all the partners?

① Dissolution of the partnership
② Admission of a partner
③ Authorization of a partnership capital expenditure
④ Conveyance of real property owned by the partnership

Q3 Under the Revised Model Corporation Act, which of the following statements is correct regarding corporate officers of a public corporation?

① An officer may not simultaneously serve as a director
② A corporation may be authorized to indemnify its officers for liability incurred in a suit by stockholders
③ Stockholders always have the right to elect a corporation's officers
④ An officer of a corporation is required to own at least one share of the corporations' stock

Which of following statements is a general requirement for the merger of two corporations?

① The merger plan must be approved unanimously by the stockholders of both corporations

② The merger plan must be approved unanimously by the boards of both corporations

③ The absorbed corporation must amend its articles of incorporation

④ The stockholders of both corporations must be given due notice of a special meeting, including a copy or summary of the merger plan

Question Explanations

Q1: ④

Partnership에서 별도의 합의가 없으면 이익과 손실은 출자비율에 관계없이 균등하게 분배되기 때문에, Park에게 분배되는 손실은 $100,000 (= $180,000 X $50,000 / $90,000) 이다. 이익과 손실에 대해서 각각 별도의 합의가 있다면 해당 비율에 따라 손실이 분배된다. 이익에 대해서만 분배비율을 정한 경우에는 손실도 이익분배비율에 따라 분배된다. 출자비율은 Limited partnership또는 Corporation 에서 의미가 있다.

Q2: ②

인적회사의 특성상 새로운 파트너를 가입시키는 것은 전원동의가 항상 요구되는 중요사항이다. ③ 회사비용에 대한 승인문제는 자본적 비용과 같은 중요지출 사항이라도 일상적인 문제에 해당하기 때문에 전원동의가 반드시 요구된다고 할 수 없다. ① Dissolution 문제는 예외적인 상황이기 때문에 전원동의가 요구되는 상황으로 오해하기 쉽다. 물론 전원동의를 통해서 회사 해산을 결정하는 경우도 있지만, 개별 파트너가 회사를 탈퇴하거나 사망하는 경우에 Dissociation 절차를 거쳐 회사가 해산하는 경우도 존재한다. 또한 불법행위로 인한 강제적 해산도 가능하기 때문에 항상 전원동의가 요구된다고 할 수 없다. ④ 회사 자산을 양도하는 경우에도 원칙적으로 전원동의가 요구되지만, 이는 해당 자산이 회사영업에 중요한 항목이라는 요건을 필요로 한다. 중요하지 않은 자산을 처분하는 경우에는 전원동의가 필수가 아닐 수 있다. 정답을 고르는 과정에서 예외가 없는 명확한 ② 지문이 존재하기 때문에 예외가 인정될 수 있는 ④ 지문은 제외되는 점에 주의가 필요하다.

Q3: ②

회사업무 집행과 관련하여 Officer는 개인적으로 소송을 당할 가능성이 있다. 특히 회사 주주들이 Officer의 업무집행이 회사에 손해를 발생시켰다고 주장하면서 Derivative action을 제기할 수 있다. 이때 Officer가 신의성실의무를 위반한 것이 아니라면, 소송에서 승소한 경우는 물론 패소한 경우에도 업무집행으로 인한 소송에서 발생한 비용은 회사에 상환을 청구할 수 있다. ① Officer 지위와 Director 지위는 겸임이 가능하며, ④ 주주 중에서 Officer를 선출하는 것도 가능하다. 하지만 Officer가 되기 위해서 회사 주식을 반드시 소유할 것이 요구되지는 않는다.

Q4: ④

합병을 하기 위해서는 양쪽 회사의 특별주주총회를 통해서 주주승인을 얻어야 한다. 또한 합병에 반대하는 주주가 주식매수청구권을 행사할 수 있도록 합병계획을 미리 통지하여야 한다. 다만, 합병을 위해서 주주의 전원동의가 필요한 것이 아니라 과반수 동의로 가능하다. 주주총회를 통한 주주의 승인 이전에 양쪽 회사의 이사회 승인이 반드시 필요하지만 이사 전원동의가 요구되지 않는다. 그리고 합병을 마무리 하는 절차로 Filing이 요구되지만, 정관변경이 필수절차가 되지는 않는다.

Chapter 08

Federal Securities Regulation

Overview

1. Securities Act of 1933

1933년 증권법은 증권의 발행과 관련하여 완전하고 공정한 공시를 통해서 투자자를 보호하는 것을 목적으로 제정되었다. 연방법이기 때문에 둘 이상의 주에 증권의 발행되는 경우에 적용이 되게 된다. 하지만 일정한 경우에는 증권의 발행과 관련된 등록의무가 완화되거나 면제가 되는데 이에 대한 이해가 중요한 부분이다. 특히 공모방식이 아니라 사모방식이거나 소규모 발행인 경우 등이 등록의무의 면제가 인정되는 경우인데, 세부 요건에 차이가 있어 이에 대한 정리가 필요하다.

증권발행과 관련하여 부정행위가 발생하여 투자자에게 손해가 발생한 경우에는 발행인에게 민사상 및 형사상 책임이 인정된다. 특히 Section 11 규정에서는 등록신고서에 중요한 사실에 대한 허위기재나 누락이 발생한 경우에 등록신고서와 관련된 모든 사람에게 책임을 부과하고 있다. 등록신고서에 감사 받은 재무제표가 포함되어야 하므로, 공인회계사도 해당 책임을 지게 되어 중요한 사항이다. 증권법의 주된 목적이 투자자의 보호이므로 소송을 통해 책임을 물을 경우 원고인 투자자의 입증부담을 완화해준 것이 특징이다.

2. Securities Act of 1934

1934년 증권법은 증권의 유통과 관련하여 완전하고 공정한 공시를 통해서 투자자를 보호하는 것이 목적이다. 유통과 관련된 것이기 때문에 계속적인 공시를 통해서 투자자를 보호하는 것이 중요하며, 내부자 정보를 이용하여 부당한 이익을 취한 경우에 규제가 강조되는 것이 특징이다.

증권유통과 관련하여 부정행위가 발생한 경우에 증권법의 위임으로 SEC에서 제정한 Rule 10b-5가 적용된다. 해당 규정의 가장 큰 특징은 원고의 입증부담을 증가시켰다는 것이다. 증권소송의 남용으로 발행인에게 너무 과도한 책임이 발생하는 점을 고려하여, 1993년도 증권법과는 책임인정 요건이 다르게 되어 있다.

Introduction of Federal Securities Regulation

1. 증권의 개념

1) 정의

Securities are investment contracts that investors intend to **make profits** on investments **through the efforts of others** rather than through their own efforts
증권의 기본개념은 자신의 노력이 아니라 제3자의 노력을 통해서 이익을 얻는 것을 목적으로 하여 자금을 투자하는 것이다.

2) 유형

① Securities include notes, equity securities, debt securities, limited partnership interest, etc.
증권의 전형적인 유형에는 어음, 지분증권, 채무증권, Limited partnership 지분 등이 포함된다.

② Securities do **not** include **certificates of deposit** (CD) and **general partnership interest**
양도성예금증서와 General partnership 지분은 증권에 포함되지 않는다.

2. 증권 발행의 이해관계자

1) Issuers (발행인)

① Issuers are entities whose securities are being sold

발행인이란 증권을 자본시장에 매도하려는 회사를 말한다.

② **Controlling persons**, **underwriters**, and **dealers** are considered as issuers

증권발행회사 이외에도 Controlling persons, underwriters, dealers 가 발행인으로 고려된다.

a. Controlling persons

a) Controlling persons have direct or indirect power to influence the management or police of issuers by stock ownership, position, etc.
지분이나 지위 등을 이용하여 발행인의 경영 또는 정책에 직간접으로 영향력을 행사할 수 있는 이해관계자를 Controlling person 이라고 한다.

b) Controlling persons who make secondary offerings are issuers

증권발행회사가 발행한 증권이 Controlling person 의해서 2차적으로 배분되는 경우에는 Controlling person이 별개의 발행인으로 취급된다.

b. Underwriters

Underwriters are intermediaries who sell issuers' securities to the public or to dealers

Underwriter는 발행인을 위하여 증권을 일반인들에게 분산시키는 역할을 담당한다. 또한 증권의 신속한 매매를 위하여 다른 증권업자에게 약간의 이윤을 붙여서 떠넘기기도 한다.

c. Dealers

Dealers sell or trade securities on a full or part time basis

Dealer는 Underwriter에게서 증권의 전부 또는 일부를 매입하여 자신의 판매망을 통해 일반인들에게 증권을 분산시키는 역할을 담당한다.

2) Security Exchange Commission (SEC)

① 의의

SEC was created by 1933 Act to administer all federal securities regulations and takes responsible for interpretations, investigations, rulemaking, etc.

SEC 는 연방의 증권관련 규정을 담당하는 정부기관으로서 관련 법률을 해석하고, 위반사실을 조사하며, 관련 법률의 위임을 받아 규칙을 제정하는 역할을 수행한다.

② 권한

a. SEC has broad **subpoena power** for investigations

위반사실의 조사를 위해서 증인을 소환할 수 있는 권한이 있다.

b. SEC may **suspend** or **revoke** the registration or exchange of securities

위반사실이 발견되면 증권의 등록 또는 거래를 중지시키거나 취소시킬 권한이 있다.

c. SEC may seek **injunctions** in order to prevent violation

필요할 경우 법원에 고발조치 할 수 있다.

d. But SEC can**not prosecute** criminal acts and **assess** monetary penalties

하지만 SEC는 사법기관이 아니므로 직접 기소하거나 벌금을 부과할 수는 없다.

e. SEC does **not evaluate** merits or value of securities and **guarantee** accuracy of information

증권의 장점이나 가치를 평가하는 것이 아니고 정보의 정확성을 보장하는 것도 아니다.

3) Investors (투자자)

① **Unaccredited** investors (일반투자자)

② **Sophisticated** investors

Unaccredited investors have sufficient knowledge and experience in financial matters to be capable of evaluating the merits and risks of prospective investment

일반투자자 중에서 투자와 관련된 장점과 위험을 평가할 충분한 지식과 경험을 갖춘 투자자

③ **Accredited** investors

Accredited investors are institutional investors (such as bank, insurance company, etc.), executives of issuers, and natural persons with at least $1,000,000 in net worth or $200,000 in annual income

기관투자자 (은행, 보험회사 등), 발행인의 경영진, 일정한 재산 또는 소득을 보유한 자연인

3. 증권법의 체계

1) Federal law

① Securities Act of 1933

a. This act is primarily concerned with original issuances of securities

해당 법은 증권의 발행에 대한 사항을 규제하는 것을 목적으로 한다.

b. This act protects investors by requiring issuers to fully and fairly disclose of all material information

⇨ Registration statement and Prospectus

증권신고서와 투자설명서를 통한 정보공개를 통해서 투자자를 보호하는 것이 목적이다.

② Securities Act of 1934

a. This act is concerned with purchases and sales of securities after original issuances

해당 법은 증권의 유통에 대한 사항을 규제하는 것을 목적으로 한다.

b. This act protects purchasers and sellers by requiring issuers to fully and fairly disclose of all material information ⇨ Registration and Periodic reporting, etc.

등록과 계속적인 공시 등을 통해서 증권매수인과 증권매도인을 보호하는 것이 목적이다.

2) State law ⇨ Blue Sky Laws

① In addition to federal law, most states have state statutes regulating the offer and sale of securities
⇨ These laws are often called 'Blue Sky' Laws

연방법에 더해서 각 주마다 별도의 증권법을 가지고 있는데, 이를 Blue Sky Laws 라고 한다.

② Issuers must comply with **both** the state and SEC

a. Filing of registration statements with SEC does not automatically result in compliance with the state
⇨ The registration statement must be **separately** filed with the state
연방법에 따라 SEC에 등록을 하였더라도 해당 주에 별도로 등록을 하여야 한다.

b. Exemptions from federal laws are not exemptions from state laws
연방법에서 면제대상이었더라도 해당 주법에서 면제대상이 아니면 등록해야 한다.

Securities Act of 1933

1. 의의

1) The purpose of Securities Act of 1933 is to assure that potential investors have all material information relating to **new issuance of securities**, and to prevent fraud or misrepresentation
1933년 증권법은 새로운 증권의 발행과 관련하여 잠재적 투자자들에게 모든 중요한 정보가 제공되도록 하고, 증권의 발행과 관련된 사기와 부실표시를 방지하는 것을 목적으로 한다.

2) The purpose is accomplished by the following requirements and liabilities

이러한 목적을 달성하기 위하여 다음과 같은 요구조건과 책임이 부과된다.

① Most issuers must file **registration statements** with SEC
대다수 발행인은 증권신고서를 SEC에 등록하여야 한다.

② Most issuers must provide **prospectuses** to potential investors
대다수 발행인은 투자설명서를 잠재적 투자자들에게 제공하여야 한다.

③ This act imposes **civil and criminal liabilities** for fraud or misrepresentation
사기나 부실표시가 있을 경우에 민사상 및 형사상 책임이 부과된다.

2. 발행절차

1) Pre-filing period

① Sales activities (advertisement, offer, or sale) are not allowed before the registration
등록 이전까지 발행인은 증권의 매매를 위한 어떠한 행위도 할 수 없다.

② Issuers are permitted to negotiate with underwriters
하지만 증권발행을 위해서 Underwriter와 함께 발행조건 등에 대한 협의는 가능하다.

2) Waiting period

① There is 20-day waiting period between the filing date and the registration (effective date)
등록신고 후에 20일 이후에 등록의 효력이 발생하게 된다.

② Sales are prohibited during this waiting period, but some sales activities are allowed
20일의 기간 동안에 증권의 매매는 금지되지만 매매를 위한 예비행위는 일부 인정된다.

a. **Tombstone advertisements** can be allowed

증권발행사실을 신문이나 잡지 등에 간단히 광고하는 것은 허용된다.

b. **Preliminary (red herring) prospectuses** can be allowed

정식적인 투자설명서가 아니라 예비투자설명서를 이용하는 것은 허용된다.

c. **Oral offers** (no written offer) can be allowed

편지 등과 같은 서면청약이 허용되지 않지만 전화 등과 같은 구두청약은 허용된다.

Tombstone advertisement (묘석광고)

It informs the type of security, its price, who will execute orders, etc., but is not an offer and prospectus
증권발행에 관한 기본적인 사항만을 간단히 알리기 때문에 묘석과 같다는 의미에서 붙여진 이름이며, 해당 광고는 청약이나 투자설명서로 보지 않는다.

Preliminary prospectus (예비투자설명서)

It is referred to as the 'red herring prospectus' since a legend in red ink is printed on the prospectus indicating that it is 'Preliminary' (not yet final)
예비투자설명서는 증권발행에 대한 주요내용을 담고 있는 것으로, 등록신고가 효력을 발생하기 이전에는 증권을 매매할 수 없다는 사실이 붉은 색 잉크로 기재된다.

③ If SEC determines that the registration statement is not accurate or sufficient, the amended registration statement must be filed and 20 days restart when the amended registration statement is filed
SEC에서 증권신고서의 보완을 요구한 경우에, 수정한 신고서를 제출한 날로부터 다시 20일의 기간이 지나야 등록의 효력이 발생하게 된다.

3) Post-effective period

① The effective date of the registration is 20 days after the filing or as SEC directs
등록신고가 이루진 날로부터 20일이 경과하거나 SEC 에서 20일 이내에 지정한 날짜에 증권등록의 효력이 발생하게 된다.

② After the registration is effective, the securities can be sold
등록의 효력이 인정된 이후에만, 해당 증권은 매매가 가능해진다.

③ All investors must receive prospectuses before or with sales of securities
증권의 매매가 이루어지기 전이나 이루어지는 시점에 투자설명서가 모든 투자자에게 전달이 되어서, 투자자가 증권에 관한 모든 중요한 사실을 알 수 있도록 하여야 한다.

Filing date → Effective date

	Pre-filing period	Waiting period	Post-effective period
Advertisement	X	원칙 : X 예외 : Tombstone Ad O	O
Offer	X	원칙 : X 예외 : Oral offer O Preliminary prospectus O	O
Sale	X	X	O

3. Registration statement (증권신고서) ⇨ Form S-1

1) 의의

① Registration statements are required to be filed with SEC before initial sale of securities
증권신고서가 SEC 에 등록이 되어야만 해당 증권을 투자자들에게 매매할 수 있게 된다.

② This statement consists of two parts (**prospectus** and **detailed information**)
증권신고서는 두 파트로 구성이 되는데, 투자설명서와 세부적인 내용으로 구분된다.

2) 증권신고서의 내용

① Part 1. **Prospectus** ⇨ Written offer to sell the security

a. The 1933 Act defines 'prospectus' as any written, radio, or television offer to sell the security in broad terms
1933 법에서는 투자설명서의 정의를 포괄적으로 규정하면서 명칭에 상관없이 증권의 매매를 위한 모든 문서를 투자설명서로 보고 있으며, 라디오 또는 텔레비전을 통해서 투자자들에게 하는 청약도 포함시키고 있다.

b. The prospectus summarizes important information contained in part 2 by plain English
투자설명서는 증권신고서의 포함되는 증권에 관한 중요한 사항들을 정리한 요약자료이며, 투자자들이 이해하기 쉽도록 작성되어야 한다.

c. All investors must receive the prospectus before or with sales of the security
투자설명서는 증권의 매매 이전에 또는 동시에 별도로 투자자에게 교부하여야 한다.

② Part 2. Detailed information about the security

a. **Audited financial statements**

a) The registration statement must include the balance sheet dated not more than 90 days before the filing and the profit and loss statements for the preceding 5 years
등록신고서에는 신고일로부터 90일 이내의 대차대조표와 과거 5년간의 손익계산서가 반드시 포함되어야 한다.

b) The financial statements must be audited by independent CPA registered with Public Company Accounting Oversight Board (PCAOB)
해당 재무제표는 반드시 PCAOB에 등록이 된 독립된 공인회계사에 의해서 감사를 받은 재무제표이어야 한다.

b. Other material facts

a) The names and addresses of the directors, officers, general partners, underwriters, shareholders who own 10% or more of the corporation's shares, etc.
발행인의 경영진, 인수인, 대주주 등의 이름과 주소

b) The principal purposes for which the offering proceeds will be used
증권발행금액의 주된 용도

c) Descriptions of the issuer's property, business, capitalization, etc.
발행인의 재산내역, 사업, 자본현황 등

d) Risks associated with the security, etc.
해당 증권과 관련된 위험요소 등

4. 등록의무의 완화

1) Shelf registrations (일괄등록제도)

① Issuers may prepare one registration statement for all securities that will issue in the future
(⇨ When the issuer decides to issue additional securities, the issuer does not have to file new registration statement with SEC again)
발행인은 추가적으로 증권을 발행하는 경우마다 다시 등록을 하는 것이 원칙이지만, 일괄등록제도를 이용하면 한 번의 등록으로 증권을 추가적으로 발행하는 것이 가능하게 된다.

② Changed information (such as change of interest rate) must be continuously updated
이자율의 변경과 같은 변동사항이 발생하면 지속적으로 수정신고를 하여야 한다.

③ If changes are material, new registration statement is required
만일 변동사항이 중대한 경우에는 다시 증권신고서를 제출하여야 한다.

2) Different registration forms

① 의의

증권법에서 요구되는 공시의 부담을 덜어주기 위해서 일정한 요건을 해당하는 경우에는 많은 정보가 요구되는 기본양식 S-1이 아닌 다른 양식을 이용한 등록이 인정된다.

a. These forms adopted **to ease much of burden of disclosures** required by federal laws

b. These forms are required less detailed disclosures than Form S-1

② Form S-2 and S-3 ⇨ **Integrate information** (결합공시)

Issuers already filed with SEC under 1934 Act may use Form S-2 and S-3
이미 1934 법에 의해서 등록을 한 발행인은 1933 등록의무에 의한 공시와 1934 보고의무에 의한 공시를 통합하여 공시할 수 있으며, 이때 S-2 및 S-3 양식이 이용된다.

③ Form SB-1 and SB-2 ⇨ **Small business** (소규모기업)

Small business issuers may use Form SB-1 and SB-2
소규모기업의 발행인에게는 증권발행의 비용부담을 줄이기 위해서 별도 양식이 허용된다.

5. 등록의무의 면제

1) 의의

Securities Act of 1933 has two types of exemptions
1933 법에서는 다음과 같은 두 가지 유형의 등록의무 면제규정을 두고 있다.

① **Securities exemptions** apply to securities issued by certain types of issuers
증권의 발행인을 고려하여 면제가 인정되는 경우이다.

② **Transactions exemptions** apply to securities issued in certain types of transactions
증권과 관련된 거래를 고려하여 면제가 인정되는 경우이다.

2) Securities exemptions

① Securities issued by the **government** (except for proprietary activities such as public utilities)
정부에 의해 발행된 증권 (다만, 순수한 정부활동이 아니라 정부의 수익성 활동과 관련하여 발행된 증권은 면제대상에 해당하지 않는다)

② Securities issued by regulated **common carriers** (such as railroads)
철도회사와 같이 정부의 규제를 받는 운송업자가 발행하는 증권

③ Securities issued by **not-for-profit organizations** (such as charitable organization, etc.)
자선단체나 종교단체 등과 같은 비영리기관이 발행하는 증권

④ Securities issued by banks, savings and loans, etc.
은행과 상호신용금고 등에서 발행하는 증권

⑤ Insurance policy and annuity contracts (except for securities issued by insurance companies)
보험증서와 연금증서 (다만, 보험회사가 발행하는 증권은 면제대상에 해당하지 않는다)

⑥ Securities issued by trustees under Chapter 11 of Bankruptcy Code
파산절차에서 파산관재인이 발행하는 증권

3) Transactions exemptions

① **Short-term commercial paper**

a. It is a commercial paper (such as note, draft, etc.) with a maturity of 9 months or less
만기가 9개월 이내인 어음 등의 Commercial paper는 등록의무가 면제된다.

b. If the proceed is used for current operation (not investment), this security is exempt
등록의무가 면제되기 위해서는 자금사용 용도가 투자목적이 아닌 영업목적이어야 한다.

② **Sales by any persons other than the issuer, underwriter, or dealer**

a. Generally this exemption applies to sales by individual investors
일반적으로 증권발행 이후에 개인투자자에 의한 증권의 매도가 이에 해당한다.

b. This exemption does not apply to sales by controlling persons because controlling persons are considered as issuers
Controlling person은 발행인으로 간주되므로 면제대상에 해당하지 않는다.

③ **Exchanges with existing shareholders** ⇨ Stock dividend, stock split, etc.

This exemption applies to securities exchanged by the issuer exclusively with existing shareholders provided no commission is paid
발행인이 기존주주에게 배타적으로 주식을 교환해 주면서 수수료의 지급이 없었다면, 교환으로 발행된 증권은 면제대상에 해당한다.

④ **Intrastate sales** (주내발행)

a. This exemption applies to securities offered and sold only to persons who are residents of the issuer's single state where it is doing business
발행인이 영업을 수행하는 동일한 주에 거주하는 투자자에게만 증권을 발행한 경우를 주내발행이라고 하며, 이 경우에는 발행되는 증권은 면제대상에 해당한다.

b. Safe-harbor (안전조항) ⇨ Rule 147
주내발행으로 면제대상이 되려면 다음의 요건이 모두 지켜져야 한다.

a) The issuer must do at least 80% of its business in the state
발행인이 해당 주에서 사업의 80% 이상을 운영하고 있어야 한다.

b) Entire securities issue must be offered and sold only to residents of the state
전체 발행증권이 해당 주의 거주자에게만 발행되어야 한다.

c) Purchasers cannot resell the securities for 6 months
해당 증권이 6개월 이내에 다른 주의 거주자에게 재매매 될 수 없다.

Rule 147 A

Rule 147 A recognizes the existence of the **internet** and allows offers to be made through general internet advertising, as long as the offer includes a prominent disclosure that sales will be made only to residents of the state of the offering. Unlike Rule 147, Rule 147 A does **not require issuers to be residents** of the state of the offering.
인터넷을 활용한 투자자의 모집을 고려하여 Rule 147 A 규정이 추가되었는데, Rule 147 규정과의 차이점은 발행인이 해당 주에서 거주자가 아니어도 된다는 점이다. 즉, 다른 주에서 사업을 운영하는 발행인이 인터넷을 활용하여 특정 주 거주자에게만 증권을 발행하면 Intrastate sale로 인정된다. 다른 요건은 Rule 147과 동일하다

⑤ **Regulation A** ⇨ Simplified Filing (약식등록)

a. 의의

a) Regulation A is not an exemption, but rather is an simplified from (Offering statement) of registration to allow small companies to make public offerings more quickly and with less cost than is required using full registration (Registration statement)
소규모회사의 경우에는 정식등록절차가 아니라 신속하고 비용이 적게 발생하는 약식 등록절차가 인정된다.

b) Issuers files offering statements, which consist of offering circular and notification
발행인은 모집신고서를 등록하여야 하는데, 모집신고서는 모집설명서와 공모공시서류로 구성되게 된다.

c) All investors must receive the offering circular

투자자가 발행인에 대한 기초정보는 알 수 있도록 모집설명서를 제공하여야 한다.

d) Issuers may test the waters (this test determines if there is any interest in its investment offering) first before filling if offers are preceded or accompanied by a preliminary offering circular

청약을 미리 받거나 예비 모집설명서가 제공되는 경우에는 등록에 앞서서 해당 투자의 이해관계 여부를 미리 확인하는 절차가 필요하다.

b. 적용배제대상

Regulation A는 소규모회사에 허용되므로 다음과 같은 회사는 적용이 배제된다.

a) SEC reporting companies

b) Companies planning to merge with or acquire an unidentified company

c) Companies seeking to sell interests in oil, gas, or other mineral rights

d) Companies disqualified by SEC

c. Two tiers under Regulation A

Regulation A는 발행금액을 기준으로 다음과 같이 두 가지 유형의 약식등록을 구분하고 있다.

	Tier 1	Tier 2
금액제한	Up to $20,000,000 within a 12-month period (Not more than $6,000,000 of the offers to sell can be from security holders who are affiliates of the issuer)	Up to $50,000,000 within a 12-month period (Not more than $15,000,000 of the offers to sell can be from security holders who are affiliates of the issuer)
투자자제한	No	Unaccredited investors may not invest more than the greater of 10% their income or 10% of their net worth (Unaccredited entities may not invest more than 10% of their revenue or assets, which is grater)
State review 필요여부	Yes (in coordination with SEC review)	No (state review is preempted)
공개모집 허용여부	Yes	Yes
Audit 필요여부	No (just reviewed F/S)	Yes (Audited F/S from the past 2 years are required)
Update 필요여부	No	Yes (Annual, semiannual, current reports must be filed)

⑥ **Regulation D ⇨ Private offerings** (사모발행)

a. 의의

Under Regulation D, there are 2 types of private offering exemptions (Rule 504, 506)
공개모집이 아니라 사모발행이 이루어진 경우에는 등록의무가 면제된다.

b. General requirements (사모발행의 일반요건)

a) No general solicitation or advertisement is permitted
일반적인 권유나 광고행위는 금지된다.

b) Issuers must restrict the purchaser's right to resell the security (1 year or more)
발행인은 증권의 매수자가 일정기간 동안 전매하지 못하도록 제한하여야 한다.

c) SEC must be notified within 15 days after the first sale
증권이 처음 매매된 시점으로부터 15일 이내에 SEC 에 통지가 되어야 한다.

Bad Actor Disqualification

Issuers are **disqualified** from using Regulation D (or Regulation Crowdfunding, discussed below) if they are affiliated with covered persons who have been convicted of, or are subject to court or administrative sanctions for **securities fraud** or violations of similar laws, typically within the previous 5 years. (The term covered persons includes issuers, management of the issuer, owners of 20% or more of the issuer, etc.)
증권사기 등에 연루된 발행인은 면제혜택이 부여되는 Regulation D 와 다음에 설명되는 Regulation Crowdfunding 규정을 적용 받을 수 없다.

c. Specific requirements (사모발행의 유형별 특수요건)

a) **Requirements of Rule 504**

ⓐ This issuance may not exceed $5,000,000 within a 12-month period
12개월 동안 $5,000,000 이하의 소규모 사모발행에 해당하는 경우이다.

ⓑ It has no limitation on the number or type of investors
투자자의 인원수나 유형에 있어서는 제한이 존재하지 않는다.

ⓒ It generally does not require any specific disclosure to investors prior to sales
사전에 투자자에게 정보를 제공할 의무가 적용되지 않는다.

b) **Requirements of Rule 506**

ⓐ This issuance is no limit on the offering amount
발행금액의 제한이 없는 사모발행에 해당한다.

ⓑ It has limitations on the number or type of investors

⇨ 35 or fewer sophisticated investors & any number of accredited investors

일반투자자이지만 전문적 지식을 갖춘 투자자이어야만 35명의 한도에서 인정되고, 기관투자자의 경우는 인원의 제한이 없이 인정된다.

ⓒ If securities are purchased only by accredited investors, no disclosure is required, but if there are any unaccredited investors, all investors must be given reports including audited financial statements

기관투자자에 의해서만 증권이 매수될 경우에는 정보제공의무가 면제된다.

	Rule 504	Rule 506
〈General requirements〉		
General advertisement	Generally no	No
Restriction on resale	Yes	Yes
Notice to SEC	Within 15 days	Within 15 days
〈Specific requirements〉		
Limitation on amount	Up to $5,000,000	No limitation
Limitation on unaccredited investors Limitation on sophisticated investors Limitation on accredited investors	No limitation No limitation No limitation	None Up to 35 No limitation
Disclosure	Generally no	△

⑦ **Regulation Crowdfunding**

새로운 자금조달 수단인 크라우드펀딩이 면제항목으로 최근에 추가되었다. 대중을 의미하는 Crowd와 자금조달을 의미하는 Funding을 조합한 용어로 온라인 플랫폼을 이용해 다수의 대중으로부터 자금을 조달하는 방식에 대한 규정이다.

a. 의의

a) A crowdfunding process is widespread internet solicitations of small amounts from numerous investors. → Regulation Crowdfunding provides a transaction exemption for issuances of securities made through a crowdfunding process.

b) One online intermediary

ⓐ Each crowdfunding offering must be exclusively conducted through one online platform.

ⓑ Issuers may rely on the intermediary to determine that the aggregate amount of securities purchased by an investor does not cause the investor to exceed the investment limits.

b. 적용요건

a) **발행인 제한**

Only issuers with assets of $25,000,000 or less are eligible, **and** an issuer may not sell more than $1,000,000 in securities with a 12-month period.

b) **투자자 제한**

No investor may invest in **aggregate** more than $100,000 within 12-month period, and spouses may calculate net worth and income jointly.

ⓐ Income or net worth less than $100,000

The investor's investment in **any single** crowdfunding offering is limited to the greater of $2,000 or 5% of the lesser of annual income or net worth.

ⓑ Income or net worth of $100,000 or more

The investor's investment limit in **any single** crowdfunding offering is 10% of the lesser of annual income or net worth.

c. 적용배제대상

a) Non-U.S. companies

b) Companies that already are Act of 1934 reporting companies

c) Companies that are disqualified under Regulation Crowdfunding's rules

d) Companies that have failed to comply with annual reporting requirement during the 2 years immediately preceding the filing of the offering statement

e) Companies that have no specific business plan or have indicated that their business plan is to engage in merge or acquisition with an unidentified company

d. 세부규정

a) **Disclosure requirements**

An issuer conducting a crowdfunding offering must electronically file an offering statement with the SEC and the intermediary facilitating the offering, which must include:

ⓐ Information about officers, directors, and owner of 20% or more

ⓑ A description of the issuer's business and the use of proceeds from the offering

ⓒ The price of the securities or the method for determining the price

ⓓ The target offering amount, the deadline to reach the target, and whether the issuer will accept investments in excess of the target offering amount

ⓔ Related-party transactions

ⓕ A discussion of the issuer's financial condition and financial statements

b) **Financial statement requirements**

ⓐ For issuers offering **$100,000 or less**

Financial statements and information from federal income tax returns **certified** by the principal executive officer. (If financial statements that have been reviewed or audited by an independent public accountant are available, the issuer must provide those instead and will not need to include the certification)

ⓑ For issuers offering **more than $100,000 but not more than $500,000**

Financial statements **reviewed** by an independent public accountant. (If financial statements that have been audited by an independent public accountant are available, the issuer must provide those instead and will not need to include the reviewed financial statements)

ⓒ For issuers offering **more $500,000**

- For first-time crowdfunding issuers

  Financial statements **reviewed** by an independent public accountant, unless audited financial statements are available.

- For issuers that have been previously sold

  Financial statements **audited** by an independent public accountant.

c) **Progress updates**

ⓐ The issuer must provide an update on its progress toward meeting the target offering amount within 5 business days after reaching 50% and 100% of its target offering amount.

ⓑ If the intermediary provides frequent target updates on its platform, the issuer will need to file only a final form to disclose the total amount of securities sold in the offering.

d) **Annual reports**

ⓐ The issuer must provide an annual report no later than 120 days after the end of its fiscal year.

ⓑ The annual report must include information similar to what is required in the offering statement, but **neither an audit nor a review** of financial statements is required.

e) **Limits on advertising and promoters**

ⓐ The issuer may not advertise the terms of the offering except in a notice that directs investors to the intermediary's platform.

ⓑ The issuer may communicate with investors and potential investors about the terms of the offering through the intermediary's platform.

ⓒ The issuer is allowed to compensate others to promote its offering through communication channels provided by an intermediary.

f) **Restrictions on resale**

Securities purchased in a crowdfunding transaction generally cannot be resold for a period of 1 year, unless the securities are transferred:

ⓐ To the issuer,

ⓑ To an accredited investor,

ⓒ As part of a registered offering, or

ⓓ To a member of the purchaser's family or the equivalent, to a trust controlled by the purchaser, or in connection with the death or divorce of the purchaser or other similar circumstance.

6. Liabilities under Securities Act of 1933

1) 의의

① **Anti-fraud provision**

This provision of 1933 Act applies to all securities that are sold on interstate commerce or through the mail, **even if the securities are exempt** from registration

등록의무가 면제되는 증권이라도 둘 이상의 주에서 매매가 이루어지거나 우편을 통해서 매매가 이루어지는 경우에는 사기방지조항이 적용되어 책임문제가 발생한다.

② 책임의 유형

a. Section 11 ⇨ Civil liability

This section applies to misstatements in registration statements

등록신고서가 잘못되었을 때 발생하는 민사상 책임이며, 책임 중에서 가장 중요한 부분이므로 자세한 사항은 별도로 다루도록 한다.

b. Section 12 ⇨ Civil liability

This section applies to sales of securities if the registration was not made, if the prospectus was not given to investors, if materially false statements were made or omitted

증권매매와 관련하여, 등록을 하지 않았거나, 투자설명서를 교부하지 않았거나, 중요한 내용의 전달이 잘못되거나 누락된 경우에 발생하는 민사상 책임이다.

c. Section 17 ⇨ **Criminal** liability

This section applies to anyone who **intentionally** makes misstatements or omits material facts, or **willfully** violates acts and regulations
고의적으로 부실기재 또는 중요한 사실이 누락을 하거나, 관련 법과 규정을 의도적으로 위반한 경우에는 형사상 책임이 적용된다.

2) Liability under Section 11

① 의의

a. Investors may recover damages if they can establish that registration statements contained misstatement or omission of material facts ⇨ Private actions
투자자는 등록신고서에 중요한 사실의 부실기재나 누락이 존재한다는 것을 입증하여 소송을 통한 손해배상을 받을 수 있다.

b. Anyone who signs the registration statement may be liable under Section 11
⇨ The signed **CPA** is liable for material misstatements in audited financial statements
등록신고서상에 서명을 한 모든 사람은 투자자에 대해서 손해배상 책임을 부담한다. 따라서 등록신고서에 포함되는 재무제표를 감사한 공인회계사도 책임을 부담한다.

c. The action must be brought within 1 year after discovery of the cause of action, and within 3 years from the offering date
원고는 소송의 원인을 안 날로부터 1년 및 증권이 발행된 날로부터 3년 이내에 소송을 제기하여야 한다.

② Plaintiff (원고)의 입증책임 ⇨ **Burden of proof is on Defendant** (입증책임이 피고에게 존재)

a. 원고가 입증해야 하는 사항

a) The plaintiff acquired the securities
원고가 해당 증권을 취득한 사실

b) The plaintiff suffered damages
원고에게 손해가 발생한 사실

c) The registration statement contained misstatements or omissions of material facts
증권신고서에 중요한 사실에 대한 부실기재 또는 누락이 존재한다는 사실

b. 원고가 입증할 필요가 없는 사항

a) The plaintiff need not prove any type of **intent (scienter)** or **negligence**

원고는 피고의 고의나 과실에 대하여 증명할 필요가 없다.

b) The plaintiff need not prove justifiable **reliance** of the statement

원고는 해당 증권신고서를 신뢰한 것이 정당하다는 것을 증명할 필요가 없다.

c) The plaintiff need not be in **privity** with the defendant (not be the initial purchaser)

원고는 피고와 계약관계임을 증명할 필요가 없다. (최초 매수자일 필요가 없다)

③ Defendant (피고)의 항변사유

a. **Due diligence** (정당한 주의)

a) Due diligence means that defendants had reasonable grounds to believe the facts in the registration statement were not misstated or omitted after reasonable investigation

정당한 주의를 다하였다는 것은 합리적인 조사 후에 증권신고서의 사실이 잘못되거나 누락되지 않았다는 것에 대한 합리적인 근거를 가진 것을 의미한다.

b) Defendants (other than issuers) are not liable if they have done their due diligence

발행인인 아닌 피고인의 경우에는 정당한 주의를 다했음을 증명하면 책임이 면제된다.

b. Lack of causation (인과관계의 결여)

Defendants are not liable if they can prove that the misstatement or omission did not cause the plaintiff's damages

피고가 증권신고서상의 부실기재나 누락이 원고의 손해에 대한 원인이 아니었음을 증명하면 책임이 면제된다.

Securities Act of 1934

1. 의의

1) Securities Act of 1934 is concerned with **exchanges of securities** after they are issued

1934년 증권법은 주로 증권의 유통을 규제하기 위하여 마련된 법률이다.

2) Purposes of 1934 Act

① It encourages disclosure of information ⇨ **Registration** and **reporting** provisions
정보의 공시를 강화하기 위해서 별도의 등록규정과 보고규정을 가지고 있다.

② It deters fraud involving exchanges of securities ⇨ **Anti-fraud** provisions
증권의 유통과정에서 사기행위를 방지하기 위한 규정도 별도로 가지고 있다.

2. Registration provisions (등록규정)

1) 의의

① Only two types of following securities must be registered with SEC for trading
다음의 두 가지 유형에 해당하는 증권은 SEC에 증권의 유통을 위해서 등록해야 한다.

a. Securities traded on any **National Securities Exchange**
전국적 증권거래소에서 거래되는 증권

b. Over-the-counter equity securities traded in interstate commerce where corporations have **assets of more than $10,000,000** and **at least 2,000 shareholders** (or 500 shareholders who are not accredited)
장외시장에서 거래되는 지분증권으로서 회사의 자산이 $10,000,000 이상이고 주주의 수가 최소 2,000명인 경우 (또는 accredited 주주가 아닌 수가 최소 500명인 경우)

② Securities exempted under 1933 Act may still be regulated under 1934 Act
1933 법에서 등록이 면제된 증권도 1934 법의 등록대상이면 등록이 요구된다.

2) Registration statements must include the following information

다음의 내용들이 등록서류에 포함되어야 한다.

① Audited financial statements

② Names of directors and officers

③ Nature of business and financial structure of the firm

④ Any bonus and profit-sharing arrangements, etc.

3) The following securities are exempt and need not be registered

다음의 증권들은 등록의무가 면제된다.

① Securities issued by the government

② Securities issued by not-profit-organizations (such as charitable organizations)

③ Securities issued by savings and loans

④ Securities issued by investment companies, etc.

3. Reporting provisions (보고규정)

1) Periodic reporting requirements (계속공시의무)

① Reporting companies

a. All companies required to register under 1934 Act must file periodic reports
1934 법에서 등록이 요구되는 회사는 정기적으로 보고서를 제출하여야 한다.

b. Issuers required to register under 1933 Act must also file periodic reports
1933 법에서 등록이 요구되는 발행인도 정기적으로 보고서를 제출하여야 한다.

② Periodic reports

a. **Form 10-K** (사업보고서)

It is an annual report and must contain audited financial statements
일 년에 한번만 보고되며, 감사 받은 재무제표가 포함되어야 한다.

b. **Form 10-Q** (분기보고서)

It is a quarterly report and must contain reviewed (not audited) financial statements
일 년에 세 번씩 보고되며, 감사가 아닌 검토 받은 재무제표가 포함되면 된다.

c. **Form 8-K** (수시보고서)

It reports major changes in the company, such as change in corporate governance, significant change of assets, change of financial structure, etc.
기업지배구조의 변화, 자산의 중요한 변동, 재무구조의 변화 등 회사에서 발생한 중요한 변동사항이 계속하여 보고된다.

보고기한

① Form 10-K is a required report filed within 60 days for large corporations or 90 days for small businesses of the end of the fiscal year.
② Form 10-Q is a required report filed within 40 days for large corporations or 45 days for small businesses of the end of the three quarters of the year.
③ Form 8-K must be filed within 4 days after the major change.

2) Insider trading reporting requirements (내부자거래보고)

① 의의

Insiders must disclose their ownership and any change in ownership to SEC
내부자는 자신들의 지분현황과 지분의 변동상황을 SEC 에 보고하여야 한다.

Insiders (내부자)

① Insiders are directors, officers, more than 10% shareholders of registered companies
내부자란 등록된 회사의 이사, 임원, 10% 이상의 지분을 소유한 주주를 의미한다.

② Accountants, attorneys, or consultants can also be insiders
공인회계사, 변호사, 또는 컨설턴트도 내부자에 해당할 수 있다.

② Short-swing profits (단기매매차익의 반환제도)

Insider trading is limited by imposing **absolute liabilities** on insiders who make profits on trading within 6-month period, and registered companies are entitled to recover the profit
내부자가 매수한 후에 6개월 이내에 매도하거나 또는 매도한 후에 6개월 이내에 매수하여 이익을 얻은 경우에 해당 이익을 회사에 반환토록 하는 제도이다. 이 경우에 내부자는 고의 또는 과실이 요구되지 않고 내부정보를 이용했는지 여부도 고려되지 않는 무과실책임이다.

3) 5% rule reporting requirements (5%지분취득보고)

① Any person acquiring 5% or more ownership in equity securities registered under 1934 Act must report to SEC, the issuer, and the national securities exchange
등록회사의 5% 이상의 지분을 취득한 사람은 SEC, 발행인, 거래소에 보고하여야 한다.

② The report must include information about the purchaser, purpose, source of funds, etc.
보고내용에는 매수자, 목적, 매수자금 등에 대한 정보가 포함되어야 한다.

4) Tender offer reporting requirements (공개매수보고)

① 의의

Tender offers are offers to all shareholders to purchase stocks for a specific price for a specific period of time
공개매수자(Bidder)가 목표회사(Targeted company)의 주주들에게 일정기간 동안 정해진 가격으로 자신에게 주식을 매도할 것을 청약하는 것을 공개매수라고 한다.

② Reporting requirements

a. Any person making a tender offer to purchase 5% or more stocks must report to SEC, the issuer, and the National Securities Exchange
5% 이상의 지분을 공개매수 하는 사람은 SEC, 발행인, 거래소에 보고하여야 한다.

b. The report must include information about the purchaser, purpose, source of funds, etc.
보고내용에는 매수자, 목적, 매수자금 등에 대한 정보가 포함되어야 한다.

5) Proxy reporting requirements (의결권위임보고)

① 의의

Any person soliciting proxies from shareholders of securities registered under 1934 Act must report to SEC
등록회사의 주주에게 위임장권유를 하고자 하는 자는 SEC 에 보고하여야 한다.

② Proxy statements (위임장설명서)

a. Proxy statements must indicate on whose behalf solicitation is made, and identify matters to be voted upon
누구를 위해서 위임장권유를 하는 것이고 의결사항이 무엇인지 설명되어야 한다.

b. If the solicitation is on behalf of **management** (such as election of directors), the proxy statements must include **annual reports with audited financial statements**
경영진 선임과 같이 경영자와 관련 있는 사안에 대하여 의결권위임을 하는 경우에는 감사 받은 재무제표가 포함되어 있는 사업보고서가 위임장 설명서에 포함되어야 한다.

③ Reporting requirements

a. Proxy statements, forms of proxy, and any soliciting material must be filed with SEC at least 10 days before sending to shareholders
위임장설명서, 위임장, 그리고 위임장권유의 참고서류가 주주에게 발송되기 최소 10일 이전에 SEC에 제출되어야 한다.

b. Proxy statements must be sent to all shareholders disclosing material facts concerning matters to be voted
의결사항과 관련된 중요한 사실을 기재한 위임장설명서가 모든 주주에게 보내져야 한다.

4. Anti-fraud provisions ⇨ Section 10b (Rule 10b-5)

1) 의의

① Rule 10b-5 is promulgated by SEC under Section 10 of 1934 that prohibits fraud in connection with purchase or sale of securities
1934 법의 Section 10 에서는 증권의 매수나 매도와 관련하여 SEC 가 제정한 규칙에 위반하여 사기행위를 저지를 것을 금지하는데, 여기서 SEC 가 제정한 규칙이 Rule 10b-5 이다.

② Rule 10b-5 applies to all purchases or sales of securities, **whether registered or not**, as long as the exchanges in made through interstate commerce, mail, or national securities exchange
이러한 사기방지조항은 증권의 등록여부와는 관계없이 증권의 매매방식이 주간통상, 우편, 또는 증권거래소를 이용하여 매매가 이루어진다면 모두 적용이 된다.

③ Violation of Rule 10b-5 (위반행위)

a. Use of **manipulative or fraudulent activities** in purchases or sales of securities
증권의 매매와 관련하여 조작적이거나 사기적인 행위를 이용한 경우

b. Use of **false or misleading statements** (material misstatements or omissions)
중요한 사실의 허위표시나 누락으로 거짓이나 오해를 유발하는 경우

c. Use of **insider information** in purchases or sales of securities
증권의 매매와 관련하여 내부자정보를 이용하는 경우

④ Violation of Rule 10b-5 can result in civil liabilities or criminal liabilities
Rule 10b-5 위반한 경우에는 민사상 책임과 형사상 책임이 발생하게 된다.

2) Plaintiff (원고)의 입증책임 ⇨ Burden of proof is on Plaintiff (입증책임이 원고에게 존재)

To recover damages for violation of Rule 10b-5, the plaintiff must prove the following elements
원고는 피고의 위반행위에 대한 손해배상을 받기 위해서는 다음과 같은 사실을 입증해야 한다.

① The plaintiff bought or sold the securities
원고가 해당 증권을 매매한 사실

② The plaintiff suffered damages
원고에게 손해가 발생한 사실

③ The defendant made material misstatements or omissions of facts in connection with trading
피고가 거래와 관련된 중요한 사실에 대한 허위표시 또는 누락을 하였다는 사실
(이 경우의 Materiality (중요성)은 Reasonable person (합리적인 사람)을 기준으로 한다)

④ The plaintiff must prove **scienter** (intent to deceive or reckless of disregard for the truth)
원고는 피고에게 고의 또는 중과실이 있었음을 증명하여야 한다.
(일반적인 과실은 Rule 10b-5 책임을 발생시키지 않는다)

⑤ The plaintiff had **relied** on the defendant's misrepresentation
원고는 피고의 잘못된 표현을 신뢰하였어야 한다.

⑥ The plaintiff must prove that the exchange is made through interstate commerce
원고는 해당 거래가 주간통상이었음을 증명해야 한다.

3) Defendant (피고)의 항변사유

① 주장할 수 있는 사유

피고는 Lack of scienter, Lack of causation, Materiality 등을 항변사유로 주장할 수 있다.

② 주장할 수 없는 사유

피고는 과실책임과 관련이 있는 **Due diligence** 을 항변사유로 주장할 수는 없다.

Section 18 Liability

Under Section 18, a person can be held liable for **intentionally** making false or misleading statements in a registration statement or any report required under the 1934 Act.
1934년 규정에 의해서 요구되는 등록서류와 보고서에 고의적으로 허위사실을 포함한 경우에는 Section 18 책임규정이 적용된다.

Comparison of Anti-fraud provisions

	1933 Act (Section 11)	1934 Act (Rule 10b-5)
Applicability	Issuance of securities	Exchange of securities
Plaintiffs	Any person acquiring the security and SEC	Any person trading the security and SEC
Defendants	Any person who signed the registration statement	Any person responsible for the trading
Remedies	Monetary damage only *	Rescission or monetary damage
〈 Burden of proof 〉		
Transactions	Plaintiff must prove	Plaintiff must prove
Damages	Plaintiff must prove	Plaintiff must prove
Misrepresentation	Plaintiff must prove	Plaintiff must prove
Scienter	Plaintiff need not prove	Plaintiff must prove
Reliance	Plaintiff need not prove	Plaintiff must prove
〈 Defenses 〉		
Lack of materiality, etc.	O	O
Due diligence	O (Following GAAS or GAAP)	X (Good faith O)

* Note
- Monetary damage (Section 11)
- Rescission or monetary damage (Section 12)
- Criminal damage (Section 17)

Multiple Choice Questions

Q1 Under the Securities Act of 1933, which of the following statements most accurately reflects how securities registration affects an investor?

① The investor is provided with information on the stockholders of the offering corporation
② The investor is provided with information on the principal purposes for which the offering' s proceeds will be used
③ The investor is guaranteed by the SEC that the facts contained in the registration statement are accurate
④ The investor is assured by the SEC against loss resulting from purchasing the security

Q2 An original issue of transaction exempt securities was sold to the public based on a prospectus containing intentional omissions of material facts. Under which of the following federal securities laws would the issuer be liable to a purchaser of the securities?

A. The anti-fraud provision of the Securities Act of 1933
B. The anti-fraud provision of the Securities Exchange Act of 1934

① A only ② B only
③ Both A and B ④ Neither A nor B

Q3 ABC Company, a publicly traded corporation, paid a $10,000 bribe to a local zoning official. The bribe was recorded in ABC Company's financial statements as a consulting fee. ABC Company's unaudited financial statements were submitted to the SEC as part of a quarterly filing. Which of the following federal statutes did ABC Company violate?

① Federal Trade Commission Act ② Securities Act of 1933
③ Securities Exchange Act of 1934 ④ North American Free Trade Act

Question Explanations

Q1: ②

증권신고서에 기재되는 주요 정보는 Audited F/S 이외에 발행인의 경영자와 대주주 정보, 발행금액의 사용용도, 발행인의 사업관련 정보, 해당 증권의 위험요소 등이다. 따라서 투자자는 발행될 증권을 통해 조달된 자금이 어떤 목적으로 사용될지 증권신고서의 정보로 파악이 가능하다. ① 증권신고서에 대주주 정보가 표함은 되지만 주주명단 자체가 제공되는 것은 아니기 때문에, 투자자가 발행회사의 주주정보를 모두 파악하기는 어렵다. 따라서 ①지문과 ②지문 중에서, 문제에서 요구한 사항에 가장 부합하는 것은 ② 지문이 된다. ③ SEC는 증권신고서에 포함된 정보가 증권법에 규정된 사항은 공시하고 있는지 여부는 확인하지만 해당 정보가 정확한지 여부를 보장하는 것은 아니다. ④ 또한 해당 증권의 장점이나 가치를 평가하는 것이 아니기 때문에 증권매매에서 발생한 손실의 근거가 될 수 없다.

Q2: ③

고의적으로 중요한 사항을 누락한 경우이므로 Fraud 해당하는 사례이다. 문제는 최초발행 시점에 1934년 규정에 따른 등록절차가 면제되는 증권이었다는 점이다. 또한 최초 등록절차가 면제된 이후에 공개시장에서 거래가 된 상황이다. 우선은 1933년 증권법의 처벌규정이 적용되는지 여부를 판단해보면, Anti-fraud provision은 등록의무가 면제되었더라도 매매가 이루어지면 적용이 가능하다. 그리고 1934년 증권법의 처벌규정이 적용되는지 여부는 1933년 등록대상이었는지 여부는 영향이 없다. 따라서 1933년 등록면제 대상이었더라도 Public에게 허위정보를 근거로 매매가 이루어졌다면 1934년 처벌규정도 적용이 가능하다.

Q3: ③

ABC회사는 주식이 증권시장에서 거래되는 회사이므로 1934년 증권법의 등록대상이다. 1934년 증권법은 투자자 보호를 위해서 Periodic reporting을 요구한다. 보고시점은 연차보고, 분기보고, 수시보고 사항으로 구분되는데, 문제에서 언급된 보고시점은 분기보고 사항에 해당한다. 분기보고의 경우에는 Audited F/S가 아닌 Reviewed F/S로 보고를 하게 된다. ABC회사는 분기보고 재무제표에서 뇌물 관련 거래를 허위로 표시하였기 때문에, 1934년 증권법의 Periodic reporting 규정을 위반하였다.

Chapter 09

Other Regulations

Overview

1. Property law

최근 시험에서 Real property 부분이 제외되었지만, 부동산과 관련된 임대차계약과 지적재산권에 대한 부분은 출제의 가능성이 남아 있다.

임대차계약과 관련해서는 임차인과 임대인의 권리에 대한 정리가 필요하고, 지적재산권과 관련해서는 개념의 이해만으로 충분할 것이다.

2. Employment law

일반근로자의 보호를 위하여 다양한 법률이 제정되어 있다. 가장 기본적인 사항으로는 사회보장적 기능을 담당하는 FICA와 FUTA가 있으며, 근로관계에 있어 성별, 나이, 국적 등을 이유로 차별을 금지하는 규정들이 마련되어 있다.

3. Antitrust law

기업 간의 자율경쟁을 유도하고 소비자를 보호하기 위하여 다양한 독점규제 법률들이 제정되어 왔다. 대표적인 법률로 Sherman Act, Clayton Act 등이 있다.

Property Law

1. Lease (임대차계약)

1) 의의

Lease 란 부동산의 Possession (점유, Not Title) 및 Use (사용)에 관한 권리를 Lessor (Landlord, 임대인)이 Lessee (Tenant, 임차인)에게 부여하는 계약을 말한다.

2) Lessee's rights

① **Right to possession**

임대인은 임차인이 임대부동산을 점유하여 사용할 수 있도록 해주어야 한다. 임차인은 불법목적이 아닌 이상 어떠한 목적으로도 임대부동산을 이용할 수 있다.

② **Quiet cnjoyment**

임차인은 임대인이나 임차인에 우선하는 Claim (권리)를 가진 제3자에 의하여 Eviction (추방)되지 않고 임대부동산을 점유할 수 있다.

③ **Fitness for use**

임대인은 임대부동산이 사람이 거주하기에 적합하다는 점에 대한 담보책임을 임차인에게 부담한다. (거주가능성에 대한 담보책임)

3) Lessor's rights

A lessor may **terminate** the lease and **evict** the tenant if the tenant uses the leased property for a purpose that is illegal

임대인은 임차인이 임대부동산을 불법적인 목적으로 사용할 경우에 임대차 계약을 종료하고 임차인을 추방할 수 있다.

4) Generally lessee may **assign** or **sublease** without the consent of the lessor unless prohibited or restricted by the terms lease

계약조건에 양도와 재임대를 금지하거나 제한하지 않았다면, 임차인은 임대계약을 양도하거나 재임대할 수 있다.

5) Termination (임대차의 종료)

① The tenant purchases the leased property
임차인인 임차부동산을 매입하면 권리와 의무의 혼동에 의하여 임대차가 종료된다.

② Expiration of lease, Death of tenant (not landlord), etc.
임대차 기간의 만료, 임차인의 사망 (임대인의 사망은 종료사유 아님) 등

2. Intellectual property (지적재산권)

1) Copyright (저작권)

① It is the exclusive right to reproduce and distribute original works in any tangible form
유형의 창작물에 대한 소유자가 가지는 배타적인 권리를 저작권이라고 한다.

a. It does not extend to an idea itself ⇨ Expressed ideas are protected
표현되지 않은 아이디어는 보호될 수 없으며, 표현된 것에 한해서 보호가 된다.

b. Computer programs are considered literary works and may be copyrighted
소프트웨어도 저작권의 보호대상에 포함된다.

② The fair use doctrine allows use of copyrights without the owner's permission for purposes of news reporting, teaching, research, comment, etc.
뉴스보도, 강의, 연구, 논평 등의 목적으로 저작물을 사용하는 경우에는 저작자의 허락 없이 사용하는 것이 허용되는데, 이를 Fair use doctrine 이라고 한다.

③ Remedies for infringement

a. 저작권 침해에 대해서는 손해배상, 금지명령 등의 구제수단이 인정된다.
b. 저작권의 보호기간은 일반적으로 개인의 경우에는 저작권자의 사망시점으로부터 70년, 회사의 경우에는 창작물이 만들어진 시점으로부터 90년간 보호된다.

2) Patent (특허권)

① It is the exclusive right to protect an invention, process, or design that is novel, useful, and not obvious
새롭고 유용하며, 뻔하지 않은 발명, 공정, 디자인 등을 보호하기 위한 배타적인 권리를 특허권이라고 한다.

② Remedies for infringement

a. 특허권 침해에 대해서도 손해배상, 금지명령 등의 구제수단이 인정된다.

b. 특허권의 보호기간은 일반적으로 특허신청일로부터 20년이며, 디자인에 대한 특허는 14년간 유효하다.

3) Trademarks (상표권)

It is the exclusive right to protect trademarks for distinctive graphics, words, shapes, sounds, packing, etc. 상표로서 사용되는 식별력이 있는 기호, 문자, 도형, 소리, 포장 등을 보호하기 위한 배타적인 권리를 상표권이라고 한다.

Employment Law

1. Federal Insurance Contribution Act (FICA)

1) FICA provides employees and their dependents with benefits in case of death, disability, or retirement, and all employees must participate in the program

FICA 는 근로자의 사망, 신체장애, 퇴직 등에 사유가 발생한 경우에 근로자와 해당 가족을 보호하기 위하여 마련된 제도이며, 모든 종업원은 반드시 가입이 요구된다.

2) Source of financing (**재원조달방법**)

① FICA is funded by taxing income earned from labor

FICA 재원은 사용자가 근로자에게 지급하는 임금에 부과되는 세금이다.

② FICA is funded by both employers and employees

FICA 재원은 사용자와 근로자 모두가 부담한다.

2. Federal Unemployment Tax Act (FUTA)

1) FUTA establishes a state run system of insurance to provide income to employees who have lost their jobs

FUTA 는 종업원이 직장을 잃었을 때에 실업급여를 지급하기 위해서 실업보험을 운영하기 위한 제도이다.

2) FUTA is funded by employers, not employees

FUTA 재원은 사용자만이 부담하며 근로자에게는 납부의무가 없다.

3. Other employment acts

1) Worker's Compensation Act

① Worker's compensation is designed to enable employees to recover for injuries incurred while acting **in the scope of employment**

근로자가 업무상 재해를 입었을 경우에 그 재해로 인한 손해를 배상 받기 위한 제도이다.

② Employers are strictly liable regardless of fault

사용자는 자신의 과실 여부에 상관없이 책임을 부담하는 엄격책임의 일종이다.

2) Regulation of employment discrimination

① Title Ⅶ of the Civil Rights Act of 1964

사용자가 인종, 피부색, 종교, 성별, 국적 등을 이유로 근로자를 차별하는 것을 금지한다.

② Equal Pay Act

임금에 있어서 남성과 여성을 차별하는 것을 금지한다.

③ Americans With Disabilities Act

장애인을 장애를 이유로 고용, 승진, 임금에 있어 차별하는 것을 금지한다.

④ Age Discrimination Act

나이를 이유로 고용, 승진, 임금에 있어 차별하는 것을 금지한다.

3) Occupational Safety and Health Act (OSHA)

OSHA may set safety standards for worksites and may conduct worksite inspections, examine employer's records, and question employees

OSHA는 작업장의 안전기준을 확립하고 근로자의 안전을 도모하기 위하여 마련된 제도이다.

4) Fair Labor Standard Act

This Act establishes a minimum wage and overtime rate, and contains equal pay provisions and restrictions on child labor

해당 법률은 최저임금, 초과근무수당, 아동 노동에 관해 규율하고 있다.

5) National Labor Relations Act

This Act originally was adopted to give workers rights to bargain for terms of employment
해당 법률은 근로자에게 임금에 관한 조건을 협상할 수 있도록 노동조합에 대한 권리를 부여하는 법이다.

6) Employee Retirement Income Security Act (ERISA)

ERISA does not require employers to have retirement plans, but if employers have pension plans, ERISA seeks to protect pension plan participants by establishing rules
ERISA 는 사용자에게 Pension plan을 세우도록 요구하지는 않지만, 사용자가 Pension plan을 가지고 있는 경우에 가입한 근로자를 보호하기 위한 규정을 적용하도록 요구한다.

7) Consolidated Omnibus Budget Reconciliation Act (COBRA)

COBRA allows individuals to continue the group health insurance coverage that they have through an employer after employment ends
COBRA는 근로자가 직장을 그만두더라도 일정기간 동안 직장의료보험에 가입할 자격을 유지시켜 주기 위한 법률이다.

Antitrust Law

1. Sherman Act

This Act prohibits contracts, combinations and conspiracies that restrain trade, and prohibits monopolies and attempts to monopolize

불법한 제한 및 독점으로부터 거래를 보호하기 위한 법률로서, 미국에서의 반트러스트법의 대표적 법률이다. 그 후에 제정된 Clayton Act 이나 Federal Trade Commission Act 와 함께 각국의 독점금지규제의 모델이 되었다.

2. Clayton Act

This Act was aimed at anticompetitive behavior not covered by Sherman Act, and prohibits arrangements that tend to create monopolies or substantially lessen competition

Sherman Act 의 결함을 시정하고 독점을 방지함으로써 기업 간의 경쟁을 촉진하기 위하여 만들어진 것이다. 특히 가격의 차별대우, 경쟁기업간의 경영자 겸임, 기업결합 등을 규제하고, 거래상대방에게 경쟁업체와 거래하지 않도록 요구하는 조건부 거래를 금지한다.

3. Robinson-Patman Act

This Act further prohibits price discrimination by prohibition buyers from inducing or sellers from giving different prices to buyers of commodities of similar grade and quality

가격차별에 대해서 좀 더 구체적으로 규제하기 위하여 제정된 법으로서, 구매자가 판매자에게 가격차별을 유도하는 것도 이 법에 의하여 규제된다.

4. Federal Trade Commission Act

This Act created Federal Trade Commission (FTC), and this Commission's principal mission is the promotion of consumer protection and the elimination and prevention of what regulators perceive to be harmfully anti-competitive business practices

해당 법률에 의해서 Federal Trade Commission이 설치되었고, FTC 의 주된 역할은 기업 간의 자율적인 경쟁을 유도하고 소비자를 보호하기 위한 것이다.

Chapter 10

Accountant's Legal Liabilities

Overview

1. Accountant's liabilities under Common law

회계사가 일반적으로 부담하게 되는 책임에는 계약의 위반으로 인한 계약책임과 과실 또는 고의에 의한 불법행위책임으로 구분이 된다. 계약책임이 인정되기 위해서는 원고와 피고 사이에 계약의 견련관계가 요구된다. 하지만 불법행위책임은 계약을 전제로 인정되는 것이 아니므로 계약상의 견련관계가 별도로 요구되지 않는 것이 원칙이다. 계약책임은 원고의 범위가 좁으므로 입증책임에 대한 부담이 적지만, 불법행위책임은 원고의 범위가 넓어지므로 입증책임에 대한 부담이 커지게 된다.

하지만 회계사와 관련된 불법행위책임에 있어서는 약간의 예외가 발생한다. 특히 과실책임의 경우에는 회계사의 책임이 너무 커지는 않도록 원고의 인정범위가 제한되는 점이 특징이다.

2. Accountant's liabilities under Federal Securities Act

연방증권법과 관련된 회계사의 책임은 1933년과 1934년 규정의 차이를 비교하여 정리하는 것이 필요하다. 특히 입증책임에 대한 부담과 항변사유에 대한 차이의 정리가 중요하다.

그리고 1995년에 제정된 수정법안에서 회사의 부정행위에 대한 회계사의 책임이 추가되었다. 모든 부정행위를 발견할 수는 없더라도 부정행위를 발견하기 위한 별도의 감사절차를 수립할 것이 요구되며, 부정행위를 발견한 경우에는 내부보고가 원칙이지만 예외적으로 외부보고 의무가 회계사에게 부과되어 있다.

3. Other legal liabilities

SOX 는 상장회사와 관련된 회계사의 책임을 강화한 것이 특징이며, 회계사는 일정한 경우에 의뢰인의 기밀을 지켜주어야 하는 의무를 부담하는 경우가 존재한다.

4. Licensing and disciplinary systems

회계사의 자격의 부여와 제재에 관한 권한은 오로지 State boards of accountancy 에게 있으며, AICPA, SEC, PCAOB, IRS 등이 회계사의 업무에 대한 규제기능을 수행하고 있다.

Accountant's liabilities under Common law

1. 의의

Accountant's liabilities under **Common law** arise from breach of contracts and commission of torts
회계사는 계약위반과 불법행위로 인하여 발생하는 Common law 책임을 부담할 수 있다.

2. Contractual liabilities ⇨ Breach of contract

1) 의의

① If accountants do not fulfill the terms of contracts, the client can hold the accountant liable for the breach of contract
회계사가 계약사항을 이행하지 않을 경우에, 의뢰인은 계약위반으로 인한 책임을 회계사에게 물을 수 있다.

② The privity of contract is required for contractual liabilities
계약상의 책임을 주장하기 위해서는 계약의 견련관계가 요구된다.

2) 효과

① In breach of contract, the client, 3rd-party beneficiary, or assignee is entitle to recover compensatory damage
계약위반의 경우에 의뢰인뿐만 아니라 제3수혜자, 양수인은 회계사에 대하여 손해배상을 청구할 수 있다.

② In breach of contract, punitive damages are generally not allowed
계약위반의 경우에는 일반적으로 징벌적 손해배상이 적용되지 않는다.

③ If the breach of contract is material, the accountant cannot recover any payment
계약위반이 중대한 경우에는 회계사는 보수를 받을 수 없게 된다. ⇨ 참고로 계약위반이 중대하지 않은 경우에는 Doctrine of substantial performance (실질적 이행의 원칙)에 따라 회계사는 보수를 받을 수 있지만, 계약위반에 대한 손해배상은 해야 한다.

3) 항변사유

The accountant can apply all defenses available in the contract, such as the plaintiff's breach of contract (Client's failure to prepare accounting records, to cooperate, etc.)
회계사는 원고의 계약위반과 같은 계약상의 항변사유를 주장하는 것이 당연히 가능하다.

3. Tort liabilities

1) 의의

① Tort liabilities can also arise from **negligence** and **fraud**
불법행위 책임은 과실이나 고의적 행위인 사기에 의하여 발생하게 된다.

② The privity of contract is generally not needed for tort liabilities
불법행위 책임의 경우에는 일반적으로 계약의 견련관계가 필요하지 않다.

2) Negligence (과실)

① 의의

a. Accountants owe duties to the clients not to perform work negligently
⇨ If accountants **fail to act with due care**, they can be liable for damages
정당한 주의의무를 다하지 않은 경우에, 회계사는 손해에 대해 책임을 부담한다.

a) Due care is to perform with the degree of skill and judgment possessed by average or prudent accountant under similar circumstances
정당한 주의의무란 회계사라는 전문가 집단에서 동일한 상황에 놓였을 경우에 발휘할 것으로 예상되는 평균적 수준의 주의의무를 가리킨다.

b) The best evidence that accountants have acted with due care is that accountants followed applicable standards such as GAAS or GAAP
GAAS는 일반적으로 인정된 감사기준이므로 이에 따라 업무를 수행하였다면, 회계사는 자신이 정당한 주의의무를 다하였다는 것에 대한 증거로 삼을 수 있다.

b. Accountant's duty of due care runs **only** to clients and **foreseen parties**
회계사가 부담하는 정당한 주의의무는 의뢰인과 예측된 제3자에게 제한된다.

a) In breach of the duty, the client, 3rd-party beneficiary, or assignee is usually entitle to recover damages
주의의무 위반의 경우에, 계약과 관련된 의뢰인, 제3수혜자, 양수인은 당연히 과실책임을 근거로 회계사에게 손해배상을 청구할 수 있다.

b) Limited persons whom the accountant knows will be relying on the accountant's work are entitled to recover damages
계약당사자가 아닌 경우에는 회계사가 자신의 업무를 이용할 것이라고 알고 있었던 사람에 한해서만 손해배상 책임을 부담한다.

> **Accountants are not liable to foreseeable parties for negligence**
>
> 회계사가 자신의 업무결과(감사보고서)를 이용할 것으로 계약 당시에 알지 못했고, 단지 예측만 가능했던 제3자에 대해서는 책임을 부담하지 않는다.

Ultramares decision (Minority view)

Ultramares decision limits accountant's liability **more narrowly** to persons in the privity of contract (client, 3rd-party beneficiary, or assignee)
회계사의 과실책임과 관련된 판례에서 소수의견인 Ultramares decision 경우에는, 책임범위를 더욱 한정하여 Foreseen parties 경우에도 책임을 지지 않는다.

c. In breach of the duty, punitive damages are generally not allowed
주의의무를 위반한 경우에는 일반적으로 징벌적 손해배상이 적용되지 않는다.

② 과실책임의 구성요건 (Elements) ⇨ 원고에게 입증책임 존재

a. **Duty of care** (주의의무)
The defendant owed a duty of due care to the plaintiff
피고는 원고에 대하여 정당한 주의의무를 기울여야 하는 의무를 부담한다.

b. **Breach of duty** (의무위반)
The defendant breached the duty of care (such as performing work negligently)
피고는 원고에 대한 정당한 주의의무를 위반하였어야 한다.

c. **Damages** (손해발생)
The plaintiff suffered a legally recognizable damage
피고의 주의의무 위반으로 원고에게 법적으로 손해가 발생했어야 한다.

d. **Causation** (인과관계)
The defendant's breach caused the plaintiff's damage
피고의 주의의무 위반과 원고의 손해 사이에 인과관계가 존재했어야 한다.

③ 피고의 항변사유 (Defenses)

a. Under Ultramares decision, the privity of contract is a valid defense
판례의 소수의견에 따를 경우에, 계약의 견련관계도 항변사유가 될 수 있다.

b. Due diligence (정당한 주의) ⇨ Following GAAS or GAAP
회계사는 자신이 주의의무를 위반하지 않았음을 증명하면 책임을 지지 않는다.
(GAAS 등의 준수는 절대적인 항변사유는 아니겠지만 가장 유효한 증명수단이 된다)

c. Contributory or comparative negligence (기여과실 또는 비교과실)
원고에게도 과실이 있음을 증명하면 피고의 책임이 면제되거나 경감될 수 있다.

d. Lack of causation (인과관계의 결여)

회계사의 과실이 원고의 손해에 대한 원인이 아니었음을 증명하면 책임이 면제된다.

3) Fraud and Constructive fraud (Gross negligence)

① 의의

a. Accountants may be held liable for actual fraud or constructive fraud

회계사는 고의적인 행위인 사기와 중과실에 대하여 책임을 부담한다.

b. Accountant's liability for fraud is much broader than negligence

⇨ Accountants are **liable to anyone** who relies on accountant's misrepresentation

사기의 경우에는 책임에 대한 제한이 인정되지 않으므로, 회계사의 허위표시를 신뢰한 사람 모두에게 책임을 부담한다. (Foreseeable parties 에게도 책임을 진다)

c. **Punitive damages** may be added to actual damages

사기의 경우에는 징벌적 손해배상이 부가된다.

② 사기 또는 중과실의 구성요건 (Elements) ⇨ 원고에게 입증책임 존재

a. Misrepresentation of material facts

중요한 사실에 대한 허위표시가 존재해야 한다.

b. Intent to mislead (Scienter) or Reckless disregard for truth

사기에는 기망의 의도가 있고, 중과실에는 조그마한 주의도 기울이지 않았어야 한다.

c. Reasonable reliance by injured parties

손해를 본 사람의 합리적인 신뢰가 존재해야 한다.

d. Resulting in injury (Damage) to others

손해가 발생했어야 한다.

③ 피고의 항변사유 (Defenses)

a. Privity of contract, and contributory or comparative negligence are not valid defenses

계약의 견련관계와 기여과실 또는 비교과실은 사기에 관련해 정당한 항변사유가 아니다.

b. Lack of scienter, plaintiff's knowledge of the misrepresentation, etc. are valid defenses

고의성이 없었거나 원고가 허위표시를 알고 있었던 사유는 정당한 항변사유에 해당한다.

회계사의 책임과 관련된 원고의 인정범위

Plaintiff	Contractual liability	Negligence liability		Fraud or Gross negligence
		Minority view	Majority view	
Client	O	O	O	O
3rd-party beneficiary/Assignee	O	O	O	O
Foreseen party	X	X	O	O
Foreseeable party	X	X	X	O

Accountant's liabilities under Federal securities law

1. Accountant's liability under Securities Act of 1933 (Section 11)

Accountants who sign off on financial statements in registration statements can be held liable for misrepresentation in the financial statements ⇨ Civil liabilities
증권신고서에 포함되는 재무제표에 서명을 한 회계사는 해당 재무제표에 포함되어 있는 부실표시에 대하여 민사상 책임을 부담한다. (별도의 형사상 책임규정이 존재한다)

2. Accountant's liability under Securities Act of 1934 (Rule 10b-5)

Accountants can be held liable for material misstatements or omissions made in connection with the purchases and sales of securities ⇨ Civil liabilities or Criminal liabilities
회계사가 증권의 매매와 관련하여 중요한 사실에 대한 허위표시나 누락을 발생시킨 경우에 민사상 또는 형사상 책임을 부담한다.

	1933 Act (Section 11)	1934 Act (Rule 10b-5)
Applicability	Issuance of securities	Exchange of securities
Plaintiffs	Any person acquiring the security and SEC	Any person trading the security and SEC
Defendants	Any person who signed the registration statement	Any person responsible for the trading
Remedies	Monetary damage only	Rescission or monetary damage
〈 Burden of proof 〉		
Transactions	Plaintiff must prove	Plaintiff must prove
Damages	Plaintiff must prove	Plaintiff must prove
Misrepresentation	Plaintiff must prove	Plaintiff must prove
Scienter	Plaintiff need not prove	Plaintiff must prove
Reliance	Plaintiff need not prove	Plaintiff must prove
〈 Defenses 〉		
Lack of materiality, etc.	O	O
Due diligence	O (Following GAAS or GAAP)	X (Good faith O)

3. Accountant's liability under Private Securities Litigation Reform Act of 1995

1) 의의

It amends Securities Act of 1933 and 1934 and establishes guidelines for accountants to disclose corporate fraud
1933년과 1934년의 증권법에 의하여 증권발행인과 회계법인에게 과도한 소송이 제기되는 문제를 해결하기 위하여, 1995년에 해당 증권법을 일부 수정하는 법안이 제정되게 되었다. 또한 해당 법률에서는 주식회사의 부정행위와 관련된 회계사의 공시책임에 대한 특별한 규정을 두고 있으므로, 회계사의 책임과 관련하여 이에 대한 검토가 필요하다.

2) Audit requirements

Accountants have certain duties when performing audits of companies registered under Securities Act
증권법에 등록된 회사를 감사하는 회계사는 다음과 같은 특별한 절차를 반드시 수행하여야 한다.

① Accountants must include procedures to detect illegal acts that would have a direct and material effect on financial statements (불법행위의 발견을 위한 절차)

② Accountants must include procedures to identify related party transactions that would have a material effect on financial statements (특수관계자 거래의 식별을 위한 절차)

③ Accountants must include procedures to evaluate issuers' ability to continue as going concern (기업의 계속가능성에 대한 평가의 절차)

3) Reporting responsibility for fraud

① If **accountants** detect illegal acts, they must inform issuers' **audit committee or BOD**
불법행위를 발견한 경우에 감사인은 회사의 감사위원회 또는 이사회에 보고해야 한다.

② **BOD** is required to report to **SEC** within one day after receipt of the accountant's report
감사인의 보고를 받은 이사회는 하루 이내에 SEC에 보고하여야 한다.

③ If BOD fails to notify SEC within one day, the accountant must resign from the engagement and report directly to SEC within one day
이사회가 보고의무를 이행하지 않는 경우에는, 감사인은 해당 계약을 취소하고 SEC에 하루 이내에 직접 보고해야 한다.

4) Accountant's liabilities

Accountants may face civil penalties for non-compliance with this Act
해당 법률의 규정을 준수하지 않을 경우에 회계사는 민사상 책임을 부담하게 된다.

Accountant's liabilities under Sarbanes-Oxley Act

1. 의의

Enron & WorldCom 등의 대형 회계부정 사건이 발생한 이후에, 민주당 상원의원 Paul Sarbanes와 공화당 하원의원 Michael Oxley가 제출하여 의회를 통과한 법안이다. SOX는 투자자 보호를 위하여 재무 정보의 투명성 강화를 목적으로 하며, 경영진의 책임과 감사인의 독립성이 대폭 강화되고 기업의 공시제도 개선을 주된 내용으로 한다.

2. Public Company Accounting Oversight Board (PCAOB)

1) PCAOB was established pursuant to the Sarbanes-Oxley Act of 2002

PCAOB는 SOX에 의하여 설립되었으며 다음과 같은 역할을 담당한다.

2) PCAOB establishes auditing and related professional practice standards to be used in the preparation and issuance of audit reports for "issuers"

PCAOB는 상장회사의 감사와 관련된 감사기준을 제정하는 권한을 가지고 있다.

① Issuers consist of entities subject to the rules of SEC (primarily public companies)
Issuers란 주로 상장회사로서 SEC의 규제를 받는 회사로 구성된다.

② PCAOB is comprised of five full-time, financially literate members
PCAOB는 다음과 같이 재무전문가로 독립성이 있는 5명의 구성원으로 이루어진다.

a. Two members must be (or must have been) CPA, and the other three must not be (or must not have been) CPA

b. CPA can only act as the Chair of the Board if he has not practiced as CPA for the past five years

c. No members of the Board can receive payments from a public accounting firm (other than fixed continuing payments, such as retirement payments)

3) Public accounting firms must register with the PCAOB in order to audit a public company

⇨ Registered firms are subject to Board inspection, disciplinary proceedings, and sanctions

회계법인인 상장회사를 감사하기 위해서는 PCAOB에 등록을 하여야 하며, 해당 위원회의 조사, 규제, 및 제재를 받게 된다.

3. Main provisions of SOX

1) Independence ⇨ 감사인의 독립성 강화

① An accounting firm may not provide audit services to a public company if a **top official** of that company is also a previous employee of the accounting firm who worked on the audit **during the last year**

과거 일 년 이내에 회계법인에서 근무했던 종업원이 회사의 경영진에 포함되어 있는 경우에는 해당 회계법인은 감사를 수행할 수 없다.

② The lead partner and the reviewing partner must **rotate** off the audit **every five years**

책임 파트너는 매 5년마다 정기적으로 교체되어야 한다.

③ A second partner review is required for every public company audit report

상장회사에 대한 감사보고서는 반드시 Second partner review을 거쳐야 한다.

④ Audit firms must monitor professional ethics and independence from issuers and must supervise audit services (Quality control)

Quality control을 구비하여 감사인의 윤리 및 독립성 규정이 지켜지는지 감독되어야 한다.

⑤ Auditors report to and are overseen by the client's audit committee

감사인은 회사의 경영자가 아니라 감사위원회에게 보고하고 감독을 받아야 한다.

⑥ Prohibited services

a. Audit firms may **not perform** the following **non-audit services** contemporaneously with the audit (bookkeeping, financial information systems design or implementations, appraisals, actuarial services, internal audit outsourcing services, etc.)

회계법인은 회계감사와 컨설팅과 같은 다른 업무를 동시에 수행할 수 없다.

b. Tax services are permissible if pre-approved by the audit committee

감사위원회의 사전승인이 있었던 경우에는 예외적으로 세금업무를 함께 할 수 있다.

2) Corporate responsibility

① Audit committee ⇨ 감사위원회의 권한 강화

a. BOD must establish an audit committee to oversee the accounting and financial reporting (⇨ The audit committee has at least one member who is a financial expert)

b. The audit committee is responsible for overseeing the appointment, compensation and work done by the auditor

c. The audit committee must pre-approve all services provided by the auditor, and certain specified non-audit services are prohibited

② Responsibility for financial report ⇨ 경영진의 재무보고 및 내부통제 책임 강화

a. CEO, CFO 등은 재무제표가 주요 사안의 누락 없이 기업의 재무 상태와 경영 성과를 정확하게 반영하고 있음을 Certification (서명)을 통해 확약해야 한다.

b. The singing officers are responsible for establishing, designing, and evaluating internal controls

c. The singing officers have disclosed to the auditor and the audit committee all significant deficiencies in internal control that might adversely affect the issuer's ability to process financial data

③ Forfeiture of profits or bonuses

If an issuer must restate financial statements because of misconduct, CEO and CFO must reimburse the issuer for any incentive based profits or bonuses

④ The SEC may prohibit any person form acting as an officer or director of an issuer if the SEC finds such person unfit to serve

⑤ Others

a. Prohibition against improper executives' influence on the audit

b. Prohibition against insider trades during pension black-out periods

c. Prohibition against personal loan to executives

3) Enhanced financial disclosures ⇨ 공시기준의 강화

① All financial reports must reflect all material adjustments that have been identified by the auditor (감사인의 지적 사항들을 반영하여 공시)

② Annual financial reports (10-K) and quarterly financial reports (10-Q) (연차보고사항과 분기별보고사항의 강화)

a. Financial reports must disclose all material off-balance sheet transactions

b. Annual financial reports must include an internal control report stating management's responsibility for establishing I/C and the assessment of the effectiveness of I/C

⇨ The issuer's auditor shall attest to and report on assessment made by the management

c. Financial reports must disclose to the public on a rapid and current basis additional information concerning the issuer's material changes and financial conditions

d. Financial reports must disclose code of ethics for senior financial officers

③ Any officer, director, or shareholder of more than 10% must report designated transactions by the end of the second business day following the day on which transaction was executed (내부자거래의 공시의무)

4) Corporate and criminal fraud accountability ⇨ 부정에 대한 처벌 강화

① **Criminal penalty** (주요 부정행위에 대한 형량 강화)

a. Destruction of records
관련된 주요 문서를 은폐, 조작, 파기 하는 경우, 최고 징역 20년

b. Destruction of corporate audit records
감사인인 회계감사 자료를 최소 5년 동안 보관하지 않고 파기 하는 경우, 최고 징역 10년

c. Mail and wire fraud
금융 사기의 경우, 최고 징역 20년

d. Securities fraud
증권 사기의 경우, 최고 징역 25년

e. Failure of CEO to certify financial reports
재무보고서에 대한 확인이 잘못된 경우, 최고 징역 10년과 벌금 $1,000,000
(고의적이면 최고 징역 20년과 벌금 $5,000,000)

② **Statute of limitations for fraud** (소멸시효 연장)

The statute of limitations for securities fraud is the later of **two** years after discovery or five years after the action occurred
증권 사기의 경우에 과거의 소멸시효가, 관련 위법행위 발견 후 1년, 실제 위법행위 시점으로부터 3년에서, 각각 2년과 5년으로 연장되었다.

③ Whistleblower protection (내부고발자 보호)

a. Employees discharged because they lawfully provided information to the government regarding violation of the securities laws may sue their employer.

b. Remedies include rehiring, back pay, attorneys' fees, and litigation costs.

Accountant's duties of Non-disclosure

1. Working papers (감사조서)

1) 의의

① Working papers include notes, computations, worksheets, etc. that was written and produced by accountants
감사조서란 회계사에 의해서 감사업무와 관련하여 작성된 내용이나 계산 등을 포함한다.

② Working papers belong to the **accountant** or **accountant's firm**, not the client
감사조서는 의뢰인의 자료를 포함하더라도 의뢰인에게 소유권이 있는 것이 아니며, 해당 조서를 작성한 회계사 또는 회계법인에게 소유권이 인정된다.

2) Duty of non-disclosure

① Accountants are prohibited from showing working papers to anyone without the client's permission ⇨ **Confidentiality**
감사조서가 회계사에게 소유권이 인정되더라도, 의뢰인의 동의 없이는 타인에게 해당 정보를 공개할 수 없다.

② Accountants may not turn over working papers to prospective purchasers of the accountant's practice without the client's permission
회계사가 영업을 양도하는 경우에도 의뢰인의 동의 없이는 양수인에게 감사조서를 넘겨줄 수 없다.

③ **Exceptions** ⇨ Disclosure (공개가 가능한 경우)

a. Compliance with enforceable subpoenas or court orders
법원이나 정부기관으로부터 감사조서에 대한 합법적인 문서제출명령이 있는 경우

b. Client's consent to disclosure
의뢰인이 공개에 대하여 동의한 경우

c. Voluntary quality review under AICPA authorization
미국공인회계사협회의 권한에 의한 자발적인 감리에 따르는 경우

d. Compliance with GAAP or GAAS, etc.
관련 규정에 따라 감사조서를 제출하여야 하는 경우 등

2. Privileged communication (면책적 의사전달)

1) 의의

① It is a rule of evidence to protect information exchanged in certain confidential relationship such as client-attorney relationship ⇨ Information may not be disclosed as evidence in court without consents of privilege holders

의뢰인과 변호사의 관계와 같이 특수한 경우에는, 의뢰인의 동의 없이 의뢰인을 통해 얻은 기밀을 법정에서 증거로서 공개할 수 없도록 하는 것을 면책적 의사전달이라고 한다.

② **Federal law** and **most states** generally do **not grant** a privilege for client-accountant communications

의뢰인과 회계사의 관계에 있어서는 연방법이나 대부분의 주법에서 면책적 의사전달을 인정하지 않는다.

2) Exception

① A few states have promulgated statutes asserting that communication between accountants and clients may be regarded as privileged

일부 주에서 면책적 의사전달을 의뢰인과 회계사의 관계에서도 인정하고 있다.

② When the state grants a privilege, the state (not federal) court has no power to force accountants to disclose confidential information

면책적 의사전달이 인정되는 주에서는 해당 주의 법원은 회계사에게 의뢰인의 기밀사항을 공개할 것을 요구할 수 없다. (연방법원에는 적용되지 않는다)

③ The purpose of privilege is to protect clients ⇨ The client is free to waive it

면책적 의사전달은 의뢰인을 보호하고자 하는 것이므로 의뢰인에 의해 포기가 가능하다.

Licensing and Disciplinary Systems

1. State boards of accountancy

1) 의의 ⇨ Sole power to license

Certified Public Accountants (CPA) is licensed to practice by individual state boards of accountancy ⇨ Requirements for license are regulated at the state level

CPA 자격과 관련된 권한을 가진 기관은 연방이 아닌 State boards of accountancy 이다.

2) 제재권한

The state boards of accountancy have the power to impose the following penalties for professional misconduct (such as negligence, fraud, intoxication, felony, etc.)

회계사의 전문가로서의 부적절한 행동에 대해서는 다음과 같은 제재를 가할 권한을 State boards of accountancy가 갖는다.

① Revocation or suspension of license (자격박탈 또는 자격정지)

② Monetary fines (벌금)

③ Censure (견책)

④ Requirement for continuing professional education course (추가교육)

2. Requirements of regulatory agencies

1) American Institute of Certified Public Accountants (AICPA)

① The Code of Conduct applies to all members of AICPA

모든 회계사에게는 AICPA 윤리규정이 적용된다.

② AICPA can sanction its members, but cannot suspend or revoke CPA's license

⇨ The accountant may still practice accounting using valid license issued by the state

미국공인회계사협회는 해당 멤버에게는 제재를 가할 수는 있지만 회계사의 자격박탈이나 자격정지는 할 수 없으므로, 제재를 당해도 회계사로서의 업무는 계속할 수 있다.

③ Possible sanctions by the Joint Trial Board may include expulsion from AICPA, suspension of membership, etc.

징계위원회를 통해 취해질 수 있는 제재수단에는 제명, 자격정지 등이 있다.

2) Securities Exchange Commission (SEC)

① Rules of SEC include provisions governing the conduct of accountants performing audits for public companies
SEC 규정은 상장회사에 대한 감사업무를 수행하는 회계사의 행위에 대해 적용된다.

② SEC can censure, suspend, or bar from practicing before SEC if accountants have committed improper professional conduct
SEC는 전문가로서 부적절한 행동을 저지른 회계사에 대해서 견책, 직무정지, 자격박탈 등의 조치를 취하여 상장회사에 대한 감사업무를 수행할 수 없도록 할 수 있다.

3) Public Company Accounting Oversight Board (PCAOB)

① PCAOB establishes auditing and related professional practice standards to be used in the preparation and issuance of audit reports for issuers
PCAOB는 상장회사의 감사와 관련된 감사기준을 제정하는 권한을 가지고 있다.

② Public accounting firms must register with the PCAOB in order to audit a public company
⇨ Registered firms are subject to Board inspection, disciplinary proceedings, and sanctions
회계법인인 상장회사를 감사하기 위해서는 PCAOB에 등록을 하여야 하며, 해당 위원회의 조사, 규제, 및 제재를 받게 된다.

4) Internal Revenue Service (IRS)

① It may bar accountants from practicing before IRS based upon incompetency or non-compliance with tax rules and regulations
IRS는 적격하지 않거나 세법관련 규정을 준수하지 않는 회계사는 세무업무를 담당하지 못하도록 규제하고 있다.

② IRS regulations also include sanctions for various violations
IRS는 관련 규정의 위반에 대하여 제재수단이 부과할 수 있다.

Multiple Choice Questions

Q1 Which of the following statements is generally correct regarding the liability of a CPA who negligently gives an opinion on an audit of a client's financial statements?

① The CPA is only liable to those parties who are in privity of contract with the CPA
② The CPA is only liable to the client
③ The CPA is liable to anyone in a class of third parties whom the CPA knows will rely on the opinion
④ The CPA is liable to all possible foreseeable users of the opinion

Q2 Which of the following statements is correct regarding a CPA's working papers?

① The working papers must be transferred to another accountant purchasing the CPA's practice even if the client hasn't given permission
② The working papers must be transferred permanently to the client if demanded
③ The working papers must be turned over to any government agency that requests them
④ The working papers must be turned over pursuant to a valid federal court subpoena

Question Explanations

Q1: ③
전문가의 과실책임은 일반적인 불법행위의 과실책임 범위와 차이점을 갖는다. 계약책임보다 불법행위책임의 범위가 넓어지기 때문에 계약당사자 이외에 제3자도 책임주장이 가능하지만, 제3자 중에서 Foreseeable이 아닌 Foreseen parties에 한해서 책임주장이 가능하다. 이해관계자가 많이 발생하는 전문가의 특성상 책임범위가 너무 과도하게 넓어질 가능성을 제한할 필요성이 고려된 것이다. 참고로 판결의 다수의견과 소수의견에 따라서 책임범위가 달라지는데, 별도의 언급이 없으면 위와 같이 판결의 다수의견에 따라 판단한다. 문제에서 소수의견 입장을 별도로 요구하였다면, 계약당사자의 지위가 인정되는 경우에만 전문가에게 과실책임을 주장할 수 있고 제3자는 책임주장이 불가능해진다.

Q2: ④
감사조서에는 중요한 회사정보가 포함될 수 있기 때문에 회계사에게 소유권이 인정되더라도 비밀준수의무가 요구된다. 하지만 일정한 경우에는 감사조서의 내용을 공개해야 하는 예외가 존재한다. 대표적인 예외사유에는 법원의 재판자료로 사용하기 위해서 제출이 요구되는 경우가 포함된다. ① 회계사가 자신의 사업을 다른 회계사에게 양도하는 경우에는 예외사항에 해당하지 않는다. 따라서 Client 동의 없이 감사조서를 사업과 함께 양도할 수 없다. ② 감사조서는 회계사에게 소유권이 인정되기 때문에 Client 요구가 있더라도 반환할 필요가 없다. ③ 별도 규정이 존재하지 않는 이상 정부기관이라는 이유만으로 감사조서의 공개를 요청할 수 없다. PCAOB처럼 별도 규정에 근거해서 상장회사의 감사조서를 요청하면 회계사는 Client 동의 없이도 감사조서를 전달할 수 있다.

공영찬

- 공인회계사, 세무사
- 국제공인내부감사인(CIA), 국제공인정보시스템감사인(CISA) 합격
- 고려대학교 법학과 졸업
- 고려대학교 대학원 법학과 졸업(상법석사)

[전] 한영회계법인 근무
아주대학교, 서강대학교 겸임교수
[현] 메리트세무법인 강북지점 대표
AIFA 강사

〈저서〉

IT Exam Review, 형설출판사, 2007
기업회계와 관련된 상법의 지위, 석사논문, 2010
Corporate Governance, 도서출판 ONE
Information Technology, 도서출판 ONE

Business Law [제5판]

제1판1쇄 발행 • 2012년 3월 9일
제2판1쇄 발행 • 2013년 1월 8일
제3판1쇄 발행 • 2017년 3월 2일
제4판1쇄 발행 • 2019년 1월 7일
제5판1쇄 발행 • 2020년 10월 20일
제5판2쇄 발행 • 2022년 9월 15일
제5판3쇄 발행 • 2025년 7월 1일
제5판4쇄 발행 • 2026년 3월 16일
저 자 • 공 영 찬
발 행 인 • 정 성 열
발 행 처 • 도서출판 ONE
주 소 • 서울특별시 영등포구 선유로 3길 10
등 록 • 제 313-2003-427호
전 화 • 02-323-8536
팩 스 • 02-323-8531

저자와의 협의하에 인지생략

ISBN 978-89-6481-422-2

정가 18,000원

– http://one-book.co.kr